不用胭脂媚世人

媚世人

黃大榮 著

代　序

　　文字有風骨，蓋因文人有風骨。風骨之不存也久矣。卷帙浩繁的典籍中，像嵇康那樣「非湯武而薄周孔，越名教而任自然」、「為人也，巖巖若孤松之獨立」的風骨文人，鳳毛麟角。所謂魏晉風度，不過是指闡揚經書的辭章之美。陶淵明的「不為五斗米折腰」，只是面對官場險惡的憤激一時之辭，入仕的欲望糾纏了他一生。李白「安能摧眉折腰事權貴」的高調，唱唱而已，並不妨礙他與韓荊州書、頌楊貴妃詩的。足見到了李唐，中國文人的雙重人格已經相當完美。當代大文人郭某則做了權勢的僕童，連做學問也跟風轉了。一部文人史竟是這樣的不堪，害得作家的李國文晚年沉迷其中窮究就裏；而哲學家的黎鳴先生，則從文化上追根溯源，時有驚人之見。茲不轉述，僅作兩點補充：一，文人風骨退化的決定因素不是文化，而是封建專制的體制；二，自清末至民國時期的社會轉型期，風清骨峻的大學者迭湧而出，人數之眾，門類之廣，成就之高，堪稱歷史上僅見的奇觀。

　　當代中國文學和學術的要害，真相缺失，靈魂缺位。說白些，缺少了風骨；再說白些，媚世：媚權貴，媚世俗，媚自己。拿小說來說，有一種媚，專拿小人物開涮，恣意鋪張油腔滑調，規避現實，絕對不干國是；表面上沒心沒肺，骨子裏屈從、迎合權貴，羨其阿睹物而不嫌其銅臭，渾身流氓市儈氣。還有一種媚，拿人物當玩偶，要他活就活，要他死就死，草菅人命；或聲稱用下半身寫作，寫上床如拍毛片，寡廉鮮恥。又有一種媚，如小女子起床頭一件事，晨妝：濃妝豔抹，顧影自憐，一邊描眉還一邊自問「畫眉深淺入時無？」或自怨自艾，自說自話，假話廢話美麗的話一籮筐，不來半句真格的，全不顧受眾感受。小說媚刊物，刊物媚市井，說穿了是瞄準老百姓褲腰裏

那幾個造孽錢。沒有風骨的小說，在缺失風骨的語境，似乎「不寫白不寫」；其實，寫了也白寫，一捏就碎沒骨頭的糖人而已，穢人眼球的文字垃圾而已。

　　風骨自何處來？來自苦難經驗和歷史反思，來自人文修煉，也來自膽識。魯迅論小說白描有十二字，曰：「有真意，去粉飾，少做作，勿賣弄」；也就是「不用胭脂媚世人」。此乃做真文章的不二法門，更是做風骨之人的箴言。

孔子與儒家

孔子與儒家

一

儒家是什麼？漢代學者劉歆認為，儒家者流，「蓋出於司徒之官，助人君順陰陽明教義」的人。儒做了掌管教化的官吏才被視為儒家；儒則不同，照胡適的說法，他們雖然地位卑微，收入菲薄，畢竟是脫離了實際勞動的階層，「貴族階級有用的清客顧問」，也即是魯迅說的「幫忙」或「幫閒」者。許慎《說文》曰，「儒，柔也，術士之謂也。」《論語》裏只有一處提到「儒」：「子謂子夏曰：『女為君子儒，無為小人儒。』」可見，儒在當時和這之前，就是一個既有君子又有小人的龐雜的社會階層。章太炎先生將儒區分為廣義和狹義，廣義的儒，包括了一切多才多藝的、下層的、非體力勞動階層的人。民間的游方術士，當是其主要的一類。孔子（西元前551～前479年）一生，早年做過看管倉庫、牛羊的小吏；後來當吹鼓手，為貴族之家的紅白喜事做主持人（即儒）；五十歲在魯國做官，從地方官做到代理宰相，遭罷免後遊說諸國，繼續向諸侯們兜售其政治主張，成了政治流亡者；以年近古稀，身心俱疲，回到他的祖國，整理、刪改古籍文獻（存疑，見後文）；晚年創辦學校，招收弟子，自己當上了「子曰」民辦學校的校長。

儒家學說與孔子思想，不是一碼事。前者是歷代統治者和經學家所推崇的、經過改造或重新闡釋的孔子思想，即是假託於孔子的思想；後者是孔子的「一家言」，孔子及其門生思想的本來面目。

　　孔子的思想，來源於「詩，書，禮，樂」之說，值得商榷。《史記·孔子世家》曰，「故孔子不仕，而退修詩、書、禮、樂，弟子彌眾。」孔子是否整理、刪改過「六書」，迄無定論。傅斯年先生〈與顧頡剛論古史書〉論述了這麼幾件事：孔子與「六書」整理形成很可能沒有關係；孔子在世確有時名；孔子「是以有話向諸侯說而得名」。「孔丘時代背景的總匯是什麼呢？」傅先生歸納有三個特徵：大夫專政；非文化民族之來侵；尤其有使文化「底上翻」之形勢（筆者：「底上翻」即「禮崩樂壞」）。「到孔子時，這局面的迫逼更加十倍的屬害，自然出來孔子這樣人物。一面有一個很好的當時一般文化的培養，一面抱著這個扼要的形勢，力氣充分，自然成名。你看《論語》上孔子談政治的大節，都是指這個方向。」孔子的思想，主要是他的政治思想或政治理想，是為當時諸侯準備的進言、諫言或遊說辭。諸侯們聽不聽是一回事，孔子卻不能失去實現自己政治抱負和政治理想的大好機會。

　　書、禮、樂均已失傳，現在看到的《書經》、《禮記》，是西漢時期孔子的門徒偽託周朝人的撰述，說它是儒家學說的來源，那就本末倒置了。《詩經》裏確實有某些為《論語》借用的觀點，但《詩經》可能是孔子刪改整理過的，分量已不足原來的十分之一；如果是這樣，究竟他再加工的程度多大，也未可知。如《詩經》，原本含有豐富的社會生活和古民精神生活內容，到了孔子那裏，「詩三百，一言以蔽之，曰『思無邪』」，被他看作「詩」以載道，抽象為道德說教了。那麼，說孔子思想來源於西周初期的「天命」思想，倒是比較可信。傳說中的大禹時代之前，原始先民對神的崇拜、敬畏心理，源於人類對大自然的神秘感和恐懼感。而先民的感覺和幻想，遠比現代人豐富、敏銳。至商周時期，巫術大盛，巫師、巫書很多。孔子改造了「天命」思想，將它的那一點原始宗教思想的萌芽，斷然掐掉了，改造成了一種「仁」的政治道德說教，也就是將「天命」道德化，進

一步，又內實化——演變為個人和集體的內在精神，轉換為個人和集體的實踐活動——成為一種政治理想和精神信仰，世俗社會個人道德修養的自律信條和倫理行為規範。仔細體會孔子對待「天命思想」的毅然決然的態度，反映出生在「禮崩樂壞」時期的孔子本人，對神性的幻滅，對現實的焦灼不安；換言之，孔子本人也是禮崩樂壞的時代產兒，神性理想主義在他看來如遠水救不了近火，還不如自己創建現實的理想主義。他摒棄了神的神話，創造了自己的神話。在戰國時期，作為諸多思想學術流派之一，它的出現，並沒有什麼特殊的意義，它的存在，也沒有突顯出它的特別優勢。梁啟超在〈論中國學術思想變遷之大勢〉中說：「當孔子之在世，其學未見重於時君也。」

　　孔子以「仁」為核心的政治理想，其正名，中庸，天命等思想，一言以蔽之，就是孔子為恢復他理想的周王朝政治制度，所作的政治設計。夏、商、西周這「老三代」，歷來是中國知識份子心目中光明的理想國，卻原來是孔子開了崇古尚古唯古之先河。絕大多數歷史學者認為，周朝尚處於奴隸制社會，殺殉、活殉墓葬的考古發現便是一個明證。「實際上，儒家的『仁』與『禮』，互為體用、互相輔佐（『人而不仁，如禮何』，『克己復禮為仁』），道法一體（道德與法律、道心與法術統一）、虛實結合（『禮者，仁之實也，而成乎虛。』），已構成了一套精緻嚴謹的由治人治心而治家治國的社會自控系統。這套系統，既是倫理的，也是政治法律和宗教文化的。」（楊曾憲，〈仁愛是普世美德倫理嗎〉）體現在具體的對人的規範上，就是他的「君子論」；無論君、臣、民，都應該以「仁」為懷，做君子不做小人。君子論，是一種主觀的「道德完美主義」，即理想主義。孔子的得意弟子曾參撰《大學》，開宗明義就說，「大學之道，在明明德，在親民（親，即新；親民，即新民，教化民眾使之合於禮數），在止於至善。」至善，便是烏托邦。顧准先生說：「哲學上的多元主義，要貫徹到一切科學研究和價值判斷中去。這是打破

孔子的尊卑貴賤的倫常禮教的最有力的武器。」所謂一元主義，就是肯定事物有第一原因和人類的終極目的，肯定絕對真理的存在。而所謂徹底唯物論正是建立在一元世界觀基石上的。孔子思想中的至善，便是典型的終極目的，絕對真理。《論語》中，有一百七十多處論及君子，思想內容十分駁雜，沒有形成某種邏輯體系，多屬結論式的斷言，缺乏邏輯建構下的論述、闡發。孔子沒有留下學術專著，《論語》只是孔子門生據他平時教學實踐中的言論的回憶，整理記錄的、隻言片語的所謂「語錄體」；有的有孔子發表意見的故事背景，有些則很「突兀」，不知道他是在什麼情況之下說這番話的。在《論語》形成的時候，甚至連邏輯歸類的功夫都沒有下過，簡單的扒了扒堆而已。他的所謂「三千弟子，七十二賢人」，竟然沒有一人重視先生的「遺言遺著」，極少有人從事研究、梳理工作，將它系統化、體系化、理論化，這是很難解釋的一件怪事。孔子自認為文采不足，是故「述而不作」；難道所有學生都不在乎為先師的著作增光添彩？我懷疑，就連「述而不作」，也是學生替他總結出來、假託於他的，因為孔子確實只有「述」，沒有「作」；這也表明孔子在知與行的問題上，他偏重於行，而並不在意哲學意義上的「知」。同時代的墨子及其弟子在《墨子‧非儒》中，就對孔子學說的邏輯性提出質疑，對它的偽善做了尖銳的抨擊。

曾參倒是在自己的著作《大學》裏，希圖建立某種邏輯體系：格物，致知，誠意，正心，修身，齊家，治國，平天下。哲學思辨落腳到格物是不錯的，但曾參卻將科學認知與實踐，同「克己復禮」的個人道德、「仁政」的政治理想混雜一氣，邏輯性很脆弱。莊子眼光十分犀利，他在《莊子‧天道》中，假老聃之口，直指「仁義」的要害是「欲使天下無失其牧」；而孔子肆意鼓吹仁義，則是「亂人之性」，他說：「意，幾乎後言！夫兼愛，不亦迂乎！無私焉，乃私也。夫子若欲使天下無失其牧乎？則天地固有常矣，日月固有明矣，

星辰固有列矣，禽獸固有群矣，樹木固有立矣。夫子亦放德而行，循道而趨，已至矣；又何偈偈乎揭仁義，若擊鼓而求亡子焉？意，夫子亂人之性也！」

何況中國的所謂「格物」，在近代之前，向來就沒有落實，沒有上升到理論高度的興趣，沒有形而上的關懷。但這不能怪怨中國古代文化人和技師工匠，要怪就怪「史官文化」。顧准先生說：「可是中國是個大陸，不像希臘城邦那樣，是商業、航海、殖民的人們的居住中心。大陸上的『百工』和文化勢必成為一個王朝權力的依據。王朝掌握了文化和工藝，它就可以傳播聲教，可以對外征服。可是這樣一來，工藝、文化就永遠服從於政治權威，『思想』的主題就是政治權威，『格物』就永遠登不上臺盤了。」如果更深入地對比同一歷史時期古希臘的科學和哲學，便看得格外分明（這當是另一篇大文章）。孔子（包括老莊、韓非）眼光緊緊盯住現實社會，「以學為用」的形而下思想，與蘇格拉底時期古希臘哲學，不可同日而語。以孔子思想為代表的中國古代哲學，實際上是實用主義、功利主義哲學，它所關心的，僅僅是現實的社會人生，「尚世俗，好治國」而已。正如羅素所說，蘇格拉底時期的哲學儘管有重大缺陷，「大體上可以說是真正科學的」（羅素，《西方哲學史》）；中國同一時期的孔子思想，恰恰談不上是「真正科學的」思想。二者就此產生了「本然」的差異，各自走向南轅北轍。中國古代科學技術，主要為皇家的軍事和生活享受服務，而不能為士人提供足夠的思想理論資源。在民間，歷代技師們的技術經驗，作為謀生之道，不得不「秘不外傳」，技術因此很難獲得積累。而科學更是十分卑微，毫無地位，南北朝時期大數學家祖沖之的著作，因為沒有人看得懂，竟湮沒了，失傳了。

孔子心目中的君子，標準苛刻得很，要求全面得很，他的學生也很少能得到他的肯定，獲得君子之譽。孔子說過，君子「過不憚改」，說明君子可能犯錯誤；就以他自己標榜的，他在七十歲時才做

到「從心所欲，不逾矩」，才完成道德的「自我完善」。而質疑孔子
個人品質的人，當時就大有人在（見後文）。可見，正如經驗主義認
為的那樣，道德完美主義，同一切理想主義一樣，在此岸世界，是虛
幻的，沒法實現的。

二

　　事實上，孔子並沒有形而上思維，所以，從道德理想主義的角
度，即哲學角度，剖析孔子的君子論是遠遠不夠的。孔子學說，是務
實的，功利的，是主觀的政治設計或建言；有必要從社會政治角度進
行分析。

　　趙紀彬先生《論語新探》，有這麼幾個特色：對《論語》文本
進行梳理，分析與歸納，回到孔子的本意；將《論語》放在當時的歷
史環境中解讀其重要範疇的具體歷史內容；從卷山牘海中鉤稽出歷代
研究《論語》的學者的另類的異見（包括古文字訓詁），讓它們重見
天日——真理往往在這些極少數另類學者手上，不過因為其識見不合
「道統」而被淹沒。正如黨治國先生所說，這些「異端邪說」，不被
淹沒反倒是不可理喻的事情。

　　趙先生發現，《論語》凡四百九十二章，言及「人」、「民」
者一百六十五章，「人」字出現兩百一十三次，「民」字則出現五十
次。而全書除〈先進〉篇〈子路使子羔為費宰〉一章，「有民人焉，
有社稷焉」，原則上或「人」、「民」對舉，或分別單言，從不以
「人民」或「民人」為合成名詞。即如唯一一處合成詞的「民人」，
其本意也是對民、人二者的總括性言說。由此深入，趙先生首先弄清
楚了，孔子的「人」與「民」是兩個對立的歷史範疇。人，是自由
人，包括貴族（奴隸主官僚貴族階層）和從事自由勞動的階層（自
耕農、新興地主、手工業者，經商者）；民，則是尚未獲得人身自

由的奴隸。比如，〈學而〉：「道千乘之國，敬事而信，節用而愛人，使民以時」；〈八佾〉：「使民戰慄」——對「人」言「愛」，對「民」言「使」。《論語》文本分析歸納是這樣，還有其他史籍佐證：民，《說文》訓「眾氓」；《書‧多士序‧鄭注》：「民，無知之稱」；《呂刑注》：「民者冥也」，冥亦「無知」之意。幾種說法，從不同角度指向「民」：沒有受過教育、沒有文化知識、昏昏噩噩的芸芸大眾。眾，即繁體眾，古字源於象形，甲骨卜辭作「日頭下邊三個人」，喻太陽下勞作的奴隸們。

因此《論語》裏，凡涉及「人」，總與「誨」連用，如〈述而〉：「學而不厭，誨人不倦」；涉及「民」則用「教」用「訓」，如〈子路〉：「善人教民七年，亦可以即戎矣」；「以不教民戰，是謂棄之」。這種搭配，涇渭分明，絕不混淆。誨才是現代意義上的「教育」，而「教、訓」，是軍事訓練，訓練奴隸去為奴隸主征戰。民，「只可使由之，不可使知之」，不能讓他們受教育有文化；只能叫他們供奴役，當兵打戰。

所謂「有教無類」，如果解釋成「不分階級，實行普及教育」，並因此說孔子具有全民教育思想，那就錯完了。有，域也；教，訓練也；類，族也。四個字理解錯解了三個，哪還能正確地釋讀？有教無類，說的是不分宗族、民族的「民」，都需要接受軍事操練，隨時準備上戰場充當炮灰。如果「有教無類」釋讀作「全民教育觀」成立，那麼，「民可使由之，不可使知之」，「唯上智下愚而不移」，又該作何解釋？豈不是孔子自己在打自己的嘴巴？

顏回很少向孔子提問，唯有一次問，卻問到核心，何為仁？孔子說：「克己復禮為仁」。顏回請孔子作進一步闡釋，孔子說了著名的四句話：「非禮勿視，非禮勿聽，非禮勿言，非禮勿動」。這段話的意思和邏輯關係，實在是再明白不過了。仁的核心是禮，禮的核心呢？孔子對齊景王解釋仁政說，「君君臣臣父父子子」；可見仁、禮

是一回事，就是嚴格遵從等級制度、世襲制度，遵從統治集團內部的「約定」，包括利益分配關係。孔子主張「文勝質則史」，故「盛容修飾以蠱世，弦歌鼓舞以聚徒」（《墨子·非儒》），繁文縟節，不惜鋪張，故意把「禮」的具體程式搞得複雜隆重，搞得神乎其神，其實，這叫形式為內容服務。墨子主張一切從簡，因為他知道，「禮」的所有花銷，全都是「民」脂「民」膏。

「人」分化為「君子」、「小人」兩大派別。如上所述，君子、小人，都屬於人的範疇，與「民」是不相干的。

君子者誰？君之子也，指血統純正的、世世代代地位承襲的貴族，做官的人。《書·無逸》孔《疏》：「君子，止謂在官長者。」《皇清經解》鄭注《禮器》云：「君子，謂大夫以上。」《國語·魯語》明確記述，君子，乃指周公、太公的「世世子孫」。

那麼，小人呢？小，等級低矮也；小人，既非民，亦非官，換言之，小人屬人，但其政治地位完全不能與君子相比，很低。他們是剛剛擺脫了奴隸身份的自由人，即自耕農，以及從自耕農產生、分化出來的新興地主、手工業者和商人。他們雖不再是奴隸，但與民一樣，是勞力者。《左傳》有「君子勤禮，小人盡力」、「君子勞心，小人勞力，先王之制也」等語；《孟子》中也說，「並耕者小人之事。」

既然小人不在朝做官，不享受世襲和特權，政治地位自然較君子低很多。隨著生產力發展，個體私有制的小人經濟，其實力逐漸增強，自耕農中脫穎而出的地主、手工業者、商人，所擁有的財富很可能超過貴族（「私肥於公」），形成新興勢力，其政治訴求也便日益增強（比如，從儒家分化出來的反對派代表人物墨子，就是新興力量的代言人，他不僅作《非儒》批判孔子的名教、揭露其為人的不地道；甚至主張「社稷無常奉，君臣無常位」，「君臣易位」為「天之道」）。在孔子看來，「君子喻於義，小人喻於利」，小人提出政治利益訴求，這是有悖先王禮制的，就是「犯上作亂」，「禮崩樂

壞」。孔子對新興起的經濟力量政治力量要求變革奴隸制的生產關係，持保守的、反對的立場。他竭力主張維護搖搖欲墜「周禮」。

《論語》裏一本正經地講過一個故事：齊景公問政於孔子。孔子對曰：「君君、臣臣、父父、子子。」公曰：「善哉！信如君不君、臣不臣、父不父、子不子，雖有粟，吾得而食諸？」一問一答，很像是黑色幽默，真不敢相信會是《論語》的正文。《論語》保留這一則故事，顯然是想對君王們曉以利害，而「仁政」在「君王」的心目中究為何物？天機有意無意間洩露無遺矣。

三

誠如張中曉所說，一切的哲學，都會「提出一個中心課題（道德原則）」。他所說的這種道德原則，「即哲學的任務在於使人有力量（理性）改變外來壓迫和內在衝動」，顯然是指哲學和哲學家的精神力量之源和歸宿。而儒家的「王道（政治道德）是對統治者的幻想，是「出於奴隸的道德」（《無夢樓文史雜鈔》），魯迅對所謂「王道」就持否定的態度。這裏說的奴隸，不宜理解為與貴族對立的簡單化的階級概念，應包括權力者之外的「勞力者」和更寬泛的其他階層，包括依附於權力者的知識份子。哲學首先是一種思想的力量、理性的力量，一種對自然、對生命、對神性的探索精神。它除了對社會結構有所勾畫，更重要的，對自然、對神性、對他人、對自我，有一種不屈不撓、永無止境的求真精神和獨立思辨精神，有所謂「本體論」的關懷與追索。現代先進的哲學，建立在科學精神、宗教精神上面，而不是主觀的、唯理的東西。德奧哲學、法國哲學，相對於英美哲學，缺少科學精神；中國哲學，則除了缺少科學精神，更缺少宗教精神。這兩種文化精神的缺失，乃吾國文化的基因缺陷。這一識見，已然成為當代自由主義學人的共識。孔子改造過的「天命」

觀，帶有很強的唯理色彩（但還遠遠達不到現代哲學意義上的唯理主義），帶有主觀的終極教條意味：首先，生死富貴，聽天由命；天命決定人的社會地位和財富，人，只能認命，「安貧樂道」；其次，天命賦予人以先驗的道德觀、道德感，天命就等價於道德，天命就是人性善（孔子對人性只說過一句話：性相近，習相遠。他的人性觀表淺而粗率）。這樣，他的「畏天命」，事實上就下降到了畏「不仁」、畏「無德」的形而下層面，下降到崇拜古人、崇拜大人、崇拜聖人的政治道德和社會倫理實踐的層面，不再具有哪怕只是初級的宗教精神。孔子自己就連鬼神也不信了（《論語》：「子不語怪、力、亂、神」）。雖然他肯定教育的教化功能，事實上，孔子自己也信心不足，在實踐上到處碰壁受挫。

　　孔子的思維，如黎鳴先生所說：「既拒絕了先驗抽象和超驗想像的思維，更又由他親自所構造的『偶像』和『偶像崇拜』而扭曲了經驗具象的思維。孔子及其儒家的思維，事實上已變成了既無驗又無（真）象（相），而唯一只有偶像的完全牽強附會的專行獨斷的思維，這實質上等於拒絕思維或無思維。這才是中國人跟隨孔子及其儒家之所以會變得越來越愚蠢的最深刻的思想根源，實質上是『拒絕思維』和『無思維』而唯一只有迷信（古人、大人、聖人）的思想根源。」（黎鳴，〈「偶像崇拜」是中國人愚昧的總「根」〉）而儒學或儒教的本質，就是為「偶像崇拜」不斷製造、強化和企圖完善一種主觀的、絕對的、唯理主義色彩的理論架構或體系。

　　商周時期天命思想的世俗表現，就是所謂「巫術」大興。巫，是農業社會裏，既聰明狡詰、膽大又偷懶的人群，他們多少有些文化，好逸惡勞，吹噓自己能「通神」，以騙術為生。最有意思的是「巫」的分化：一部份人成了「聖人」，即有權勢的官紳，一部份人成了官家或民間的（宗族的）祭祀，即禮官。我以為，這種情形，受到了孔子的特別注意。孔子是一心想做「人上人」的，他認為，君子應當不

稼，不圃，不器，不商，唯耍嘴皮子而已。在邏輯上，這就等於他認同了大部份人（小人與女子），命中註定是受治於人的「勞力者」，不堪教化。很顯然，這與他說的「有教無類」自相矛盾。孔子言行的矛盾性、虛偽性，留待後文再論。

于右任先生曾有驚人之語，說是自從漢武帝採納董仲舒的建議，「廢黜百家，獨尊儒術」，中國就沒有了知識份子（于右任七絕〈漢武帝陵〉詩云：「絕大經綸絕大才，罪功不在悔輪臺。百家罷後無奇士，永為神州種禍胎。」）。如果把後半句譯成「中國就幾乎沒有了知識份子或者沒有了作為獨立的群體或階層的知識份子」，換言之，中國知識份子從此患上了集體失語症，應該說是很深刻很準確的。這與張中曉的識見異曲同工，張先生說：「中國人的理論，學術著作，讀來如一批命令，缺乏純真的樂趣（美學上的享受）。沒有精神參加進去，沒有精神（個性）的活動。或者是抄襲，或者是枯燥的理智，或者是宮廷語言的堆積。」知識份子應該是社會文明的傳承者、社會文化的建設者和批判者，以具有獨立的社會經濟地位和自由思想為其基本生存特徵。董仲舒是極其聰明的人，他認準了看中了孔子思想的「精華」，那就是森嚴的等級觀念，君君臣臣父父子子；作為社會成員的所有人，都必須「聽天由命」、「克己復禮」、「安貧樂道」，不得「犯上作亂」。只要統治者採取「拿來主義」，幾乎不用作任何改造，就能夠將儒家學說作為構建秩序井然、平定安穩的、大一統的、皇權江山的「思想準則和行為規範」。

有學者認為，儒家學說對穩定封建社會（封建，俗稱；自秦王朝建立，就沒有了封建，只有中央集權。故以下稱傳統農業社會）起過積極的作用。但是，如黨治國所說，「到了秦朝以後，農民反叛（或曰「起義」）屢有發生，說明隨著歷史的演進，『聖人文化』穩定社會的功能已不復存在，它所能發揮的只有修復功能了。修復儘管不是發展，但它確實起到了維護兩千餘年中國皇權專制制度和專制、奴隸

文化的歷史作用。」（黨治國，〈「聖人」與大盜〉）因此，正史家
們所謂「穩定社會」的觀點，是粗淺草率的，不客觀的。頻繁的權力
更迭，無一不是拿億萬生靈慘遭塗炭作了代價（參見余世存，〈破
碎〉）；而在所謂的社會穩定時期、所謂的王朝盛世，也是以壓抑個
人的正當權利、欲望、自然天性與自由思想，以生產力（包括科學和
思想文化）的近乎停滯的徘徊、極其緩慢艱難的前行，以農民階層世
世代代的貧窮愚昧作了代價的。因此，「中國社會一旦面對經濟現代
化和政治民主化這個『硬道理』，不清除『聖人文化』的影響，是斷
然沒有出路的。」（〈「聖人」與大盜〉）

　　現代民選政府之權力尚且具有「趨惡性」，需要有權力限制、權
力監督、權力彈劾，「神權天授」的極權政府，能是「好人政府」、
能施仁政麼？《荀子》、《史記》記載有「孔子為魯司寇，三月殺少
正卯」的本事（今人錢穆、南懷瑾雖力辯其誣，畢竟不足徵信），孔
子列舉少正卯五大罪狀，其中第三條是指少正卯「言偽而辯」，這便
開了「言論罪」之先河。孔子自是由幫閒、幫忙而幫兇；儘管他內心
並不平靜，因承當不起殺掉言論對手的政治成本而有所悔悟。他的最
後的、最嚴重的代價，是去楚國的幻想破滅。楚國令尹子西對楚昭王
陳述不能任用孔子的理由時說，孔丘的政治戰略目標是恢復、強化周
朝的統治，其代價是削減諸侯利益。子西說辭的背後，其實質是對孔
丘政治品格有懷疑，擔心他一旦執掌重大權力，便要剪除政治異見
者。顧准先生說，孔子「若真的當起權來，他的做法其實和管仲、商
鞅是一樣的。殺少正卯，墮三都，已見端倪。他自己心裏明白，仁、
恕是講給別人聽的，是教化芸芸眾生的，至於當權的人要成霸業，不
心狠手辣，芟除異己是不行的。」顧先生又說，「後代史家，說中國
幾千年來的政治一直是內法（或荀）而外孔，以孔做羊肉，掛招牌，
以荀或法做實際。這一套其實開始於孔子本人。」張中曉則進一步指
出，「東方世間的王道（政治道德）之所以虛偽，就是在人的經驗

（特別是感情）中投下道德者的假像，形成溫柔性，而把實際政治中的殘酷性掩蓋了。它形成了人們對統治者的幻想。」（《無夢樓隨筆》）這種政治道德虛偽性，這種言與行的矛盾，貫穿中國歷史。魯迅先生早就指出，權力者滿嘴仁義道德，卻是不需要自己去實行的，他們要做的，巧取豪奪而已。所有教義教化，其實都是針對非權力者，針對老百姓的。兩千年的不斷「城頭變幻大王旗」，不變的是權力的實質：「吃人」二字。「吃人」，我理解，不僅是肉體的殺戮，還有扼殺個性，滅絕人性的這層意思。

如何看待孔子和儒家？一要回到歷史的真實，二要用今人，即現代人的人文眼光。這才不至於被其文本的堂而皇之的說辭所迷惑，進而把握它的實質。從這個意義上來看，不少人都只是在以自己的善良願望釋讀孔子，或者用西方的「博愛」來做譯釋，這都脫離了孔子話語的歷史語境。

歷史（包括思想史、文化史）不是單純的加法。儒家思想看似越來越堆積豐厚，其實遺忘、篩選和過度闡釋的結果，歷史的本來面目越來越模糊和稀疏淡然，離那個真實的孔子也就越來越遠。換句話說，歷史在做加法的同時，也在做減法。一個歷史減法的極端的例子：在數千年前的新石器時代，我們祖先的一切鮮活的人物、生動的故事都湮滅了，只留下了一堆堆陶器和石斧石針之類，供我們去想像和揣測。

事實上，兩千年的統治者和儒家正是這麼做的：看似對孔子做加法，實則是做減法。「先秦後，儒家雖幾經變化，董仲舒以天人感應、君權天授、三綱五常等理論使儒家政治化了，程頤程顥朱熹以萬物皆一理等理論使儒家學說倫理化、封建倫理永恆化了，陸九淵以宇宙便是吾心，吾心便是宇宙等理論使儒家唯心化了，王陽明以正心，誠意，致良知，日常倫理即道等理論使儒家佛道化、日常化了。」（胡星斗，〈中國問題〉）這些儒家努力的「成果」，雖然並沒有超

出先秦儒家的思想框架和基本範疇，卻被統治者一一接過來，最終將孔子抽象化、符號化、圖騰化了。而近代、現代革命也就自然而然地將矛頭首先對準了孔子，因為他已經是非被推倒不可的傳統農業社會的文化符號和圖騰。陳獨秀等一大批激進學者當時就認為：「若夫別尊卑、重階級，主張人治，反對民權之思想之學說，實為製造專制帝王之根本惡因，吾國思想界不將此根本惡因剷除淨盡，則有因必有果，無數廢共和復帝制之袁世凱，當然接踵應運而生，毫不足怪。」（詳見《新潮——民初時論選》）

　　無論皇家姓氏如何更替，一旦奪取最高統治權的戰亂結束，新的「天之子」上臺，便開始用他一人的腦袋取代天下人的腦袋，對天下人尤其知識份子實行精神閹割。而借助儒家思想，又是最便捷、最穩妥、最正宗的法子。孔子的地位遂越來越高，終於從人間走向了「神壇」（謚號「大成至聖文宣先師」）。儘管其他文化形態，如老莊、佛教，一直與儒家並存，相互競爭、糾纏，畢竟始終未能成為主流文化，而最終為主流的、官家化的儒家所排斥、所裹挾、所融合、所同化。儒家學說的闡釋，越來越龐大繁複，精細入微，也越來越僵化死板或妖魔化，越來越符合統治者的需要和口味。普天之下，莫非王土，率土之濱，莫非王臣（臣的古字義，就是奴隸的一類），所有知識份子，或被強行閹割，或自行閹割，放棄了自由思想。他們只有闡釋它的義務，經科舉入仕，為統治者效力而換取「血酬」以為生計，完全喪失了質疑它批判它的資格和權利。整個民族失去了思想，失去了活力，失去了創造性。

　　一切空洞的說教都毫無意義，尤其當它不僅空洞而且虛偽，包藏著「瞞與騙」。儘管有主流意識之力倡和強制推行，傳統的儒家文化浸淫國人兩千年，思想建設、道德建設的實際成效究竟如何呢？以「經國濟世」為己任的儒家，其道德人格其實很可問的。1232年，金兵圍洛陽，次年，京城西面元帥崔立殺二丞相，自立鄭王，降於元。

「懼或加以惡名，群小承旨，議立碑頌功德，遂發生極大的惶恐。」
（魯迅，《且介亭雜文・儒術》）碑雖最終未立，確有元好問及太學
生劉祁參與撰文。就是這個元遺山，與拓跋魏的後人魏璠等二十餘
人，「請世祖（忽必烈）為儒教大宗師。」魯迅說，「清議操之於
士，利益既沾，雖已將『儒教』呈獻，也不想再來開口了。」魯迅又
引《顏氏家訓・勉學篇》：「……自荒亂以來，諸見俘虜，雖百世
小人，知讀《論語》《孝經》者，尚為人師……」云云，對此譏諷
道，「現在（1935年5月20日～21日）忽由（電臺）播音，以『訓』
聽眾，莫非選講者已大有感於方來，遂綢繆於未雨麼？」為魯迅不幸
而言中，日軍侵華，附敵者中間，飽讀儒學之士不乏其人。王學泰先
生認為，游離於宗法社會還有一個遊民社會，遊民社會的膨脹始於宋
代，它所奉行的江湖文化，事實上與儒家格格不入。這種江湖文化，
成為傳統農業社會爆發一次次社會動盪的深層原因。《水滸傳》就是
其真實形象的寫照。我多年的社會觀察，深感王先生所論不謬：遊民
文化不僅存在於江湖，更滲透浸染到市民社會和農村：非A即B的思維
模式相當流行；多拿《增廣賢言》之類而不是《論語》、《孟子》作
為處世信條；當受到政治壓迫或自身權益受到侵害，或者選擇隱忍、
逃避，淪為「內法外儒，法道互補」的文化結構中的一個消極的分子
（筆者注：道家學說的無為，尤其「上無為」，含有古代民主思想的
萌芽，它是積極的；而躲避現實、苟活的消極面，常為無奈的底層人
和不得意的士人所取。）；或者選擇「以暴易暴」、「魚死網破」的
非理性抗爭，淪為新舊權力的犧牲。因此不難理解：為什麼無論權貴
階層還是民間社會，嘴上喊了兩千年的「禮義仁智信」，最終還是
「為人謀而不忠」、「與朋友交而不信」，腐敗和商業欺詐的陷阱遍
佈城鄉；喊了兩千年的「和為貴」、「溫良恭儉讓」，結果，「革命
不是做文章」；仍是「窩裏鬥」不斷；國人還是習慣於把對外經濟關
係、文化關係情緒化政治化；主流媒體上，至今還在連篇累牘地傾情

讚頌帝王們的雄才和偉績，還晃動著以鬥爭哲學為內核的影視劇和形形色色暴力作品的刀光劍影。其實，歷史，有陽光下的一面，還有「隱蔽的規則」（吳思）；其實，不僅「春秋無義戰」，三國亦無義戰，所有為奪取最高統治權而發動的暴力爭戰，不管借「替天行道」的名義，還是借「農民」的名義，實質都一樣。其結果只能是生靈塗炭，生產力倒退，文明遭毀，歷史回到過去的某一原點，再繞一個大圈子。中國傳統農業社會兩千年的歷史，就是這樣驢拉磨似的在打轉。中國宋代曾有城市經濟的萌芽，明朝更有工商業的勃興，當時中國的經濟實力居世界之首位，但工業革命和現代資本主義終究不可能產生。與其說這是由於夷族入主中原的結果，不如說是自身文化基因缺陷使然。

四

恰恰在儒家學說未獲至尊地位，或者遭遇被輕視、被質疑、被顛覆的歷史時期，正是中國思想文化活躍、比較開放的時期，戰國時期的百家爭鳴，魏晉風度、盛唐氣象，清末到民初一直延宕至上世紀三、四十年代的思想解放，便是明證。「中國的文化繁榮出現在亂世，出現在王權、專制失控的時代，而太平盛世則是文化的沙漠。西方的文化繁榮出現在治世，出現在民主的多元化時代。」（胡星斗，〈中國問題〉）以隋代為例，「從三國鼎立到隋，經過三百餘年的大動盪、大分裂、大混亂、大災難，王通先生一反傳統儒學，認為道的本質就是『通其變』，而不是固守任何經典教條。」（黨治國，〈埋沒的思想〉）「李密問王霸之略，子（即王通）曰：『不以天下易一民之命。』」（《文中子中說‧天地篇》）黨治國先生評價說，這裏，王通將儒家的「仁」發展（筆者注：改造）為徹底的人權思想，

「在一部短短的《文中子中說》中，這是最偉大最光輝的思想，其分量超過王通之後一千四百年以來中國所有的典籍。」

當我們面對祖國的傳統文化，感歎於它的厚重博大、富麗恢宏的時候，可以冷靜想一想，是誰創造了它。一個方面，是民間文藝家和工匠；另一個方面，恰恰是具有叛逆精神的、在不同程度上具有「獨立之精神，自由之思想」的文人，屈原，王通，阮籍，杜甫，李清照，李贄，王實甫，曹雪芹……，正是這些極少數的離儒家之經叛儒家之道的精英和底層不知名的民間藝術家和能工巧匠，創造了中國文化的精華。這乃是在無孔不入的治統與道統之下，在文字獄的岩石的夾縫裏開出的奇葩。借用傅國湧〈1947年：傅斯年和中國言論界〉中的話說，他們是那個風雨如晦的歲月中的一道道閃電，他們書寫了民族言論史上一個個有聲有色的章節。這才是我們的驕傲。這才是我們可以借重的本土文化資源。

五

有一個很有趣的歷史現象。孔子語錄體的《論語》，歷朝歷代的人們，都常常出於不同的需要，實行各取所需的「斷章取義」、「望文生義」，根本不顧及還是不是孔夫子的原意。這種情況，經學家如此，注釋家如此，政治家更是如此。比如「和而不同」的解讀和運用，就是一個典型的例子。《論語・子路》篇曰：「君子和而不同，小人同而不和。」照朱熹的解釋，君子小人的區別，唯公私之分。出於公心，則無論與人相處還是獨處，君子都能有「和」的態度，安之若素的平和寬厚的心境，為什麼呢？他有自信，有自己的原則，絕不苟同他人。

理解「和」與「同」這兩個範疇，並把它們的對舉上升到兩種政治訴求、政治主張的對立來理解，並不很容易。趙紀彬先生的《論

語新探》儘管對這兩個範疇也語焉不詳，但他考察了這兩個範疇的歷史演化，提醒我們不要被字面的意思迷惑，它的內涵也不是一成不變的。而由於古文的簡約，它們用在不同地方，不同人的口裏，意思也就會不同。

從小人階層主張「和實生物，同則不繼」，而世襲貴族主張「去和而取同」出發，我以為可以從社會變動（轉型）、不同政治勢力的消長，大體上來作這樣的體悟：小人要求廢除貴族世襲制度，廢除貴族的專利和特權，主張政治平等。小人所說的「和實生物」的「和」，相濟的意思，只有社會公平，才能和衷共濟，更多地創造社會物質財富；「同則不繼」的「同」，則直接指向政治權力，不繼，要求廢除世襲制；同，要求享有同等政治權利；邏輯上還可以衍生出一層意思：如果小人一旦獲得同等政治地位，小人可以做出承諾，這地位同樣不得繼承。字面上也可以直譯成白話，「說到『同』這個問題，那肯定是不再繼續維繫了」。意譯成白話，「至於說到君子恪守的先王之制的問題，那麼，世襲也好，特權也罷，無論君子小人，都不能再繼續維繫了。」

孔子已經看到「周禮」面臨的危機，主張對周禮作一些損益，但這不過是策略性調整、讓步，是量的增減，他的「郁郁乎文哉，吾從周」的本質，不會有根本改變。所以，表面上看，孔子的政治態度，比貴族階層中間的頑固派的堅持「去和取同」，要溫和一些。他一面站在調和改良、溫情中庸的立場，認為，君子願意接受「和」，但卻不能給與小人「同」等、「同」樣的政治權利；另一方面，他又陰險地偷換概念，將他解釋、認定的「同而不和」的主張，扣在「小人」頭上，說，他們既然要求「同」，與君子分享同等的政治待遇，廢除世襲；那麼，實際上他們就不主張、也做不到「和」了。這裏，孔子明確暗示貴族們，一旦喪失世襲特權，喪失了治人權，就等於徹底完蛋，還能與誰去「和」、還怎麼個「和」哩！《論語》這段話，暴露

了孔子在骨子裏支持世襲貴族「去和取同」的政治主張。而這裏的「和」是指君子與小人平等;「同」,是指「同先王之制」,即,維繫貴族世襲制和特權專利的意思。

因此,拿「和而不同」來說不同社會制度的國家之間的和平共處,就扯遠了。中國典籍釋讀的麻煩,原因之一,是漢字的多義性、歧義性。古代漢語文字十分簡約,後來,字義發展得越來越豐富複雜,這就給後人的隨意取義、發揮、借用,提供了極大的空間。胡適先生說:「太炎先生這篇文章在當時真有開山之功,因為他是第一個人提出『題號由古今異』的一個歷史見解」(胡適,〈說儒〉)。「題號由古今異」,有的古代題號,今天可能只剩下了一個為我所用的語言的「外殼」。「天人合一」的內容偷換,是另一個更荒謬的典型例子。「天人合一」原是董仲舒「天人感應」的翻版,是他為「君權神授」所挖空心思尋找的理論依據。有學者從《四庫全書》檢索得到二百四十多條相關資訊,竟沒有一條中國古代思想家的「天」的概念與「大自然」沾邊。可見「天人合一」與被現代人釋讀成的所謂「人與自然的和諧」,完全屬風馬牛。現代人不過借用了它的語言外殼說事而已。

六

還有兩種歷史現象,值得特別作些闡述;兩種現象,又可以相互參看。

中國近代現代,出現了一大批學術著述宏富同時道德操守很高的學者。這些學者,看起來多是尊儒者或者說自覺拿某些儒學教義「修身」的人。但我認為,不是因為尊儒成全了其道德和學術,而是他們在治學的道路上,不斷提升了自我精神境界;更重要的,他們學貫中西,中西(英美)文化在他們身上成功對接,化作了精神與血

肉。他們或者出身有根基的人家，受到「詩禮傳家」的薰陶，或者有相對有保障的安穩的生存條件，與政治相對疏離、超脫，處於相對自由的治學環境，潛心學術，獨立思考，兼收並融。他們不過是拿了儒學的某些教義、按照自己的理解來「獨善其身」而已。而一旦他們進入更高的人文思想境界，即自由主義的思想境界，幾乎無一不是毅然決然地選擇了與強權與精神奴役抗爭的生存方式。這些大家，集中出現在近現代，即，出現在中國社會由傳統農業制度向資本主義制度轉型的時期。我們可以毫不不費力的開列出一串響亮的名字：梁啟超、蔡元培、胡適、魯迅、陳寅恪、吳宓、馬寅初、梁漱溟、傅斯年、殷海光、費孝通……。儘管他們看待儒學的意見各有不同，有的人經歷的思想歷程頗多曲折，最終都獲得了表達自己真性情的自由。這是一個文化奇觀。它的形成，同樣得益於儒家學說被動搖被顛覆的歷史環境，得益於一個相對寬鬆的政治和學術環境。

韓國電視劇《大長今》在大陸熱播，引起一片譁然。儒家文化在韓國保存如此完好，令人驚歎。其實，類似情形，在日本、新加坡（還有港澳臺地區）也能或多或少感受到。那麼，儒家文化與這些國家或地區的現代化，有什麼直接的因果關係嗎？我想，並沒有什麼神秘的必然的聯繫。儒家文化曾經為它們的本土文化（民族傳統文化）所吸納，改造，成了其中的一個組成部份；而在現代化進程中，又與英美哲學實現了成功對接。劉軍寧先生在他的〈儒教自由主義的趨向〉一文中，提出了「東亞儒教社會」的概念，指出，中國大陸的儒教社會接納了德意志哲學，而其他東亞儒教社會，將本土文化與英美哲學成功對接。前者對儒家學說採取徹底摒棄的態度，使之遭致毀滅性的破壞；後者在進入憲政社會的同時，吸納、保留了民族傳統文化（其中自然包括已經被吸納的中國儒家文化）的精華。德法哲學之魂，是理想主義，不存在於此岸世界；英美哲學是以此岸世界經驗為依託的科學哲學。關於人性和權力之善惡，理想主義與經驗主義就持

有截然不同的觀點。我們所看到的這些東亞儒家社會的儒家文化遺存，已經融入進其發達的、先進的現代文化，作為一種整體文化的部份形態被保存下來，並不是它的全部，更不是其本質的部份；它的本質部份，乃是以經驗主義哲學為依託的制度保障。

此外，每個國家，都有自己獨特的文化淵源，形成獨特的國民精神。英國人的紳士、德國人的嚴謹、法國人的浪漫、美國人的自信、日本人韓國人的潔癖和認真，都是其自身文化的結晶。如果一定要概括出國人的某種文化素質的「結晶」，比較顯著一點的，取其正面的意思，大概就是「忍耐」，而且還只是一部份人一定程度上的忍耐。我以為，由於中國「道統」的既強大又虛偽，國人不得不世世代代浸潤於內法外儒、法道互補的傳統文化之中（柏楊稱之為「醬缸」），求生存溫飽，掙扎活命，人格分裂（或人格雙重化）和異化，較之其他民族尤甚。這一現象，大可引起我們的思索。順便提到，魯迅先生洞見和揭示民族國民精神的深度，諸如，他對「水滸氣」「三國氣」的論述，對流氓性的論述，對「官魂、民魂、匪魂」呈動態流變的論述，迄今無出其右。它將在更久遠的歷史進程中，突顯其思想價值。

七

俄羅斯先知普列漢諾夫說：「宗教作為一種觀念、情緒和行動的體系，包含著兩個因素。第一個因素是哲學因素、世界觀因素，隨著生產力的提高和科學的發展將逐漸消失。第二個因素是社會道德因素。將存在許多許多年，不應該與之作鬥爭。」（普列漢諾夫，《遺囑》）對孔子與儒家思想，尤其孔子思想，也應作如是觀。儒家在中國曾經具有準宗教或類宗教的性質。它基本上與中國農業社會相適應；換言之，它乃是傳統農業社會的精神依託。進入近代，是拋棄它，還是奉之為國教，經歷了長達百年的論爭。中國社會和中國人民

為此付出的代價極其高昂，極其慘痛。這代價，是不容無視的可寶貴的資源。

文化有遺傳性，相對於政治變革，有滯後性。在社會轉型沒有完成的情勢下，輕易斬斷文化鏈，負面的後果往往十分顯著、十分嚴重。治統（政治制度）、道統（政治哲學）意義上的儒學，必將因其與新的社會形態不相容而被拋棄；社會和個人道德意義上的儒學，「將存在許多許多年，不應該與之作鬥爭」。有什麼樣的政治制度，就有什麼樣的道德體系和道德表現。假如我們在制度建設、經濟建設取得實質性進展之時，還原儒家文化以其本來的面目——回歸孔子文化，還原孔子為諸子百家之一的一位教育家思想家，那麼，像一切比較豐富的思想文化一樣，孔子思想也不至於被全盤否定或完全拋棄，「道德格言還有一定的人生價值和思辨形式」（張中曉）；它的道德教義的「語言外殼」乃至某些教義本身，有可能在注入新的、科學的內涵之後，作為有民族特色的現代文化的一個部份，具有長期存在的價值；在某些方面，比如，個人道德修養和自律方面，甚至可以為整個現代社會（東方和西方）在更長遠的歷史時期內所珍惜，所借用。然而，借用儒學的「外殼」構建民族的道德文化的新體系，不應忘記，制度保障乃是必要前提，根本前提；不應忘記，如孔子說的，「富而好禮」，社會經濟基礎是「禮」的前提條件。個人道德修養和社會公共道德建設，只有在憲政社會，在基本保證人權和自由，基本實現社會公平，基本消除貧困和愚昧、以致於在中產階級佔主流的社會條件下（即所謂「紡錘型社會」），才會突現出其實際的意義和效能。

這樣看來，我們似乎已經可以回答關於「五四」運動前後提出的「打倒孔家店」，是不是過於激進的問題。學貫中西的國學大師陳寅恪先生，對中國文化有精闢的見解，他說：「自晉至今，言中國之思想，可以儒釋道三教代表之，……故兩千年來華夏民族所受儒家學說之影響最深最巨者，實在制度法律公私生活之方面；而關於學說思想

之方面，或轉有不如佛道兩教者」。「五四」期間的思想文化運動，旨在謀求制度法律公私生活諸多方面革故鼎新，儒家思想作為舊制度舊法律舊生活的依託物，勢必首當其衝。批判或揚棄舊文化的新思潮、新訴求，出現在集權帝制結束的歷史關頭，完全發乎情，不難理解。

回答仍不宜這樣簡單化，發乎情，尚需至乎「理」。當年的激進的口號和作為，也有值得反思的歷史紕漏。先舉一個次要方面的例子——廢除文言，不僅事實上不能做到，而且負面影響嚴重。我贊同牟宗三先生的弟子臺灣王財貴教授在北師大的演講中說的，當代中小學超過兒童心理發育的超難度知識（數理化）教育，實為應試教育主導下強制性灌輸，是對我國少年兒童的戕害；而背誦經典古籍，如《論語》，如《道德經》，輔之以背誦唐詩宋詞，非常符合十三歲之前兒童記憶力旺健的生理發育規律，是國文教學的一個好的途徑，可以讓我們的孩子終生受用。胡適魯迅等現代學者，在十三歲前，已經讀遍了中華古籍，滿腹經綸。現代學術、文學大師，無一不是如此。他們也曾經持「廢文言，倡白話」的意見（當然不止二位，那是一股時代性思潮；而且各人在內心和話語上有程度的不同。參見李汝倫〈八十年沉冤案要翻〉一文），似乎不可思議；唯一可以解釋的是，他們主要是出於政治情結，而在當時還來不及探討兒童教育，尤其中國兒童國文教育的科學規律。事實上，世上絕大部份人的一生，粗通數理化，甚至只學會四則運算也就夠了（有特殊天分和興趣的兒童除外）；語文則不然，一生須臾不可離，與美育息息相關，與人格精神修養密不可分，關乎其人一生的生命質量。廢文言，等於廢除數千年的中國文化，我們中國人將一無所有，變成「文化侏儒」，迷失在歷史的座標系中，既看不清來路，也找尋不到去路。這顯然很可怕很可悲的。《胡適自述》的漢譯者、自稱胡適學生的唐德剛先生，曾在該書的注釋裏，以親歷者的身份，反省過中小學國文課本改為白話文的弊端和歷史性遺憾。他說的是事實。在不久前問世的《周汝昌自傳》

中，周先生的感受、見解與唐先生不謀而合。以我的寡聞，陳寅恪、鄭逸梅、張中行諸公，都是力倡通曉文言的。即如當年力倡白話的諸位先生，後來也各有不同程度反省。國人語文水準今天的江河日下，這應該說是主要原因之一。白話何用人教？可以無師自通的；文言典籍（當然還有傳世文物和出土文物等其他物質形態的遺產）承載著全部古代思想文化，乃語言的高級形態，非經學而不可通。兒童不懂沒關係，先裝進肚子裏化為血肉再說，長大了理解、揚棄很容易。

比「廢文言」重大得多的問題，乃是傳統文化在近百年的非正常遭遇。

對任何一個民族的傳統文化，都不能採取簡單粗暴的方式加以否定。東方、西方文化有「本然」差異，在中國社會大轉型的非常時期，既然公眾社會價值體系的轉變滯後於政治變革，為了避免價值真空引發的社會紊亂和動亂，便需要經歷一場東、西方文化的大討論，經歷一場空前的現代民主自由思想和科學思想的啟蒙，引進西學，以漸進的方式實行文化的更新改造。

新訴求不能靠暴力實現，也不是簡單地肯定或否定哪一種文化形態所能奏效的。文人學者盡可以繼續就「反儒」「尊儒」爭辯下去，事實上，傳統文化已經被「反」得體無完膚，只剩一口氣了。問題出在「救亡重於啟蒙」的思想和輿論，出在隨之而來的疾風暴雨式的激進行動。如上所述，即如新訴求一夜之間達成，文化的變革，亦應假以時日。何況社會變革以漸變式為代價最小；文化革新、建設，則更需要耐心和時間。傳統文化在中國的命運，卻是在沒有能徹底實行政治經濟變革、民主憲政一次次胎死腹中的情況下，遭受了一次又一次摧枯拉朽般的毀滅性打擊。其後果則是釀成了日益深重的價值真空和信仰危機。這正是歷史的、最為慘痛的經驗。今日之公眾社會的價值紊亂，夾生飯，四不像，倫理道德真空，正是缺乏制度保障、缺少上

面說到的「大討論」和「啟蒙」這兩課造成的；正是超前於社會、經濟變革而強行斬斷文化鏈的嚴重後果。

這樣看來，我們也似乎可以明確對於今天重新「尊孔、祭孔」的態度。孔子的思想可以研究，值得研究。因為它曾經、仍然根植在國人的血脈之中——從「國粹」京劇、舊小說，到都市下層和農村隨處可見、隨時可聞的民風民俗、民間故事和處世信條，無時無刻不能感覺它的深層次的律動。如果說我們的民族文化，一息尚存，這便是最後的心跳。這是改造國民性的依據和起始點，也可以說是僅存的希望。因為我們無法從文化真空開始療救，猶如無法讓文化植物人起死回生。

可是，中國文化重建面臨的尷尬和艱難，同樣正在於此。歷史不可能按照我們的意願從過去某一點開始再走一回。「孔老二」被臭罵了近百年，早已經「人心不古」。袁偉時說，陳寅恪先生對此早有宏論：「吾中國文化之定義，具於《白虎通》三綱六紀之說，其意義為抽象理想最高之境……其所依託以表現者，實為有形之社會制度，而經濟制度尤其最要者。」「故所依託者不變易，則依託者亦得因以保存……自道光之季，迄乎今日，社會經濟之制度，以外族之侵迫，致劇疾之變遷，綱紀之說，無所憑依，不待外來學說之掊擊，而已消沉淪喪於不知覺之間，雖有人焉，強聒而力持，亦終歸於不可救療之局。」面對今日價值體系的分崩離析、光怪陸離，有人說是「多元取向」，有人則認為是價值虛幻化，說難聽些，就是只講利害得失，不講公共價值，道德淪喪。如果用「價值真空」描述過當，那也只能說是活在極其稀薄的價值空氣中，而這稀薄的空氣僅存於民間。因此，當代中國，孔子學說這件鏽跡斑斑的「沉沙折戟」，能不能拿來做重塑以價值信仰為基石的現代中國文化的利器，大可懷疑。簡單的復古讀經，對於寄希望於人心之復古的人們，好比拿現代社會的足，來適農業社會之履，絕難收效；一定要從正面看，也不過是聊勝於無而已。而讀經的負面，卻不容小視：對國民教化的漸進作用，顯然如遠

水近火；不僅如此，如果缺乏辨識能力，還會繼續受愚弄，扼殺人的
個性發展和自由思想的張揚，進而阻礙政治變革，延緩歷史的自然進
程。總之，某些人在今天倡導讀經，就整個社會而言，實乃治標不治
本的無奈之舉，頗有病急亂投醫的意味。至於把某個歷史人物（如孔
子）重新送上神壇，那是被現代人文科學早就否定和拋棄了的愚昧之
舉。朱東潤先生曾說過，「古人支配今人，縱使有人主張，其實是一
個不能忍受、不能想像的謬論。」

　　我們處於嚴峻的悖論中，要傳統不行，不要也不行。文化出路，
精神出路，價值出路究竟在哪兒？困擾著中國知識份子。

　　陳寅恪先生的老友、被稱為「中國現代孔夫子」的吳宓先生，也
曾同「學衡派」諸公一道，對文化的漸進式改造，「強聒而力持」。
也許他深感當時激進思想的強大和猛疾，而以一個學者之力，又無法
回天，因此他才痛心疾首，才竭力主張「兼取中西文明之精華而熔鑄
之，貫通之」。時至今日，或許唯先生之主張，這才可取。當代學者
袁偉時先生進一步將文化作了兩個層面的區分，他闡述道：「在制度
文化層面上，文化趨同——接受以民主、自由、法治、憲政、市場經
濟為標誌的現代文明是不可抗拒的歷史大潮，十九、二十世紀中國一
再受挫，就是抗拒這一大潮的惡果。中國簽署聯合國兩個人權公約和
參加WTO，標誌著在制度文化層面中西文化論爭的終結（筆者：可
惜面對這一歷史事實，思想學術界並未與袁先生取得共識。）。這是
付出慘痛代價才得到的成果。而在非制度文化層面上，『全球文化一
體化』是絕對不可能的，多元文化必然爭奇鬥豔、互相滲透。但是，
不同國家和不同民族的公民對此能作出多大貢獻，不但要看各自的努
力，其中決定性的因素仍在制度環境的優劣。」（袁偉時，〈評「甲
申文化宣言」〉）當代學者秦暉，也跳出了「反儒」與「尊儒」對峙
的思想窠臼，於近年提出，在社會結構上擺脫大共同體桎梏，走向公
民社會；在文化——象徵符號體系中，主張「西儒彙融，解構法道互

補」，秦先生這裏說的「道」，我理解應是其消極面。秦說頗值得關注（秦暉，《傳統十論》）。更重要的是，我們不能將儒家文化等同於中國傳統文化，而應還原它為百家文化之一家，從諸子百家（老子、墨子、莊子、文中子……）中梳理出反儒家的、以現代人文精神觀照具有積極進步意義的古代本土文化，作為中國文化重建的資源之一。總之，西方文化的科學精神、宗教精神，對人的權利尊重、民主思想、社會法制化……；東方文化的「上無為」，順乎自然、修身養性、節制欲望、推己及人……，二者之精華，如何兼取之、熔鑄之、貫通之，考驗著我們的智慧、折磨著我們的良知。竊以為，有一點或可預料，那就是路很長，性急不得。二十一世紀中國知識份子擔承著極其艱鉅、極其重大的文化重建使命。這使命又是雙重的：清理被遮蔽、被歪曲的歷史和文化，清理自身被極權制度和儒家思想嚴重內化的精神世界和人格異化，以及思維方式、行為方式。儘管文化建設之路，將比制度建設、經濟建設更坎坷、更漫長；然而，後兩種建設一日不落實，文化建設都難免流於紙上談兵，且終究難脫烏托邦的窠臼！

當我們暫時擺脫儒教史的糾纏和歷史的沉痛感，進入文學的《論語》，我們看到一個活靈活現的小老頭，固執倔強，又世故圓通；嚴肅古板，又幽默滑稽；快人快語，脾氣不小；渾身世俗氣，而又責人甚苛；一生悽悽惶惶，屢遭挫折，卻矢其「克己復禮」政治之志而不渝……，這個可歎可笑有時還可惡的小老頭，就是孔子，儒教的「原教旨主義者」。他與東漢以後的儒家對他的描述，大異其趣；不過有一點可以肯定，他比那些拿他說事兒的儒家們，本色得多、真實得多、有趣得多。而如果一定要追訴孔子與儒家的歷史罪過，可以這樣說吧：他與漢武帝和尊儒的始作俑者董仲舒相比，與後來的歷朝大儒相比，多少要無辜一些，因為他在世時中央集權尚未建立，也沒有哪個統治者真拿他當回事兒。儒家就不一樣了，偶像崇拜是其代代相承

的思想核心，如果不做徹底清算，中國的政治思想現代化和文化現代
化，就將是一句空話。

參考文獻

傅斯年，《傅斯年全集》第一卷，湖南教育出版社，2003

張中曉，《無夢樓隨筆》，上海遠東出版社，2004

顧准，《從理想主義到經驗主義》，三聯出版社，1992

胡適，《說儒》（胡適口述自傳），中華書局，1993

魯迅，《且介亭雜文》，人民文學出版社，1973

張岱年編，《新潮——民初時論選》，遼寧人民出版社，1994

黨治國，《埋沒的思想》，國際華文出版社，2005

胡星斗，《中國問題》，莽昆侖網

劉志琴編，《文化危機與展望》，中國青年出版社，1989

秦暉，《傳統十論》，復旦大學出版社，2003

楊曾憲，〈仁愛是普世美德倫理嗎？〉，《學術月刊》，2003年第3期

袁偉時，〈評《甲申文化宣言》〉，南方都市報，2004年9月21日

李汝倫，〈八十年沉冤案要翻〉，北大中文論壇網

補　記

　　影響中國歷史之人物，無論遴選百人或十人五人，孔子必居其前
列；余對此深信不疑矣。梁任公嘗曰，天下唯庸人無咎無譽，「譽之
者達其極點，毀之者亦達其極點」如孔子者，絕無僅有也。兩千年來
關於孔子之論爭，迄無休止；近百年來，更臻於白熱化。余每觀論戰
雙方，似公亦有理，婆亦有理；疑竇叢生，莫衷一是。乃不揣淺陋，
痛下決心，做一己之甄別。然卷山牘海，學路崎嶇，欲略探門徑，已
是如攀蜀道、力不從心矣，敢存學成一家之妄念乎？胡適曰，大膽假

設，小心求證；余不具先生膽識，不敢假設，唯直面歷史與現實，冥思苦索而已。作者不敏，竊存斯義，不過欲引起文學諸友，探討其事之興趣耳。雖每下一言，推敲再四，易稿難計其數，仍恐謬種流傳，不甚惶惶之至也。若得方家駁詰教正，余何其幸哉。余友程君巢父，治學經年，自成一家。拙稿草成曾寄呈程兄，承蒙不棄，以蠅頭小楷逐頁評批，緊要處闡述尤詳，令余獲益匪淺；又惠贈傅斯年先生大作，囑余研看。程君治學作風，由是可見一斑。感佩之餘，略志其事，並遙致謝忱。

乙酉十月草於古城陋巷思雨樓
丙戌二月大雪天改稿
丙戌五月病中再改

不用胭脂媚世人

蘇格拉底時期的哲學
——《孔子與儒家》補論之一

　　將孔子學說與同一時期的歐洲哲學對比觀照，我們會有很重要的發現。

　　在歐洲哲學史上，古希臘「蘇格拉底時期」哲學，是一個偉大的然而也有嚴重缺陷的哲學。它的代表性人物的名字，蘇格拉底、柏拉圖、亞里斯多德，一個個如雷貫耳；在歐洲乃至整個西方思想史上，既起著承前啟後的特殊作用，又具有哲學反思的經典意義。

　　考察這一時期的哲學，需要將整個西方哲學史貫通起來，看其演變。

　　針對西方上古時期，即蒙昧時期的神性崇拜，也即「神是萬物的尺度」的觀念，古希臘「前蘇格拉底時期」的智者學派的代表人物普羅泰戈拉宣稱：「人是萬物的尺度」。這個命題所具有的深刻的哲學意義在於，它的邏輯推論：人是自己的尺度，人可以也必須認識自己。整個西方哲學遂在此奠基。它的科學精神一脈相承直至現代當代。羅素對普羅泰戈拉的評價高於柏拉圖，不是沒有道理的。普氏的出現並非偶然，他作為自由職業的一位「教授」，在希臘城邦制度下，有著獨立生存和思想的相對廣闊的空間，有著更加純粹的自由精神、科學精神。須知，那是古希臘各個門類科學競相發展，而且純粹精神受到尊重並空前活躍的年代，生龍活虎的年代，人類第一個群星閃耀的年代。而同一時間的中國，思想、科學、藝術，都遠遠落後於世界文明的搖籃——歐洲環地中海地區，尤其科學思想落後——中國還處在大興巫術的半蒙昧狀態。

　　在蘇格拉底之前，智者學派所說的「人」，強調有自由意志的個體，憑個人的感性經驗和欲望、利益行事，從個人中心出發評判事

物。這種思想在古希臘民主制上進時期曾起到一定的啟蒙作用。但後來，歐洲卻走向了反面，加速了民主制的蛻變。

在歐洲「走到反面」的後來（中世紀）和前蘇格拉底時期的普羅泰戈拉之間，有一個十分重要的「過度時段」，這就是本文所探討的「蘇格拉底時期」。

研究這一時期有著雙重的重要意義：對於西方哲學史研究，它是不可逾越的階段；對於比較研究中西古代哲學，因為它們處於人類同一歷史時期，因為蘇格拉底時期哲學的優秀之處和致命弱點並存，這便更清楚、更微妙、更深刻、更有說服力的成為我們中國古代哲學的一個絕好的參照物。

黑格爾曾評價說：「智者們說人是萬物的尺度，這是不確定的，其中還包含著人的特殊的規定；人要把自己當作目的，這裏面包含著特殊的東西。在蘇格拉底那裏我們也發現人是尺度，不過這是作為思維的人，如果將這一點以客觀的方式來表達，它就是真，就是善。」與下面將會看到的羅素的評價相反，黑格爾顯然更贊同更欣賞蘇格拉底。黑格爾的「真善同一」的理想主義，正是來自於蘇格拉底時期的哲學，他的哲學承接，恰恰來自這一時期哲學的致命弱點。

黑格爾沒有認識到，蘇格拉底對「智者學派」所作的修正，殊不知正是智者學派的精彩之處。對智者們具有更生動、更自由、更寬泛的精神，更強大的包容性的「認識自己」的命題，蘇格拉底提出了改進：認識自己並不是認識人的外表和身體，而是要認識人的靈魂、認識靈魂的理性部份。

問題在於，一旦把這種所謂「靈魂的理性的部份」分離出來，然後再加以擴大化，絕對化，神秘化，哲學思考就將徹底自我化，轉化成對哲學家自己神性的膜拜，轉化成唯理主義。事實上，黑格爾正是這樣用他的神性塑造了「德意志之魂」，乃至於成為後來烏托邦哲學所謂「終極真理」，所謂「歷史必然性」的哲學來源。

　　蘇格拉底認為，人性的本質在於理性，所以，人生的最高目標就應當追求正義和真理。他批判「前蘇格拉底時期」智者學派的以個人為中心的道德觀，探求人的內在道德本性，確立社會生活中人的道德價值體系（請注意，這一點與中國儒學始祖孔子道德天賦的「天命觀」，如出一轍）。蘇格拉底的哲學思想，一開始就樹立起人的理性的「追求正義和真理」的神聖使命。這既有其偉大之處——他幾乎囊括了人類的三種元精神：正義體現宗教精神、真理體現科學精神、道德體現愛的精神。古希臘哲學從蘇格拉底開始，人類的三大元精神都已經提出來了；同時，又種下崇拜個人神性和將哲學信仰目的化、社會道德化的功利主義的劣根。

　　如果說智者學派將神與人的對立轉變為對人自己的關注，奠定了以人為中心的西方哲學基礎；那麼，蘇格拉底則一下子就切入到了人的精神領域（請以佛洛伊德理論對照。佛氏將人的精神劃分為三大層次：他我、自我、本我。蘇格拉底的「理性和精神」，僅僅作為人的最高級的精神活動存在；然而除此之外，人還有從潛意識到這個最高層次之間的各種級別或水平的精神活動；還有本能。）他把精神和理性看做了人之為人的高貴與尊嚴，固然崇高而有理，但是，值得注意的是，智者學派的思索，具有純粹精神的性質，擺脫了世俗社會現實功利的羈絆；而到蘇格拉底時期，過份強調「倫理」以及對「目的」的信仰；這就向著有如中國古代思想（孔子、老莊、韓非眼光緊緊盯住現實社會，企圖「以學為用」的形而下思想）的方向，有所倒退。不過，蘇氏哲學與孔子完全世俗、完全功利的思想仍然有著很大差異。正如羅素所說，蘇氏時期的哲學「大體上可以說是真正科學的」；中國同一時期的孔子思想，恰恰談不上是「真正科學的」思想。二者就此產生了「本然」的差異。各自走向南轅北轍。

　　與孟子、荀子作為孔子學生而承其衣缽一樣，柏拉圖作為蘇格拉底的學生，繼承、發展了他的「人的本性在於理性精神」的思想。

這個接力棒非常關鍵，非常重要。從衣缽傳承上看，柏拉圖和亞里斯多德這一棒跑得非常漂亮。他把理性上升到宇宙論和本體論的高度加以論述。這也就是說，他為老師加固了其思想的哲學基石，使之更加「純粹化」了：在〈蒂邁歐篇〉中，柏拉圖說，人的靈魂中的理性來源於宇宙靈魂中的理性，只是人的靈魂中的理性的純潔度較差，屬於第二、第三等的理性。這是因為在人的靈魂中，除了理性以外還有感覺、欲望和情緒，這都是由外界的火、氣、水、土等因素所造成的混亂。另一方面，這兩個學生，也「發展」了蘇格拉底的致命的缺點，向著目的信仰、向著輕視感性而推崇自我創造出來的「純粹思維世界」的神性的方向，推進了一步。為後來的大倒退埋下了濃重的伏筆。

羅素對西方古代哲學史的評價，我以為非常到位，準確而深刻：「德謨克里特——至少我的意見如此——是避免了後來曾經損害過所有古代和中世紀思想的那種錯誤的最後一個哲學家。我們迄今為止所探討過的所有的哲學家們，都曾致力於一種無所為而為的努力想要瞭解世界。他們想像中的瞭解世界要比實際的情形輕而易舉得多，但是沒有這種樂觀主義他們就不會有勇氣做出開端來的。他們的態度只要並不是僅僅體現他們時代的偏見的時候，大體上可以說是真正科學的。但它不僅僅是科學的；它還是富於想像的、生平蓬勃的，並且充滿了冒險的樂趣。他們對一切事物都感到興趣，——流星和日月蝕、魚和旋風、宗教和道德；他們結合了深沉的智慧和赤子的熱誠。」

我們看到，柏拉圖關於人的靈魂中的理性來自宇宙靈魂中的理性的思想，與孔子的「天命觀」十分類似；而且孔子思想同時具有羅素所說的致命的弊端——「僅僅體現他們時代的偏見」，孔子正是認為，他所處的時代（春秋戰國時期），「禮崩樂壞」，主張「仁政」，「復禮」，以削弱、抑制諸侯的利益，恢復周王朝大一統的王權。孔子一生的追求，停止在這一世俗的、功利的行動（包括言說）的層

面，他的思想成為影響後世的實用主義、功利主義的發軔。他在把人徹底理性化的同時，也便徹底拋棄了形而上追索，背離了哲學的本質。

前面曾經提到，英國人的羅素對蘇格拉底時期哲學的評價，與德國人的黑格爾的評價，正好形成對立。德奧哲學與英美哲學的分歧，也可由此見一斑：英國人崇尚經驗主義，德國人崇尚個人神性。

是的，蘇格拉底及其弟子們是思想天才，但比起前蘇格拉底時期的希臘哲學家，他們的「錯誤之點就在於和宇宙對比之下不恰當地強調了人。首先和智者們一同出現的懷疑主義，就是引導人去研究我們是如、何、知道的，而不是去努力獲得新知識的。然後隨著蘇格拉底而出現了對於倫理的強調；隨著柏拉圖又出現了否定感性世界而偏重那個自我創造出來的純粹思維的世界（黃按：即神性世界）；隨著亞里斯多德又出現了對於目的的信仰，把目的當作是科學中的基本觀念。」（羅素，《西方哲學史》）從他們那時候以後，生平就萎縮了，而流俗的迷信便逐漸地興起。一直等到文藝復興，哲學才又獲得了蘇格拉底的前人，即前蘇格拉底時期哲學所特有的那種生平和獨立性。（需要注意的是，「純粹思維精神」，以其適用的語境不同，有褒貶兩種取義：當作為倫理、目的等功利主義的對立物，指向哲學意義上的形而上，取為褒義；當它作為對生動的、感性的、生命的關注的排斥物，指向沉迷於主觀空想和崇尚神性，取為貶義。）

顧准先生對此有意思相同的評述：「希臘思想，是有教養的貴族靜觀世界為之出神的體系，它確實是『天不變，道亦不變』的形而上學。然而它『格物』，它有一種窮根究竟的笨拙戆態，它是從希臘工商業城邦的手藝匠師對客觀事物的『變革』過程中精練出來的。它不是王家文化，它不是道德誠命。它以笨人的窮根究底的精神，企圖從日常生活中找出一條理解宇宙秘密的道路出來。它的這種特徵，後來確實被基督教吸收來成為它的教義的一部份；而基督教也因此而成為一種既窒息科學也撫育科學的宗教。」

不用胭脂媚世人

　　儘管蘇格拉底時期的哲學含有目的信仰的因數，這種思想因數成為一元主義哲學的肇始；而其神秘主義的部份，又為唯理主義所承接；我們仍然無可否論，它畢竟是哲學意義上的哲學。將他們思想的主觀性和目的性，實用主義和功利主義這些「致命弱點」，與同一時期的中國諸子百家的思想相比較，那簡直就是小巫見大巫了。中國古代思想，從來就沒有哲學意義上的生平和獨立性。沒有「格物」，沒有「笨人的窮根究柢的精神」，奠基在這樣的古代思想文化上面的中國傳統思想文化，因此先天不足。這乃是我們民族文化的先天的基因缺陷。

　　羅素說，前蘇格拉底時期哲學，乃是歐洲哲學真正意義上的發端。而中西哲學也正是從這裏開始，分道揚鑣。

　　進一步要問，為什麼會產生這樣的「本然」差異？那就需要追溯更久遠的文明史，考察西方古代歷史，看看人類思想文化漫長的草創階段。我以為，有幾點值得特別關注：一、早在西元前4000年到前6000年，古埃及就創造了以金字塔為標誌的古代文明；科學技術達到驚人的高度。二、由於環地中海極其特殊的、有利的地理條件，航海與商業貿易得到蓬勃發展。在此基礎上，希臘城邦自然形成，早期民主制度也隨之誕生。三、在哲學奠基的「前蘇格拉底」時期，環地中海地區文明，是開放的海洋文明，科學技術、文學藝術、思想文化同步發展，農業文明與商業文明同步發展。這些，都與中國中原文明發展相對較晚，經濟文化呈封閉性、單一性，形成鮮明對比；而大一統封建帝國很快形成，秦王朝結束戰亂看似有功，但治統強大，思想被迅速扼殺；漢王朝接著「罷黜百家，獨尊儒術」，由此完成治統與道統合二而一。從此中國就走向了「萬劫不復」的、失去活力的「思想黑暗」。

　　歐洲思想史把近代現代先進的科學的思想之起始，標定在十七世紀。讓我們看看斯特龍伯格的《西方現代思想史》，對前此歐洲思想演變所作的簡明而精彩的概述：

希臘人以思想開放、勇於探求真理而著稱。他們創造的碩果累累的思想成就使得多少世紀以來的歐洲人受益匪淺。歐洲中世紀的歷史可以看作是逐漸汲取希臘遺產的過程。這一過程直到十六世紀也未完成。在羅馬帝國末期（西元四世紀），聖奧古斯丁的思想就融合了他本人虔誠的基督教信仰，少量的新柏拉圖主義以及某些拉丁作家具有教訓意味的話語。接下來，在十二世紀「中世紀文藝復興」時期，亞里斯多德的一些思想與帶有人文主義色彩的文學一道流行起來，某些科學知識（歐幾里德、蓋侖、托勒密）也被重新發現。十三世紀，亞里斯多德的全部著作傳回歐洲，這是以一人之力完成的希臘思想百科全書。最後，十四至十五世紀偉大的義大利文藝復興使歐洲如醉如癡，因為它打開了古典古代的全部源泉，充分滿足了人們的渴望。眾所周知，文藝復興是向後看的，把古代作為一切真理的源泉。……在古代文明沒落了十個世紀之後，能夠對古代頂禮膜拜，這本身就足夠解放了。

中世紀的偉大哲學家安瑟姆、阿奎那等人致力於把希臘哲學融入基督教，向野蠻的歐洲灌輸理性世界觀，力求把希臘、羅馬思想和基督教早期神學家思想冶為一爐，鑄造一個偉大傳統。他們努力調和各種對立的思想。……如果對歐洲思想傳統做一個概括，首先應該指出的一個基本特徵就是它的活力。

我們驚奇的看到，尖銳的對立、劇烈的震盪、勇敢的吸納、活躍的交融、深刻的反思，貫穿於歐洲思想史的全過程，無比生動，富有獨立思想之精神和創造力，充滿了生機與活力。值得注意的是，就在斯特龍伯格概括出歐洲哲學發展史最大的特色就是「活力」之後，他緊接著說：「其他文明在多少世紀裏死氣沉沉，束縛於習慣之網，沒有什麼明顯的變化，或者說像冰川那樣緩緩移動。」反觀吾國，自

不用胭脂媚世人

從漢武帝之後儒術獨步天下，思想便被納入封建道德建設的範疇，走向僵化、奴化，甚至妖魔化，恰恰缺失了這種「活力」。斯特龍伯格所論，絕對不是一個西方思想家的偏見。蘇格拉底時期哲學，其缺陷儘管埋下了這一歷史倒退的伏筆；蠻族入侵歐洲，隔斷了歐洲與地中海地區的聯繫，也是造成「黑暗中世紀」的重要原因。但是，歐洲哲人的血液裏，獨立思想的基因還在。他們走過了艱辛、漫長的黑暗中的追尋之路，這路，像一個巨大的蛇形。這乃是否定之否定的發展之路。蘇格拉底時期哲學，是文藝復興時期哲學以及近代現代西方哲學，向前期古希臘哲學的純粹科學精神回歸必經的一個觀察點，必經的一步墊腳石，是西方後來的思想者、近現代思想家反思一元主義哲學的絕佳經典。

順便一提，老子、孔子、墨子的師生關係，很像蘇格拉底、柏拉圖、亞里斯多德。可惜西方先哲崇尚「吾愛吾師，吾更愛真理」，他們相互承繼、吸納，共同完成了西方哲學的奠基禮。而中國古代先哲，尤其孔子，則意氣用事，背離師訓，另搞一套；作為後世師表，這個頭開得實在很糟糕。這也是為人類為智慧為真理的哲學，與世俗的、功利的、實用的「哲學」，在精神和人格上的分野。自漢以後，老子被玄化，墨子被遺忘，而孔子被獨尊的開始也就是被肆意利用的開始。

所以，中國近現代思想家卻沒有西方近現代思想家那樣的幸運。他們無根可尋。追尋到中國思想的奠基時期，春秋戰國時期，那裏有孔、墨、老、莊，百家爭鳴，看似思想繁榮，繁榮的背後，沒有科學和宗教的精神支撐，哲學基因嚴重缺陷，哲學精神十分虛弱。中國古代哲學（如果一定要稱之為哲學的話），以十分現實的功利的目的，討論著「君臣父子」、「人與民」、「君子與小人」的社會倫理關係（實際上是從屬和對立關係）。它很容易地就被統治者接過去「為我所用」了。在接踵而至的強大無比治統和道統的雙重枷鎖下，中國思想者或知識份子以及所有非權力者的厄運，也便就此開始了。

再說「儒術」
——〈孔子與儒家〉補論之二

　　說「儒教文化對中國社會的長期穩定，起過積極作用」這樣的話，是不負責任、荒唐、武斷的。我不相信它是所謂「書生之見」，因為真正的書生不會在歷史史料面前閉上眼睛。穩定了什麼？什麼樣的穩定？是否真穩定？即或存在相對穩定時期，誰需要這樣的穩定？對於芸芸眾生，拿什麼替它做了代價？大而化之，語焉不詳。

　　袁偉時先生說：「人文精神是什麼？簡單地說，就是人的價值至上，人的權利至上。」再說白些，就是尊重生命，尊重人的權利——人權。我們只能拿人文思想考量中國歷史，以及作為這歷史精神依託、與這歷史融為一體的儒教文化。顯然，「穩定論」與魯迅先生說的「吃人」，有天壤之別！

　　余世存在〈破碎〉一文中，列舉了駭人聽聞的史實，他從歷史中鉤稽出一串串數字，其中的每一個「一」，就是一條活生生的生命。一想到這，歷史就活了，數字就有了有了氣血精神，歷史就有了質感。這些有生命的數字就應當刻碑存照，讓華夏子孫世代銘記：

　　僅以戰爭為例。三代中的殷商《卜辭》記載了各種戰爭六十一次。《春秋》記載，在其242年間戰爭448次。戰國，僅大規模的戰爭就有222次。司馬遷記載：秦國攻魏殺8萬人，戰五國聯軍殺8萬2千人，伐韓殺1萬人，擊楚殺8萬人，攻韓殺6萬人，伐楚殺2萬人，伐韓，魏殺24萬人，攻魏殺4萬人，擊魏殺10萬人，又攻韓殺4萬人，前262年擊趙白起殺盡42萬人，又攻韓殺4萬人，又攻趙殺9萬人……

從西元前195到西元前205年西漢建國初期，共歷十年。秦朝末
年有2000多萬人，到漢初，原來的萬戶大邑只剩下兩三千戶，
消滅了原來人口的70%，使得「自天子不能具鈞駟，而將相或乘
牛車，齊民無藏蓋」。漢武帝這樣的大獨裁者在位五十多年，
同樣需要數千萬子民貢獻人體，幾番討伐匈奴，使得「強漢」
人口減半，50%的人死亡。西元2年全國人口5959萬，經過西漢
末年的混戰，到東漢初的西元57年，人口2100萬。漢末三國南
北朝，西元156年人口5007萬，經過黃巾起義和三國混戰，西元
208年赤壁大戰後的全國人口為140萬，一直到西元265年，三國
人口總計才767萬。曹操都感歎：「白骨露於野，千里無雞鳴，
生民百餘一，念之人斷腸」。南北朝的戰爭，文明仍不過是一
種絞肉機。北朝的齊代有2000萬人，到北周時人口僅900萬；南
朝宋代有469萬人，到南陳滅亡時只有200萬人。短命的隋朝向
唐朝過渡，僅僅十幾年的時間，全國戶數由890萬減至290萬，
東方大陸上的人口就銳減了三分之二以上。安史之亂，為時九
年的屠殺，中國人口從九百萬戶銳減至二百萬戶，四分之三慘
死，殘存者以紙為衣。西元755年有5292萬人，到760年人口
1699萬。唐末、五代，前後八十年，中國內外一片混戰，億萬
生靈塗炭。前後58個皇帝，有42個死於非命。唐武宗時有496萬
戶，後周世宗僅120萬戶，到宋初為200萬戶。宋元明清，1122
年全國人口9347萬，到元初1274年，人口887萬。而從李自成
起義到吳三桂滅亡，混戰五十四年。明末人口為一億，到清世
祖時全國人口只剩下1400萬人了，損失人口8000多萬。1786年
大清人口3億9110萬人，白蓮教起義失敗後，人口為2億7566萬
人。太平天國爆發（1851年）前夕中國人口4.3億，太平天國失
敗（1863年）後，中國只有2.3億人，據說到1911年全國才恢復
到3.4億人。……

　　余先生文章說，歷史學家統計，在這片大陸上，每隔十八年要以戰爭形態殺人，至於平時，以權力、捐稅等形態殺人，更是軟刀子數不勝數。人是什麼？是取樂的工具，是消遣的對象。這種文明，實在是無明於人。亞洲第一共和國建立二十多年後，孫傳芳流暢自如說過：「秋高馬肥，正好作戰消遣。」

　　朱翰昆先生是荊州土生土長的文史學者，他有一篇文章講，荊州沙市這地方，從春秋時期到辛亥革命，共有三十次成為戰場，也就是說八十年左右就有一場戰亂。比較平靜的時期，大概是就是北宋、明朝。

　　齊景王問孔子，什麼是「仁政」？孔子回答：「君君，臣臣，父父，子子。」景王高興地說，這就對了，倘若不是這樣，天下糧食再多，我又怎麼吃得到嘴呢？

　　所謂穩定，一，其實並不存在，只是一種虛妄之言；二，穩定乃是統治者所需要的在他奪取江山後的穩定，而為了奪江山，殺戮是其主要手段，他要造反，才不管你社會穩定不穩定呢；三，即使是在穩定期，統治者以暴力行苛政，橫徵暴斂，供一己之奢靡淫樂，芸芸眾生仍是他碗裏的魚肉。正像明末民謠中唱的：「奪泥燕口，削鐵針頭，刮金佛面細搜求，無中覓有。鵪鶉嗉裏尋豌豆，鷺鷥腿上劈精肉，蚊子腹內剜脂油，虧老先生下手！」

　　秦始皇（西元前259～西元前210）是建立第一個中央集權的專制帝王，在位三十七年。秦始皇陵（含兵馬俑坑）修建竟歷時三十餘年，佔地面積五十多平方公里，動用勞工達七十多萬人。陝西省考古研究所秦始皇陵考古隊，2003年初清理一處為秦始皇陵燒制磚瓦的窯址時發現「勞工墓」，位於秦兵馬俑博物館門前約五百米。「勞工墓」內埋有一百二十一具人骨架，死者們生前是兩千年前修建秦始皇陵的勞工。中國社會科學院考古研究所人骨鑒定專家張君說，所葬勞工平均死亡年齡為二十四歲，十五歲至三十五歲者佔85.1%，三十六歲至五十五歲者佔6.6%，另有十具遺骸，經提取DNA鑒定，為歐亞西T

型人種，即「洋勞工」。繁重的徭役導致民怨沸騰，發出憤怒詛咒：「秦始皇，何強梁，開吾戶，據吾床，飲吾酒，唾吾漿，飧吾飯，以為糧，張吾弓，射東牆，前至沙丘當滅亡。」

儒教文化從一開始就是為統治者敬奉的「統治術」，魯迅名其為「儒術」，一語中的。儒術，是從來不尊重個體生命，從來不尊重個人權利的思想文化；即反人文精神的文化。儒術，統治術也。

文化不應該是某個個人設計、預先制定的先驗的東西，不應該是靠權力或暴力強制推行的東西。儒教作為空想主義的政治理想、急功近利的政治設計，一開始就走向了反文化的歧途。當然，文化不是決定因素，專制制度才是中國兩千年災難的禍根。問題是儒家文化恰恰適應了專制制度的需要，與之一拍即合，形成治統下的道統──精神奴役的思想工具。

中國人第一個應該紀念的文學家，是屈原，他第一個喊出了「長太息以掩涕兮，哀民生之多艱」、「路漫漫其修遠兮，吾將上下以求索」，第一個有了形而上的關懷（《天問》）。中國人第一個應該紀念的思想家，是隋代的文中子，他第一個喊出了「不以天下易一民之命」。然後是魯迅，他第一個喊出了中國歷史是「瞞和騙」，是「吃人」的歷史，「救救孩子」。然後是胡適，他早在上世紀二十年代末期就喊出了「烏托邦主義」的不可信、不可行。

美國一位小說家說過，戰爭，只要殺害了一名無辜，就不是戰爭，而是屠殺。這與文中子的思想，如出一轍。可惜沒有一個中國小說家具有這樣看似「極端」實為徹底的人文思想，他們醉心於帝王們的「雄才大略」，為其塗脂抹粉，其實是在宣洩內心的帝王情結，把自己擺在了優越於芸芸眾生的地位，自覺不自覺的以幫閒幫忙幫兇者的身份，鄙視地位哪怕只低他一等的奴才。為尋求某種東西合法性，宣揚暴力的文學和影視作品仍在大陸大行其道。因為封殺了其他資源，以至充塞於腦際的全都是一種旋律，會教我們不由自主地脫口哼

出聲來——歌曲被符號化了，其他門類的藝術也一樣。被大陸評論家炒作得大紅大紫的《狼圖騰》，德國漢學家顧彬（音譯）最近評價說：「《狼圖騰》對我們德國人來說是法西斯主義，這本書讓中國丟臉。」

為帝王將相立傳的小說、戲曲、影視，可以休矣！假如雍正王朝像同名電視劇主題歌唱的，真的「再活五百年」，你我頭上還留著辮子，時不時馬蹄袖伏地，一口一聲「吾皇萬歲」、「奴才該死」！

■ ■ ■ ■
不用胭脂媚世人

中國古代的人性論
——〈孔子與儒家〉補論之三

關於中國古代思想缺乏科學精神，缺乏形而上關懷的看法，在人性論討論方面，可見一斑。

孔子的學生很奇怪孔子為什麼從來不談「人性」。子貢感歎說：「夫子之文章，可得而聞也；夫子之言性與天道，不可得而聞也。」（《論語‧公冶長》）。孔子不言天道和人性，說明他不喜歡形而上的純粹思想，也就是沒有哲學興趣。在《論語》中，孔子談論人性的話語只有一處、一句話，即「性相近也，習相遠也」（《論語‧陽貨》）。孔子似乎對這個問題想得不深，拿不準，說得很含糊，大而化之。從中我們可以得到的資訊：一、人性生而大體平等或大致一樣；「近」相對於下面說的「遠」，只能說孔子把「習」看得比「性」重要的多，人性「近」到什麼的程度，差異究竟多大，本身沒有明確界定。二、孔子強調「習」的作用，強調修身、強調教化，認為人性主要靠後天養成，因諸多因素不同而變得差異很大。三、性相近，近，絲毫沒有涉及善惡判斷，孔子並沒有做出人性善或人性惡的原始性判斷。四、習相遠，邏輯上承認人性既可以趨善，也可能趨惡。

孔子思考、回答關於人性的問題，顯得很聰明，也很謹慎。既然孔子沒有說清楚或者沒能說透徹，孟子、荀子這兩個隔代傳人的人性論爭便不可避免的發生。學者指出，孟子其實並不是主張「性善論」，而是人性「趨善論」；我感覺，孟子對人性的闡釋，並不是做學問研究，他的辯才，依然是承繼他老師的衣缽，停止在「為用」的形而下層面，是一種實用主義的學說；他的邏輯其實很簡單：如果人性連趨善性都沒有，教化的功能便成了對牛彈琴，大可置疑了。孟子

的人性論，如果是趨善論，那麼，原始態的人性，就應該是善的對立面，不善或不很善。孟子沒有明確這樣說。孟子同他的老師孔子一樣，其實，也沒有古希臘哲學家「窮究物理」的笨掘和執拗。孟子也沒有對人性的原始性作研究和闡述。不僅如此，他還將趨善論做了包裝，用了性善論做了外殼。

荀子急於自成一說，與孟子爭得面紅耳赤，學者們認為，他的言說自相矛盾；其實我倒認為，其思考比孔、孟深入了一層，有了一點哲學意味。不過，荀子的「人性惡」，仍然並非一種哲學主張（像他們的先師一樣，沒有形而上的興趣），同樣是針對現實狀況有感而發的：「今人之性惡，必將待聖王之治、禮義之化，然後始出於治、合於善也。」（《荀子‧性惡》）可見，荀子指的是現實的人性之惡，是一種現實的社會存在的描述，而不是人性的本初狀態。荀子仍在強調王治、禮義；「人之性惡」作為了其必須重教化的社會理論的邏輯依據。所以，看似孟荀針鋒相對，實際上殊途同歸，都在維護他們的老師孔子的那一套道德教化的主張，為其尋找邏輯依據。倒是有幾點值得注意，那就是荀子關於人性本身的論述：一、「凡性者，天之就也，不可學，不可事。禮義者，聖人之所生也，人之所學而能，所事而成者也。不可學、不可事、而在人者，謂之性；可學而能、可事而成之在人者，謂之偽：是性偽之分也。」（《荀子‧性惡》）這裏，荀子界定了人性是天性，即，自然屬性；荀子說的「性偽之分」，將「性」與「偽」對立，顯然是天然與雕飾對立，先天與後天的對立的意思。前面一句，頗有深意，人性是人的自然屬性，是天生的，不可學，不可事。這與古希臘前蘇格拉底時期的智者學派的「自然人性」，竟有驚人的相似，只是達不到智者學派「人是萬物的尺度」這樣的以人為中心的人本主義的高度。二、荀子在《非相》中說，「人之所以為人者，何已也？曰：以其有辨也。饑而欲食，寒而欲暖，勞而欲息，好利而惡害，是人之所生而有也，是無待而然者

也，是禹、桀之所同也。然則人之所以為人者，非特以二足而無毛也，以其有辨也。……夫禽獸有父子而無父子之親，有牝牡而無男女之別。故人道莫不有辨。」在自然界中，他又將人與禽獸區別開來，認為人有「辨」，即，有思想，有欲望；三、更有趣的是，他不顧與其「性惡論」自相矛盾，讚揚了人的高貴：「（人）力不若牛，走不若馬，而牛馬為用，何也？曰：人能群，彼不能群也。人何以能群？曰：分。分何以能行？曰：義。」「水火有氣而無生，草木有生而無知，禽獸有知而無義；人有氣、有生、有知亦且有義，故最為天下貴也。」（《荀子·王制》）；四、荀子最了不起的地方是，他觸及到人性論的要害或學術性的界定：他說：「義與利者，人之所兩有也。雖堯、舜不能去民之欲利，然而能使其欲利不克其好義也；雖桀、紂亦不能去民之好義，然而能使其好義不勝其欲利也。」（《荀子·大略》）。如果把他的人性天生的觀點，與這裏說的，人之性與辨共生，利義同在，人既是自私自利的同時又是曉明大義的結合起來，他完全可以建立自己的「人性論」，即，人的善惡，與生俱來；人的自然屬性，就是善惡兼於一身的。這就有一些思辨的深度了。借用曹雪芹的「正邪兩賦」，人是有正邪兩氣同時浸潤的，先天是如此，後天亦如此。可惜的是，無論孟子或荀子，真正關心的並不是哲學意義上的「人性論」，而是他們從孔子這位世俗哲學家、實用主義思想家那兒繼承來的政治理想。他們的理論，趨善說也好，性惡說也罷，都出於功利的目的，一個旨在說明教化的必要性（荀子）一個旨在強調教化的可能性。中國古代最有才華的思想家之一的荀子，作為哲學家的命運，就這樣斷送在經世致用的政治理想主義和功利主義中了。而荀子最終轉向法家，這是他很自然的歸宿，恰恰說明他對教化失去了信心。真不知道這是誰的罪過；但對中國人來說，不幸之根源，由此種下。顧准先生說：「後代史家，說中國幾千年來的政治一直是內法

（或荀）而外孔，以孔做羊肉，掛招牌，以荀或法做實際。這一套其實開始於孔子本人。」

儒家學說，經由兩千年的強制推行和深刻浸潤，成為了國人的文化基因、文化符號。一座看似富麗的文化大廈，由於沒有科學精神和宗教精神作為骨骼支撐，竟是理論膚淺、邏輯脆弱的大廈，偽善的大廈。

老莊的人性論，同樣沒有到達哲學的水準。他們認為，「道」和「德」是宇宙萬物的本體的依據，因此也是人的本體的依據。人性的存在，既是自然天成，其本身就合乎天理；人的最初的自然狀態，就是理想的狀態。這裏，老莊其實迴避了關於人性作為自然屬性的善惡的論定。人性被「道」模糊化了、神秘化了。老莊從主觀神秘主義，突然就回到現實的經驗的層面，看到人性的被壓抑，同時看到人性的不可放縱。他們最終還是落實到了功利主義、實用主義的層次上。他們的言說，與儒家站在同一水準之上。老莊一面拿他們的「自然人性論」批判儒家虛偽的、僵化的「仁義」說；鼓吹向自然的、本初的、理想的人性「復歸」；一面又反對現實的、經驗的人性狀況，提倡「無欲」、「少欲」、「去欲」。在其著述中，於是乎便充滿了看起來矛盾的、讓人莫衷一是的說教。他們不得不在尊重自然人性與限制自然人性這一悖論中旋轉徘徊，採取折衷主義的立場，而最終並沒有能將人性說透──一方面，強調應當順從人的自然本性，而不要加以任何人為的、壓制的論述，觸目即是，如《莊子》中的〈駢拇〉、〈馬蹄〉、〈在宥〉、〈庚桑楚〉等，即所謂「任其性命之情」（《莊子‧駢拇》）；另一方面，老子所謂「見素抱樸，少私寡欲」（《老子‧十九章》）、「禍莫大於不知足，咎莫大於欲得」（《老子‧四十六章》）、「我無欲而民自樸」（《老子‧五十七章》）；莊子所謂「同乎無欲，是謂素樸，素樸而民性得矣」（《莊子‧馬蹄》）、「君將盈耆欲，長好惡，則性命之情病矣」（《莊子‧徐無鬼》）等，又力圖說明，對人的欲望必須加以限制，乃至否定。這種

對人性的無可奈何，與現代世俗社會的無奈，如出一轍，完全是形而下的說事。像老子這樣既反對儒家，又具有大智慧的人，畢竟也未能進入形而上的、理性的思索。顧准先生說：「中國，除了倫常禮教，沒有學問，專心知識、探究宇宙秘密不是出路，要逃避王權，只好走老莊禪佛一路。」這樣看來，老莊一路，首先缺少的，是勇氣，而科學乃是無畏者從事的事情。至於法家代表人物韓非，就事論事的言說，就更不用提了。《韓非子》開篇，《初見秦第一》：「臣聞不知而言不智，知而不言不忠，為人臣不忠當死，言而不當亦當死。雖然，臣願悉言所聞，唯大王裁其罪。」一幅奴才相，畢現無遺，哪還有什麼自我！我們怎能指望他有多麼深刻的個人思想！這真是中國古代文化的悲哀！

　　亞里斯多德在《形而上學》開頭就說：「求知是人類的本性。我們樂於使用我們的感覺就是一個說明；即使並無實用，人們總愛好感覺，而在諸感覺中，尤重視覺。無論我們將有所作為，或竟是無所作為，較之其他感覺，我們都特愛觀看。理由是：能使我們識知事物，並顯明事物之間的許多差別，此於五官之中，以得於視覺者為多。」他一下子就接觸到「人類本性」的話題，並確定了求知這一人類的元精神。這一段話裏，兩次將人類求知的願望排除在「實用」、「有所作為」的功利目的之外。而中國先秦諸子，無一不是以「經世致用」為目的。

　　究竟怎麼回事？問題出在哪兒？我們的先哲，比之於同一歷史時期的古希臘哲學家，為什麼如此缺乏科學精神宗教精神？英國現代著名數學家、哲學家羅素在他的名著《西方哲學史》第一章開頭一段就說道：「在全部的歷史裏，最使人感到驚異或難於解說的，莫過於希臘文明的突然興起了。構成文明的大部份東西已經在埃及和美索不達米亞存在了好幾千年，又從那裏傳播到了四鄰的國家。但是其中卻始終缺少著某些因素，直等到希臘人才把它們提供出來。希臘人在文學

藝術上的成就是大家熟知的，但是他們在純粹知識的領域上所做出的貢獻還要更加不平凡。他們首創了數學、科學和哲學；他們最先寫出了有別於純粹編年表的歷史書；他們自由地思考著世界的性質和生活的目的，而不為任何因襲的正統觀念的枷瑣所束縛。所發生的一切都是如此之令人驚異，以至於直到最近的時代，人們還滿足於驚歎並神秘地談論著希臘的天才。」看來我們真得像羅素那樣，對此懷有極大的興趣，去作一番人類思想史的旅行，深入細緻的探究中西哲學分道揚鑣的源頭。可能有人說，歷史不可能倒回去從某個時候重新開始，這對於現實無足輕重甚至毫無意義；唯其如此，探究作為一種純粹精神，對傳統文化基因的純粹精神缺失，才具有反叛和反駁的意味。為什麼做任何一樁事情，都要首先考慮它「有什麼意義」（世俗社會則問「有什麼用？」）呢？國人習慣於將「實用」作為考慮事情的出發點和落腳點；那就從眾而論吧，對我們基因缺失的診斷，有益於亡羊補牢，而哲學思想的操練，更是益處多多。其實歷史和心靈的旅行，不帶任何功利的目的，才可能有真感悟、真發現。無論這將是如何艱難，如何被人輕視或認為枯燥乏味，我也將繼續我的歷史旅行。歷史的風景或風暴，總是留給關心歷史的人看的。

思雨樓隨筆

關於文學與思想的思想

　　米蘭・昆德拉說：「人類一思考，上帝就發笑」，有人便拿它來否定思想對文學的意義。須知，這位捷克作家正是首先以思想家和社會活動家著稱於世的，他的每一部小說都閃爍著睿智迷人的哲思之光；須知，昆德拉所說的笑的主體是上帝，不是人類自己。面對混沌的（自在、無為、圓融的）、奧妙無窮的大千世界，人類尚處於思想的幼年，上帝發笑理所當然。人卻沒有資格嘲笑別人的思考。難道人類可以不思考，只傻幹麼？人類一傻幹，上帝就發怒。南極臭氧層空洞就是上帝對人類傻幹的懲罰。

　　馬原和殘雪恐怕屬於最有感覺的作家之列。《閱讀大師》、《三部經典之間的聯繫》表明，他們的思想，遠遠走在一般作家的前面。曹雪芹僅在《紅樓夢》第二回闡述的哲學思想和人性觀，就將所有乾嘉學派拋在了後頭。只活了二十四歲的德國天才作家畢希納的《丹東之死》，不僅是現代文學史同時是現代思想史上的紀念碑。思想，是包裹在形象血肉裏的骨頭，沒有思想的形象，站立不起來。

　　文學藝術史上的大家，乃至自然科學大家，古今中外，無一位不是思想家；反面的例子，竟很難找到一個。正像數學有數學思想，文學有文學思想。把文學的精神創造說成是純感覺的，未免偏頗，也並不符合創作這一複雜心理過程的實際。創作不是純客觀的描摹，必有主觀精神的表現；從素材取捨提煉，到構思到結構到剪裁，再到運筆潤飾，無一不是客觀與主觀，感性與理性、形象與邏輯思維的交錯雜糅。為文雖有不經意之筆，畢竟「以學養思，精思入神」，出神而入化。最為文藝家怡然自得的靈感，也絕非從天而降的餡餅，它是生

活、情感、思想積累的一次次引爆。在作家的情操、稟賦、閱歷、才華同等的條件下，誰有更深邃的思想，誰就能飛得更高，走得更遠。

一百年來，圍繞文學是為社會、為人生、還是為藝術的論爭，從沒有停息。而偉大的作品，總是三位一體，難以分解。

人類進入二十一世紀，進入了理性時代、思想時代。面對核威脅、戰爭、石油危機、地球生態環境危機、兩極分化以及人的尊嚴和權利被無視、被踐踏，有識之士看到的更大威脅，卻是人類自身的精神危機，人的欲望的無限制膨脹或人的理性的淪喪。呼喚理性，呼喚正義和公平，學會以仰視姿態與上帝對話，已經成為公共知識份子的共識。

我們曾為芸芸眾生歌哭，為之鼓與呼，曾把自己的終身許給高尚與聖潔；曾幾何時，這支理想之軍潰散了、邊緣化、貧困化了，在珠光寶氣的強勢文化流行文化面前，衣衫襤褸，一文不名，尷尬而萎頓。於是，面對無數卑微生命百般無奈的掙扎沉浮，有的人閉上眼睛，掉頭而去；有的自暴自棄，質疑文學的價值，哀歎生命的卑微，抱怨人心之不古；更有甚者，混跡於官場商場文場，暗自慶幸和恣情享受自己可憐的「好日子」，渾然不覺這是沉淪。須知作家的沉淪，才是最令世人傷心欲絕的沉淪。

真文學需要大悲憫。它鄙薄膚淺的田園牧歌和甜膩膩的傳奇而與苦難結緣。自上世紀九十年代以來，「精英幻覺破滅」，卻讓作家獲得了難得的沮喪、疑惑與焦慮，獲得了重新審視歷史和現實和自我的時機。而首先在文壇重放異彩、一枝獨秀的是「學者散文」，他們與空疏、矯情、嬉皮、綺靡、無賴、無恥的流行文風，不約而同的拉開了距離。這是頗為耐人尋味的。

文學的功能，不像「救心丸」或「偉哥」那樣速效，但它確實能療救精神的迷惘、衰竭，是「引導國民精神前進的燈火」。問題不在於文學缺乏知音會心之人，問題在於文學自身的自閹或陽痿。這就

是許多學者一針見血地指出「當代文學不缺少才華，缺少思想」的緣由。這是文化泡沫、思想泡沫時代，魯迅之所謂不講道義、倫理，不負責任的、無視公眾生活的流氓文化沉渣泛起，光怪陸離的文化現象、文學現象，隨處可見。除非你是個頑主，是個奉行無所謂主義的牛仔或花花公子，你不可以不保持足夠的清醒。

「莫道山林無半畝，打開屏窗是大千」。一位文學教授潘旭瀾先生的一本小書，《太平雜說》，撥開了歷史的迷霧，引發了千百萬人的歷史沉思。這並非誇張其事。這就是思想的力量。思想解放的暴風驟雨正在孕育。山雨欲來風滿樓的時候，雨聲一片隔林來的時候，作家該做什麼？答曰：未雨綢繆。在千載難遇的社會轉型期間，文學理應有所擔當。不可能指望所有作家都有所擔當；有所擔當的作家寥寥無幾，也不正常、不應該。

■ ■ ■ ■
不用胭脂媚世人

胡亂做將去

　　袁中郎〈與李子髯書〉有云：「大抵世上無為難的事，只胡亂做將去，自有水到渠成日子。」這一則明代文人清言，看似曉暢明白，實則大有深意。「胡亂」二字，恐怕也不是隨意輕下。多年捉摸不透，忽一日半夢半醒之際，似得解悟，趕緊披衣下床，敲成一段文字。

　　時間最偉大。時間可以解決一般的個人問題，諸如學歷學位、就業資質，某種技藝、某項課題、某部作品，大凡不牽涉他人、社會，庶幾全憑自己來做之事，皆需要時間。當然不是說可以坐等成就的那一天自動到來，要有耐心，老老實實、點點滴滴去做，用辛苦鋪築通向成就之路，這便是袁先生說的「做將去」。也許要很長時間，也許有幾番挫折。不要怕，不要管他，不性急。一天一天地，邊做邊想，學會做的方法，釐清做的思路。只管好好享受做的過程、做的樂趣。好像沒怎麼費勁，好像有些糊里糊塗，好像不大在意，好像並不關心結果，往往那個做的結果（非終極性的、階段性結果），比你期待的目標還要美妙一些。也許你的目標原先並不明確，有些朦朧，漸漸的清晰，忽有一日形成；結果如何，會做到什麼程度，改善到什麼水平，也並不太清楚。都沒有關係，一步一步來，要肯做，樂在其中，就當是一次探險，一次愉快的旅行，或者就當是整理一回書桌，炒一味拿手菜，小事一樁。只管享受過程就是了。越是有這種心態，結果越是美妙得讓你驚喜不已。最後，你連美妙和驚喜都覺得無足輕重，不在意了，這便到了一種境界。而這種可以叫做修煉成正果的境界，也不是你刻意追求來的，一切順其自然。這「一切順其自然」，也還是要歸功於時間，感謝時間。我們的生命，就像一條清清的小河、靜靜的小河，悠悠流淌著，逝者如斯夫；兩岸的景觀，預想中的或不期而遇的，

邊走邊品賞吧，那是上帝給與我們生命的報償。你走完了這一段，下一段留給後人看。譬如一位旅人，終究只是良辰美景的過客而已。你總不能把什麼都看完。上帝不會讓任何一個人把一切看完看足看透。

袁先生所謂「胡亂做將去」，其實乃一種「無為」的心態。民諺云，有意栽花花不發，無心插柳柳成蔭，無心隨意，便是「無為」。凡事功利心太重，便少了樂趣，少了閒適，少了無拘無束，也便會少了空靈和一個「悟」字。夜以繼日的緊趕慢趕，神經繃緊腦細胞充血，即便事情做成，未必了不起的成就，是謂「欲速不達」，是謂射於百步之外「其中非爾力也」。會享受勞動，也就是會享受時間和生命。如飲香檳，聞、抿、含、咂、咽，從從容容，這才叫品酒；給你一桌滿漢全席，狼吞虎嚥，只為了填飽肚子，哪還有什麼品嘗美食的樂趣和美食家的風度呢。

或謂，古人之思想情感，乃與田園式農業社會相生相適；快節奏強競爭高壓力的工業時代，豈可比用？竊以為不然。儘管「世事如棋局局新」，世界的演變令人眼花繚亂，畢竟天底下還有唯一不變者，這便是人性；由是，古人今人、國人洋人方能通情感、通思想、通精神；由是，人性之光采才被視為生命之光采。身處功利追逐愈演愈烈的社會，更須當心人性的丟失，當心生命虛幻化，化作符號或代碼；物質化，變成一副臭皮囊。袁先生身上，陳襲著千年世俗的功利哲學的負擔，一生為功名所累，能有這般識見，已屬大不易的了。現代人似乎比古人聰明得多，誰都會唱兩句「重在參與」或者「享受過程」之類的新陳詞濫調，雖知領會固不易，實行尤其難。如此說來，關於知與行孰難孰易的辨析，是否可以就此做一個了斷呢？這類「蛋與雞」的終極關懷命題，永遠沒有答案的。答案在上帝手中。我們或有接近上帝碰碰他的手的願望，卻是永遠不可以到達。倘若有人如我一樣迷上了形而上的玄想，命中註定還得胡亂讀將去，胡亂想將去；不過，直至走完他最後的旅途，也見不到「水到渠成日子」。這便是人的悲劇性，人的宿命。

混沌的生存

　　《幼學》開頭一句：「混沌初開，乾坤伊始」。混沌原是視而不可見、聽而不得聞的模糊世界。經典力學，猶如輝煌的太陽，驅趕了「模糊」的迷霧。我們習慣了在陽光下看世界、看萬物；規律性思維已經主宰了我們。經典力學對世界的描述，精緻、嚴整、光滑、透明，美輪美奐、無可挑剔。可是幾百年來，它卻欺騙了我們！

　　自從「混沌學」發現——首先是「模糊數學」的發現，世人對世界的認知，經由「混沌——清晰——混沌」，進入到本來的真實。

　　最簡單的物理現象——鐘擺，在極小的擺幅內，才可以近似地看作線性過程；一切過程（自然的，社會的）都是非線性的。人口增長、股市漲落、天氣預報，引發對描述這些過程的非線性函數的「迭代」運算：將第一次函數運算的結果，作為第二次運算的參數，如此反覆下去，數學家發現了十分有趣的情形——系統（某一過程）會出現三種可能，即，穩態；週期性；混沌。

　　混沌的出現取決於兩個因素：函數的初始條件、系數和常數；函數的參數的取值域。令人驚異的是，僅僅在極小的取值域中，系統呈現確定性的穩態或週期性，而在絕大的範圍裏，系統則呈現複雜的混沌狀態！

　　混沌並非毫無規律可循。不過這種規律已不再是經典、傳統意義上的規律，或簡單的規律。如果說規律是美，混沌則是極其複雜的美麗。我們很熟悉數學家用二次曲線描述導彈飛行的拋物線。迭代運算發現，有一種描述混沌狀態的規律性結果，影射成圖像，叫做「芒德布羅集」。在它的邊緣取一點，加以放大，得到一個極美麗極複雜的圖像，宛如太陽核燃燒；再從這個圖像的邊緣取一點放大，又會得如

北極光的壯麗圖景；接下來，漩渦、海馬、仙人掌、細蛇，蟲狀斑點……層出不窮。冷靜一想，如此複雜的規律，還能算是規律嗎？混沌世界就是這樣無序中有序，有序中無序。

　　二戰中參加空軍天氣預報工作的美國數學家洛侖茲，發現了隨機過程對於「初始」的敏感的依賴性。在小溪流的同一地點，先後放上兩片楓葉，它們流走所勾畫出的曲線，竟是那樣的不同。原因就是初始條件——投放的地點，兩片楓葉形狀質量都不可能百分之百的相同。洛侖茲用文學語言寫道：「巴西的一隻蝴蝶搧動幾下翅膀，就可能影響三個月後的德克薩斯的氣候」。這就是著名的「蝴蝶原理」。

　　由自然界而人類社會，由生活小事件而歷史大事件，混沌學開創了人類全新的思維。事業成敗、個人命運、戰爭勝負、歷史走向，無不充滿變數。初始條件的逐級放大，尤其讓人驚駭。一個優秀學生去高考，下樓摔了一跤；趕到車站，車剛剛開走。誤了一場考試，最終名落孫山。

　　細節決定歷史。混沌學認為，並非言過。1957年「劃右派」，混沌的事例，不勝枚舉。一位在中共中央作信訪工作的年輕女士，被來自全國的、要求甄別的申訴所震驚。機會來了，她被邀請去中南海的舞會。機會又來了，他直接向她走來，請她跳舞。舞中，她把想說的說了。他沒有作聲。大約半個月後，她被調離了中央機關。假如她的陳情說得更「中聽」一些，假如老爺子當時心情極佳，縱然歷史不會改變大的走向，只要來一次小比例的平反，多少萬個家庭的命運就會頃刻改變！

　　歷史就是這樣神奇、這樣匪夷所思、這樣充滿細節和變數、這樣驚心動魄。

　　混沌學讓我們更加感到自己的渺小，讓我們對大自然對大歷史更加生出一份敬畏。

瞬間與永恆

　　梵谷把強烈陽光下向日葵生命綻放的瞬間，停住在畫布上；貝多芬把命運之神的叩門聲，和與之抗爭的悲愴，融進如江河澎湃的激情樂章；巴烏斯托夫斯基筆下的音樂大師，把在森林中與俄羅斯小女孩邂逅的瞬間情思，化作了一首讚頌人性美的交響詩；羅丹把一位不知名的思想者，變成了凝固的音樂——似乎這就是文藝家的宿命：終身都在尋覓著一個個不為常人留心的瞬間，用心靈之光將其點燃，幻化成永恆。

　　其實，所有人文學家無一不在在追求對於個體生命的超越！

　　然而，就連今天我們所知的宇宙，也不過是有限的生命，一百二十四億年後便會毀滅。一切都是過程，一切都有終結，一切都是瞬間。佛學家說：「方圓百里之山，以輕綢拂之，塵盡，為一劫」；即使用「劫」來度量時間，也沒有萬劫不滅的生命。科學家用「光年」來度量宇宙空間，也只需用有限的自然數，就能描述宇宙的「邊界」，邊界外渾渾沌沌，黑暗無邊無涯，老聃說，那就是「無」。既然如此，追求永恆有何意義？進一步說，人的存在、人的生命的意義究竟是什麼呢？

　　這乃是哲學的終極關懷之一。幾乎所有的歷史上的智者都曾經試圖回答這個至深至難的本體論問題。愛因斯坦不愧是二十世紀最偉大的智慧老人，他的回答最巧妙、最機智也最深刻，他說，人生的意義也許就在不斷追尋人生意義的過程之中。

　　從哲學層面回到現實層面，存在就是意義，存在就是價值。正因為一切都是瞬間，瞬間的存在尤應為人們珍惜。而那些像瘋子一樣，燃燒自己的生命，沉迷於將瞬間幻化為永恆的人們，他們創造的文學

和音樂、戲劇與雕塑，以及人之所以為人的宇宙奇觀——思想，提升了整個人類的生命質量。給這些人以充分的尊重，以寬容、以神思馳騁的自由天地，便是理所應當。

2004年年末，印度洋地震和海嘯，將瞬間的災難，化作了永恆的傷痛和沉思。「後地震時代」已然來到，人類應該懂得自己的渺小，懂得對上帝（大自然）的敬畏與尊重，懂得人與自然、人與人、人與自我的和諧高於一切：權力、金錢、美色，奢侈與豪華，流行與時尚，都是那麼的無足輕重。兩百多年前的科技尖端，已成為歷史博物館的陳跡；兩百多年前的奢華與盛宴，也早已飛灰湮滅；而兩百多年前的一部《紅樓夢》，卻依然滋養和撫慰、啟迪和淨化著國人的心靈。精神和物質，仍在無數瞬間較勁，也將會在永恆中延續「二律背反」的對撞。

在雀戰的霍霍聲中或者在燈紅酒綠的歡場，在伊拉克並未消散的戰火裏，在聯合國或歐佩克口沫橫飛的辯席上，有誰會想到，寧靜的書齋裏時鐘正滴答作響，瞬間正飛速流逝？有誰會提議，討論一下永恆的精神價值這樣的貴族式話題？平民的精神貴族化，貴族的精神貧困化，這種怪異的存在，在歷史長河裏，究竟是瞬間，還是永恆？

學者與作家為何識見如此不同

中國民間都喜歡《水滸》人物，宋江、林沖、石秀、盧俊義或武松，還有李逵、魯智深。那是打心眼裏的喜歡。戲曲、國畫、電視拿他們做主題，作品車載斗量，商人樂此不疲。這些都是藝術典型。現實主義的藝術典型，可以拿來當鏡子觀照自己的。自己看自己，有幾分相像，常常從內心生發出自戀自憐；畢竟那又是虛擬的自己，也便不會太認真太當一回事——國人本沒有自省的習慣，沒有對歷史作反思的科學精神之源；更有純係作壁上觀者，移情劇中，「替古人擔憂」，享受做看客的樂趣。於是乎水滸人物一個個成了藝術美人、歷史美人，最後成了現實美人。整部《水滸》就是一枚歷史之鏡、一幅各階層的心態圖、一股氤氳於古老黃土地的千年不散之氣。這是作家施耐庵所始料未及的。須知其創作素材正是來源於市井勾欄的津津樂道。他像一位氣功師，採集江湖之氣，做了封建時期遊民社會的一位忠實代言人。

歷史學者和作家（姑不論政治家），往往都是「隻眼」看《水滸》。作家藝術家激賞其人物鮮活；學者亦佩服其藝術腕力，但不止於此，他還要深究隱匿其中的文化心理和歷史潛規則，據此作出自己的文化價值批判。一個感性，一個理性；前者膚淺，後者睿智，眼光識見立分高下。假如作家們僅是自己賞玩一番也就罷了，偏偏強不知以為知，還要在自己非專長的領域發表「高論」，這就很有誤導國人的危險。民間卻有高人的，故有「少不讀水滸，老不讀三國」的民諺；馬背上出身清代皇帝居然比明代皇帝鼻子靈敏，不僅禁水滸，還炮製《蕩寇志》以詆毀之。文革後期的1975年，聲勢浩大的全民評水滸，不過照旨行事，將矛頭對準「夭斬水滸」的金聖歎和「投降派」

宋江，一場運動群眾而已。水滸作為「四大名著」的地位，一直未曾撼動。

就在作家與影視人聯手，在中國大陸一次次掀起「帝王將相」「綠林好漢」（誰會去關注古代士人題材呢，那沒有票房的）熱潮之時，與市民觀眾的火熱反應不同，學者們冷峻觀望、獨立反思，不僅從歷史的細節真實橫挑鼻子豎挑眼，更從中洞察出傳統文化的浸潤、國民精神的弱點和歷史驚人的相似：帝王情結、權威或權力崇拜、遊民心態、仇富心理以及「水滸式社會」的危機；於是滿懷憂患，以高屋建瓴的大歷史觀，悲情地警示世人：步入現代化進程的中國，需要漸進的、智慧而又精進的改革，需要民主法制，需要啟蒙，需要摒棄國人自身的歷史負擔，需要警惕暴力悲劇的重演。這些學者中，學界公認有兩位最是獨具隻眼，一個是王學泰，一個則是吳思。他們不像當年那些戴別人賞賜的眼鏡看歷史、專寫多卷本通史的權威「專家」，卻是穿行在歷史的黑暗溶洞中無畏的探險者，打撈深潛於茫茫大海的珠貝之真學人。前者的《遊民文化與中國社會》、後者的《隱蔽的規則》，該作如何評價，我非專門家，不敢妄言；於我心裏引發了震撼，卻是事實。讀這樣的作品，才有睽違已久的、在讀文學作品時所難得一遇的那種手心出汗、熱血湧動；內心備受衝擊、折磨，又如飲甘泉，豁然眼亮，禁不住擊節稱快。

然而，雖有學者「強聒而力持」，其聲音畢竟微弱，難以抵達我們的耳膜。

不承認都不行：我們沒有讀懂《水滸》，細考一百零八條好漢的身世，沒有一個是農民，卻把它當英雄史詩或頌歌，對瀰漫其中的遊民氣息，感覺麻木；我們也沒有讀懂《癌症樓》，看不出作者以人性的深度摧殘和心理扭曲，控訴個人迷信時期的黑暗，而把索忍尼辛深邃的歷史巨目解讀成馮夢龍醉醺醺的世俗之眼。或者作家中並不是沒有睿智者，至為罕見或大痛無聲而已。

　　王學泰、吳思先生的歷史學識見，不知是否得到過魯迅的啟示。我記得，魯迅曾就《水滸》表示過另類意見，他說：「中國確也還盛行著《三國志演義》和《水滸傳》，但這是為了社會還有三國氣和水滸氣的緣故。」什麼「氣」？就是你我每天呼吸的氣，無所不在的氣，「居蘭芝之室久而不聞其香」之氣，國人散發的體氣，魂靈氣，我們納的是它，吐的是它，我們就活在它的「場」中。關於中國古代社會官、民、匪的流變，「大先生」（陳丹青對魯迅之稱謂）也曾有過精闢的闡述：國魂有三，曰「官魂」，曰「匪魂」，曰「民魂」（〈學界三魂〉）。儘管先生點到即是，未作洋洋灑灑之論，先生所論的這兩點，卻也足供做了阿基米德槓桿的支撐點，使我們得以撬動中國歷史這部沉重的大書。

　　智者就是智者，在我們眼皮底下一溜而過的、漫漶的「砂子」，他卻能看見其中金子的光芒。

　　我常常感佩於王學泰、吳思的理論勇氣。他們遭遇的「勁敵」，首先是自己，其次，是多少年來把「四大名著」視為國寶和心靈安慰劑、滋潤劑、麻醉劑的自己民族的同胞。他們一時不可能指望有更多人認同，因為這會讓同胞首先感覺洩氣，感情受了重創，像一下子被誰剝光了華服。人，只可自救自贖，無可他救。無法改變的另一事實是：作家因為感性，設如又就這麼渾著過，往往可以「入寵」，名利兼收；學者因為睿智，倘若又聽命於自己內心的聲音，他就選擇了寂寞和清貧，選擇了面對溶洞或深海探險中隨時可能發生的各種不測。

■ ■ ■ ■
不用胭脂媚世人

文化遐想

文化是一個迷離遙遠的夢，是董橋筆下的舊時月色，張愛玲筆下那蟲蛀過的一襲華貴長袍，是古城牆磚縫裏鑽出的一束迎春，冷曠的空谷忽然跳進眼簾的一隻孤獨的幽蘭。

文化是一種氣質，是李歐梵之所謂三十年代的外灘風景，是朱自清漸漸消失的背影，是故鄉小巷青石板上尋尋覓覓的足音，前朝遺民擺不脫的夢魘和化不開的情結。

文化是一種精神，是給文化戲子冷不丁抹一把卸妝油的快意，是魯迅鐵屋子中的吶喊，是陳寅恪失明臏足後為柳如是立傳的毅力，是嵇康醉臥竹林的放浪形骸，是香山居士夜聽琵琶的青衫淚，是杜甫洞庭湖上的仰天長嘯，屈原慷慨投進汨羅江的瞬間定格。

文化是經得起講、經得起看的東西，昨天的流行將被今天的時尚拋棄和嘲笑；文化則不然，三十年、五十年後回頭看，往昔的後花園裏還有洞簫的嫋嫋餘音，陳舊的書案上攤開的手抄本裏還有朱批的殘香。

文化又是一種情懷，一絲絲不絕如縷的依戀和永恆的憂傷，一張張褪色的老照片勾起傷痛的記憶，一抹兒時的星光、一首外婆教唱的童謠、一記初吻的顫慄、一滴新婚之夜紅燭的淚痕。

英國文化，是殖民者的佩劍和鴉片，是老上海的跑馬場、百樂門舞廳，是滿書櫥的精裝法典和精細得近乎刻板的管理模式。法國文化，炫耀於世人的，是劇院、音樂廳、博物館，塞納河兩岸的森林和鱗次櫛比的露天咖啡館。中國文化呢，是孔子的「仁義」鼓噪？老子的「上無為」？還是隋代王通的「不以天下易一民之命」？是成吉思汗的鐵騎彎弓，是王羲之的《蘭亭序》、懷素的狂草？拿毛筆蘸墨水

朱砂手寫的《紅樓夢》？還是僅僅用二十六個英文字母，就能在鍵盤上敲出的神奇的方塊漢字？

　　氣質有形而又無形。一個人身上有沒有文化氣質，一兩分鐘，三五句話，甚至不用他張嘴，一瞥之下，即可原形畢現。人的氣質，有的靠天賦和悟性，有的還要再加上後天的讀書修養；但可以斷言，與學歷文憑並沒有必然聯繫。天真未鑿的少女，「和羞走，倚門回首，卻把青梅嗅」，這天然風韻，這自然美，似乎「只應天上有，人間幾曾識」，這便是造化使然；腹有詩書的大家閨秀，也自會發散出一種氣息，典雅氣、溫婉氣、性靈氣、高貴氣，乃至「生當作人傑，死亦為鬼雄」的凜然之氣。這便是文以化人的結果，半是天賦遺傳（文化有遺傳性，人的文化氣質應該也有遺傳性），半是自身後天所養成。

　　文以教化，以文化人。化過沒化過，化得深化得淺，化得生化得熟，無須費力就能知道。

　　化到骨子裏的人，是人中極品。

人生一刻

人生有很多的那一刻。值得記住並且也值得告訴別人的那一刻，並不多。

就在那一刻，我突然發現我不是一個徹底的悲觀主義者，並且能給自己一個有力的證明。

就在那一刻，我認同了愛因斯坦關於最偉大的創造是藝術不是科技的斷言，並為之深深感動。

就在那一刻，我寫下了：生命是什麼？是思想和創造的激情。

這一刻，我走進電視螢幕，含著淚，擁抱了那個行將離去的可愛的老頭。

個體生命無一例外地走向死亡。八十五歲的畢卡索突然之間行動遲緩了，失去了參加各種公眾活動時令人驚奇的活力、令人感動的笑容，唯獨那對睿智的眼睛閃著光芒。老人斑爬上了他的左頰，他著手畫他最後的幾幅肖像和誰也不能解讀的最後一幅畫作。那仍然是傑克琳，下垂的乳房曾是那麼驕傲迷人的堅挺。傑克琳說，那是他的棺材。他聽見死神在召喚。他和他的傑克琳將從那最後停留的幾平方公里土地上離去。他腦子裏是一道道豪宅的柵欄。他在表達一種人無可超越的規律、一條終極的不歸路。他唯一惦記的是，他死後，他的那些畫將會怎樣。

他回到先他而去的、給了他靈感和活力的一個個女人中。

他沒有死，是因為他的畫，那些曾經見證他生命燃燒的創造。他是用生命（思想和情感）作畫的人。

最後一個鏡頭在我憂傷的期待中到來。赤膊的畢卡索，一次次脫帽、鞠躬，從容、堅定、自信，看不到一絲悲傷和對死亡的恐懼。這是他生命的告別儀式，他人生最後的謝幕。

這時，我胸中突然湧動起無窮的創造欲，對生命的珍愛、對上帝的感激，和對人類不死的希望。

畢卡索沒有死。唯有人性的詩意和感動才可以到達另一個人性，子子孫孫，萬世綿延。真藝術是星光或烈焰。它在人類社會持續不滅的燃燒，成幾何級數的累積，這就是所謂希望。

那一刻，我懂得了很多。懂得了杜甫和曹雪芹，魯迅和胡適，顧准、張中曉和林昭……，他們才是徹悟的人、不死的人、希望人類不死的人。

懷爾斯和費馬大定理

　　數學史上的傳奇，與政治或情感傳奇一樣驚心動魄，不過看不見刀光劍影或淚眼婆娑罷了。它像蔚藍色的平靜的大海，海底世界光怪陸離，神奇無比。物理學博士西蒙‧辛格為英國BBC電視臺《地平線》製作的一部獲獎片，讓一個奇詭的傳奇浮出了海面。

　　英國劍橋的安德魯‧懷爾斯埋首十年，於1995年解決了「費馬大定理」的證明。三百五十八年來，無數極有才華的數學家，「倒」在了跋涉的路途上。十七世紀大數學家費馬，不知道是真的證明了他提出的「費馬猜想」，還是跟世人開了個大玩笑，他在他的一本書的天頭寫道：「我終於找到了它的美妙的證明，只是這地方太小，寫不下了。」他的這句話，幾百年來害苦了無數頂尖級數學家。

　　經驗證明，費馬定理是正確的。但數學是邏輯十分嚴密的科學，無論多少條個別經驗，都不足以讓數學家滿意。他們需要在一般意義上，即在一定條件下的無限、任意的意義上，「與無窮決鬥」，給出嚴謹而完美的證明。數學家其實就是美學家、哲學家、宗教家，從有限到無限，就像從此岸到彼岸，在看起來完全不可能的情形之下，追求著完美。詩人徐遲曾用詩化語言，讚美歌德巴赫猜想的一個數學公式，而費馬定理有著更加對稱、更加簡約、更加令人神往的科學形式美、數學美。在證明的難度上，一點也不比歌德巴赫猜想容易。懷爾斯的證明，發表在《數學年刊》雜誌上，共有一百三十頁，每一頁都如同攀爬一座崎嶇的險峰，其間既有千辛萬苦，也有迷人的風光。

　　現代數學家們的相互關係，可以這樣描述：儘管他們天各一方，卻像一個團隊，頻繁的溝通資訊。懷爾斯卻是個例外。他是數學隱士，拒絕參加一切學術活動和社會交往，幾乎「與世隔絕」。三十年

的夢想、十年的沉寂，人們根本不知道這位天才數學家想幹什麼、在幹什麼。他躲在他蝸居的小樓上揮汗如雨，一步步逼近費馬定理的完美證明。他彷彿奮力划動著一隻孤獨的小舟破浪前行，而美妙的彼岸——上帝所在的天堂，舉目可望。他自己肯定激動不已，然而他不像其他數學家那樣，不斷發表自己階段性的研究成果。那種滋味，就像潛入深海的探寶者，看見了三百五十八年前沉船上的無數珍奇，卻害怕告訴其他人，他要獨自擁有這一切——天才般的最終成功，數學史上永恆的榮耀，僅僅刻有他懷爾斯一個人名字的紀念碑，獨佔數學王冠上最奪目的幾顆寶石之一。我們可以想像和感受懷爾斯緊張而激越的心跳，那種「盜墓賊」似的心態；我們又難以理解他的古怪和變態。

為了掩蓋他從事的數學研究，他對他的數學同行嚴格保守著秘密，連他身邊的人也被他一一瞞過。他的一位同事曾當面同他講起與費馬定理證明相關的核心思想，他居然沉得住氣，只是笑笑，一聲不吭。他甚至耍了個不大不小的伎倆，每隔半年發表一篇小論文，關於數學其他分支的，讓數學界既不將他遺忘，又產生錯覺，似乎他在關注其他課題，絲毫沒有問鼎費馬定理的野心和動作。

但一個人忍受孤獨和寂寞的程度畢竟是有限的。他把他的秘密告訴了一個人，那就是他的新婚妻子，就在蜜月旅行的時候。當然我們還可以做另外一種解釋：他需要在愛人面前有所表現，增加愛情的籌碼或者說濃度。

當懷爾斯突然宣佈，他找到了費馬定理的證明，相信全世界的數學家都會跌破眼鏡。因為證明是那樣困難，因為他們毫無精神準備，就像在馬拉松賽跑中，自以為遙遙領先，卻突然被一個不知名的飛毛腿超越並撞上了終點線！從這個意義上來講，懷爾斯創造了另一個奇蹟，一個非數學的、人的「懷爾斯定理」。

數學界歷來的那樣友善，在會議上、電話裏，乃至互相拜訪和邂逅中，交流學問心得和資訊，通報進展，分享數學思想和數學靈感。

和諧融洽的傳統突然被一個另類天才打破了。懷爾斯就是不按規矩出牌的人。他是數學界的個體戶。他甚至用作弊欺騙同仁。可是他贏得的讚譽和欣羨的目光，遠比受到的物議和指責多得多。他照樣捧走了獎盃、揣走了獎金。他的名字將永遠和「費馬定理」並存，而被他當作人梯踩的、那些「中途倒下」的同樣天才的數學家們，卻只有本行內的人，只有數學史家會緬懷他們的功績，感慨於科學競賽，如戰爭一般的殘酷無情。是的，懷爾斯是天才，卻毫無疑義的是另類天才。在一個以「個人名利」為批判或質疑對象的社會，懷爾斯是科學的巨人、「道德」的矮子。因為最後衝刺的十年裏，他只是吸納別人的成果，自己的成果卻拒絕與人分享。然而，最高的科學獎賞和榮耀卻又不得不授予他。

我們不能不對他懷有敬意，為著他最先划到彼岸，與上帝的一次握手。儘管我們可以設想，假如他公開自己一步步的研究成果，以數學界的學術慣例，相互啟發和齊心協力，費馬定理的最終證明或許會提早若干年——但這畢竟不是事實；而這樣一來，最後的花環也就同時可能易主——這也不是事實。這裏，道德評判和價值評判變得恍惚起來。這個假設和假定性的話語，我們或者可以稱之為「懷爾斯猜想」，那麼，誰又能證明這個猜想呢？我們已經永遠沒有了機會。

這種思辨多麼有趣，多麼令人沮喪！

也許我們還應該就這個假設，再設一個大獎，再次嘉獎懷爾斯。他在摘取數學王冠上的寶石的同時，給人類提供了一個關於人的另類樣本，以此證明了一個非數學的定理：人性的豐富性和多樣性。世界因為他的存在而更加生動、更加精彩，也更加令人歎息。

傳奇的浩然和他的偽傳奇

人們已經淡忘了浩然這位曾經紅極一時的作家，不願再談他。這與有人不願再談文化大革命那場曠達十年之久的災難，是兩回事。那時候文藝界只有「八個樣板戲和一個作家」，這個作家就是浩然。坦白地說，他的長篇小說《豔陽天》在那沒有文學作品可讀的歲月，我就看不下去；而他的《金光大道》作為政治觀念的圖解，更為拙劣，離他所表現的、當時的農村生活的真實更遠。

我不想追溯根源，為什麼所有作家都沉寂了，被剝奪了創作自由、被流放、遭迫害，甚至自殺，唯獨浩然傳奇般地活躍，活得有滋有味，還能大寫他的偽傳奇？只是因為那是一個民族、一個時代的悲劇，浩然負不起也沒有必要讓他負那段歷史責任。

問題是浩然自己，他不甘寂寞，不想讓人們忘記他，他似乎想挑起一場關於他的爭議。在這足夠熱鬧的文壇，再掀起一次關於他的鬧劇。

前幾年，媒體炒過他一次。說是南方某大企業老闆跟他談，只要浩然在廣告裏說一句話：「喝了某某飲料，我還可以再寫一部《豔陽天》」，就可以給他一百萬，或者出版他的文集。浩然一身正氣，拒絕了云云。事情是由他想再版他的作品引起的，他找老闆談條件，他不說誰又知道。我實在弄不懂，他的成名和他的代表作品，統統不過是中國文壇的一個怪胎、一個政治笑話，有什麼必要屎不臭挑起來臭？

也許懷舊是人的本性。浩然僅讀過幾年小學，經人培養，做了小報記者。後來學寫小說，把當時苦難的中國農村描繪成「河水渙渙，蓮荷盈盈」的伊甸園（比如《老支書的傳聞》）。與擅長農村題材的作家柳青、周立波、王汶石等前輩作家相比，他只能算個不太小合格

的小學生。他恐怕做夢也沒想到，他會在一夜之間成為文壇暴發戶。1974年西沙之戰，據說取得大捷。浩然作為「文化旗手」江青的特使，由廣州、海南去西沙，一路受到「國賓」般的接待，媒體競相報導，出盡了風頭。他連少年習作也都從箱底拿出來出版了。古人尚有「悔其少作」的美德，浩然卻聲稱他「至今不悔」，理由是他是真誠的，他是懷著激情來寫作的。可別忘了，僅僅是作家個人的真誠和激情是不夠的，傻瓜有傻瓜的真誠，愚夫有愚夫的真誠，甚至強盜、騙子也有他的真誠和激情。政治的有色眼鏡讓你對生活和時代作出了完全錯誤的理解，你的作品註定會失敗。不要說浩然的才氣極為有限，對文學的理解十分膚淺，就是前面提到的像柳青、周立波這樣才情橫溢、功力深厚的作家，其創作生涯也難逃歷史的厄運。而浩然連這點自知之明也缺乏，其碼字的命運可想而知。據說浩然的《豔陽天》被海外某機構評為本世紀最佳中文小說之一，不知是否確切。如果真有其事，也只能是「立此存照」，只能是一種諷刺，因為本世紀六十至七十年代，只有這麼一部小說候選。好比賽跑，僅一人參賽，你說他是第一名或倒數第一名，又有什麼兩樣呢？

據一位自稱是浩然的弟子的「紅孩」介紹，浩然「人品很好」，待在三河市做文聯主席，輔導文學青年，辦刊物成績不小。他的意思，這樣的好人，你們還要批評他，於心何忍？讀了紅孩的文章〈遭遇「氓流」〉（發表於最近的《作品與爭鳴》上），我很失望，小小年紀的紅孩，一副老練的政治嘴臉，文章世故卻掩飾不住文革情懷和文革腔調。我擔心浩然的「培養人才」會誤人子弟！

這一次爭端的挑起，引起人們關注，因為它帶有嚴重的政治性質。事情是由這個紅孩和深圳雜文作家朱健國的一通電話所引起的。紅孩在電話中披露了一個驚人事件：浩然將在他的自傳《文革回憶錄》中，如實公佈一百多封寫給江青的「效忠信件」，這些信件是文革期間，一百多位作家託浩然轉交給江青的，換句話說，浩然手裏捏

有他們「人格卑下」的鐵證！浩然隨時隨地可以讓這些作家名譽掃地！

對此，我與紅孩有截然不同的看法。即使真有浩然向紅孩「透露」的這件事，我勸寫信的作家們不必驚慌。政治高壓的歷史已成過去，在當時的歷史條件下，說過一些「違心的語」沒有什麼了不起！你浩然說你當時是真誠的，就不允許別人當時也真誠一回嗎？靈魂深處鬧革命，很可能把人鬧瘋，鬧得自己認不清自己，更鬧得弄不清歷史。更何況這些作家，幾十年被洗腦，被「歷史的一般規律」所迷惑，政治上早就成了天真的烏托邦主義信仰者。猛醒和懺悔是需要的，在自己心裏變得清醒、理智起來就行了，根本不必害怕浩然和紅孩的要挾！如果我是浩然，或者如浩然自稱的他如何高尚、真誠，會早就把這些信付之一炬，或退還給其本人，絕不會保存N年，留作秋後算帳或者其他不可告人的目的。紅孩披露此事，我以為他至少是被浩然拿著當槍使了。浩然可悲，紅孩亦可憐！

文學界有許多煩心事。這件臭事攪合進來，讓人反胃噁心。然而樹欲靜風不止，總有些懷舊派不甘寂寞，時不時跳將出來興風作浪。時間是公正的，它已經無情否定了《豔陽天》（應為烏雲天）、《金光大道》（應為死路一條）之類偽作品的存在價值。可以說，改革時期任何一個作家的任何一部農村題材小說，都超越了浩然的粉飾之作。至於浩然本人，他不過充當了權勢者一時的玩偶而已。

作為過氣演員，浩然的「鬧劇」式傳奇二十年前就落幕了，而深究這齣災難性悲劇、「鬧劇」的現實語境，是那樣艱難。很多人不得不去關注中國農村正在上演的傳奇。但我相信，清算那個歷史悲劇以及類似浩然的「鬧劇」的時刻終會到來，那才是中國歷史真正的曙光。

■ ■ ■ ■
不用胭脂媚世人

拒絕文字垃圾

據說南極洲和喜馬拉雅山也面臨垃圾污染的威脅。而隨著資訊爆炸，文字垃圾也同時氾濫成災。看來我們無處可逃，已經找不到一方淨土了。

這問題太大、太嚴重，關注者卻甚少。恩格斯說：「歷史進步是極少數特權者的事。」草民只有奉行「各人自掃門前雪」的古訓，「門前三包」，並非消極，實事求是而已。文學期刊能管住的自己的事，那就是——拒絕文字垃圾（說文學垃圾，實在抬舉了那些文字）。

判定文字垃圾比判定不屬於垃圾的文字容易得多：揣給人家的書或雜誌，翻一翻，人家隨手扔到角落去也；堆積到有礙觀瞻，喚個收渣貨的，論幾斤幾兩秤稱了去。

文字垃圾，與其他假冒偽劣產品並無二致。以現成的、林林總總的媒體話語為藍本，鸚鵡學舌，冒充深刻思想；拿生活表面的光鮮浮華，冒充現實或浪漫；用隨意釋讀（閹割或篡改，神化或醜化）的歷史戲說，代替歷史的本來面目；拿「扯爛污」的故事充作傳奇；把「黃段子」當幽默……。剝去因利就便的陳詞濫調，或者「假大空」的華麗靡費，或者犬儒式的、油嘴滑舌的外殼，形象蒼白、思想蒼白、情感蒼白，剩下一筐爛桃而已。市場上叫賣最兇的人，往往是兜售其奸的商販。

有些人越玩膽越大，早已著作等身。我則不行，越寫膽越小，那原因是讀過魯迅自喻他的文集：「只在深夜的街頭擺著一個地攤，所有的無非幾個小釘、幾個瓦礫，但仍希望，並且相信有些人會從中尋出合於他的用處的東西。」再看自己的文字，只有赧顏的份了。

魯迅說他的文字分兩類，一類為別人甚至為敵人寫的，一類為自己。文字垃圾為誰寫，卻讓人感覺迷惑。可能製造垃圾的糊塗人自己

也說不清，但可以肯定，製造垃圾的明白人雖有說辭，信不得的，孔方兄和風雅之名，才是其心儀之所在。這種人，當然還要有閒錢閒工夫。更有臉皮不薄卻心忒狠的人，或雇請槍手捉刀，或用納稅人的錢做本，假權力以推銷，那就與巧取豪奪無異了。

製造垃圾的「作家」，常會效法文革十年間唯一的那個「作家」，拿「真誠」辯護自己的清白。須知《金光大道》描寫的當年的農村階級鬥爭，乃是人為製造的歷史，反歷史的歷史。「真誠」也便成了愚忠，充當了反歷史的鼓噪喉舌。若干細節或可從反面觀照歷史，文本本身無疑沒有人文價值可言。

垃圾文字，常會不惜血本用上豪華的、堂皇的包裝。某級作家、某會長官，教授博導，不一而足。其實那頭銜是很可疑的，請他出示證件一供瞻仰，多半拿不出來；有，也是「混」來的，含金量折扣總在七成以上。

拒絕文字垃圾，識辨不難，難在抹不下情面。或上級或同事，或師長或學生，明擺著垃圾一堆，還說並不臭，或者不算太難聞。中國人的「面子」，西語裏居然找不到對應的辭彙，讓翻譯家大傷元神。這倒值得玩味。說白了，顧人家的面子，給人家面子，最終還是算計著自己的利害得失。

給文字垃圾開列三大罪狀。一曰謀財害命。垃圾造出來，不變成銀子，豈能甘心？逼人家掏腰包不算，還強行侵佔人家的時間，既謀財又害命。二曰污穢眼球。垃圾文字大多似是而非，「以其昏昏，致人昏昏」。一個充斥文字垃圾的環境，居久而不辨其味，徒增國民性進步的障礙和難度。三曰暴殄資源。紙張油墨、水煤氣電，除了人工，哪一樣不是吾國之緊缺資源？

統計部門若有糊塗官，也許需要龐大而空洞的數位點綴太平，除此之外，眼看著一印出來就往廢品站拉的文字垃圾，誰不心痛如錐呢？

大先生祭

　　我來了，尊稱你一聲大先生，像蕭紅當年那樣，像陳丹青現在這樣。

　　先生走了，整整七十年了，我未能與先生在同一片歷史天空呼吸，陪先生看月圓月缺，聽潮漲潮落。吾生也晚矣。

　　先生拒絕日元的血腥、盧布的銅臭，是自己選擇在盛年離開的。先生走時，形容枯槁，血肉都凝固成文字，一個一個字，釘子一樣犀利，穩穩當當站立著，昭示來者。

　　先生生前鄙視聖人，那些旗手、主將之類的光環，先生死後不會領受。眼下先生又遭遇了前所未有的詆毀、中傷。先生都預料到了：先生是在痛斥革命工頭奴隸總管後才走的，先生還說過，流氓一得勢，文學就要破產。

　　先生自謙不過是個用心做學問、用心寫小說的人而已，實在是中國現代文學的開山者。先生食古食洋而化，化作了血肉精神、思想鋒芒、文采韻致。現實是活著的歷史。先生筆下的阿Q、孔乙己、祥林嫂、閏土、趙太爺、魏連殳、四銘……，先生曾希望他們早些死去，卻都還健在。藝術上，他們不朽。先生更留下了千古絕唱，《故事新編》、《野草》，深邃空靈而神秘。

　　先生站在上海灘，一隻眼側目西洋，一隻眼注視故土，第三隻眼穿透波詭雲譎，逼視歷史真相。先生頭一個叫儒學為儒術、頭一個在鐵屋中吶喊：歷史吃人，救救孩子。

　　先生寫詩不多，是真詩人，一如先生的小說也不多，卻是真文學家。怒向刀叢覓小詩，先生俠骨；夢裏依稀慈母淚，先生柔腸；吟罷低眉無寫處，先生孤獨。

先生坦陳自己內心黑暗，卻不願對青年們說出，還要肩起黑暗的閘門，放青年去光明。先生對生命的尊重、對後輩的體恤，何人能及。

先生不會接受先知的稱譽。先生論述三國氣、水滸氣，論述官匪民的流變，論述文學家與革命家的關係，論述國民劣根性，論述流氓文化，迄今無人能出其右。七十年後再看，先生乃當之無愧的思想先知。

有人說，先生只重文化批判，迴避政治拷問。其實不然。先生拷問千年歷史、鞭笞千年暴政，如驚雷驟響，天地為之色變。先生的眼光更遠，以為一萬年以後政治也未必盡如人意，人心的改善才是人類唯一靠得住的出路。

我曾去到上海萬國公園尋找先生的墓地，採擷一朵無名小花奉上。那或許多餘。先生的著作就是墓碑。它令苟活者汗顏，令形形色色的狗苟蠅營之徒原形畢現。

現在，哭先生的蕭紅走了，為先生扶靈柩的胡風、巴金走了，他們會陪伴先生左右，想必先生會少許多寂寞。

先生曾對胡博士適之先生出言不恭。先生之偏執，實在因為太見不得權勢者，以為凡逢迎權勢者一律幫忙。胡先生卻是引先生為自家人的。不知道您與胡先生和解沒有？那邊好清靜，兩先生笑談《紅樓夢》，應是彼此頗投契的。

人非聖賢，孰能無過。先生說不止一次受過騙、上過當。先生不諱言己過，從舊營壘殺出是條好漢，從新營壘出走更是條好漢。先生頭一個提問：拉娜出走後怎樣？敏銳地看出，中國前行，需要鞭子。

左思右想，先生早走也好，以先生病弱的身子，如何經得住更強暴的風雨摧殘！

又一個春天到來的時候，先生墓園的草地又要返青，野花又要綻放，遊人又要來憑弔。但這無論如何都不能與七十年前的那天相比，

數萬人自發來為你送行。風雨如晦的國度、風雨如晦的日子，血是熱的，心在激越跳蕩。

先生生在一個無聲的時代，去了一個無聲的地方。今日我來憑弔先生，天風呼嘯，大地依然靜寂無聲。我欲哭無淚，我的眼淚早已風乾成滿臉疲憊的皺紋。先生的吶喊在我心頭吶喊，先生的彷徨在我腳下彷徨。先生，您可聽得見我的哭泣？

不用胭脂媚世人

為中華詩詞正名

近二十年來，正統的所謂嚴肅文學由興盛而日漸式微，而中華詩詞一枝獨秀，出現了前所未有的勃興和繁榮。《中華詩詞》異軍突起，與《詩刊》各領半壁河山；詩詞學會成員人數上亦與中國作家協會會員旗鼓相當。荊州市的文學現狀也一樣，詩詞期刊與文學期刊一樣多，兩會會員大致相等。內中緣由姑且不論，我想說的是，文學界迄今未承認中華詩詞的文學地位，新詩（自由詩）才是詩，舊體詩詞似乎登不得堂奧：中華詩詞學會不是文藝界的一級協會；文學期刊上，舊體詩詞往往只是「搭頭」，叨陪末座，略事點綴；在一個個重大文學獎的獎席上，舊體詩詞總是上不了臺面的缺席者。這不正常、不公平。到了為中華詩詞正名的時候了。

自有文字記載以來，中國就是中華詩詞的國度。翻開文學史，除了上古神話傳說和古歌謠，第一部文學專著就是詩歌總集《詩經》，接下來是《楚辭》、漢樂府、唐詩、宋詞、元曲。第二等的才是散文。小說的出現，嚴格地說，是在宋代，而且一直被認為是不入流的雕蟲小技，所謂「小說家言」，顯含貶義，地位很低，直到清乾隆時期《紅樓夢》的誕生。而誰都知道，《紅樓夢》的敘事藝術，與作者曹雪芹的詩詞藝術交相輝映、水乳交融，須臾不可分離。因此，說中華詩詞貫穿整個中國古代文學史並在其中佔據主流地位，斷非虛妄之言。中國古代的世界文化名人，六位中文學家、科學家各佔三位，文學鉅子的屈原、杜甫、關漢卿都是詩人。要說國人有自己的文學傳統、文學之根，首先就是指中華詩詞。中華詩詞是純粹的本土藝術，它把世界僅存的象形文字——漢字的文學運用，推向了極高的藝術境界。從文學形式上看，它具有形體美、音樂美，好讀好記，便於口頭

傳誦、流布，傳唱千古。這些特點，在世界文學中也是「前不見古人，後不見來者」，獨一無二的。

認為中華詩詞難學難懂、束縛思想，不宜提倡，是一家言，主觀主義的偏頗之見。聶紺弩、啟功等當代大詩家的創作實踐表明，它完全可以承載豐厚的現實生活內容和現代人複雜的思想情感。即使是現代主義文學諸多流派的因素，如夢幻、意識流、荒誕，乃至結構主義、解構主義的元素，都可以從唐詩中找到中華前賢勇於探索、天才實驗的印跡。這一耐人尋味的、神奇的文學景觀，足以見證古今中外，唯人心相通、人性相同。而文學之所以能夠照亮人類歷史漫長曲折幽暗的行程，除了人心的智慧與善良，除了人性之光，還有什麼呢？

文學界對中華詩詞的偏見，不能不說受到了五四時期「廢文言，倡白話」的激進主張，以及1957年《詩刊》創刊時，毛澤東寫給臧克家的〈一封信〉的影響。文言沒有也不可能廢除，白話入詩詞，古今皆有主張者實踐者；而「兩個凡是」早在二十多年前就被摒棄了，這一個「凡是」的陰影總也擺不脫，豈非咄咄怪事？

應該尊重文學史與中華詩詞受到廣泛喜愛的現實，應該讓中華詩詞和新詩自由競爭，相互借鑒，一道發展──應該為中華詩詞正名。

三問「如焉？」

胡發雲的《如焉》，僅看到二十五節（約三分之一處），就明白它為什麼它會在2006年引發思想界和文學界的一場爭論了。這場爭論，可以上溯到上世紀三十年代「為社會、為人生的藝術與為藝術的藝術」論爭，更是1993年「二王之爭」引發的人文精神大討論的延續。那次爭論，似乎沒有權力話語的介入，王蒙的霸道和京幫作家的暴力話語、王彬彬的怯弱，以及知識界對此準備不足，致使辯論遺憾地夭折。這次的背景要複雜一些。但無疑的聚集了更旺的人氣，接觸到了文學與社會、文學與苦難、人與歷史、作家的靈魂救贖與擔承、現實主義與現代主義等一系列的實質性問題。

熱衷於現代主義、以「下意識小說」蜚聲文壇的殘雪，認為作家的根在內心，文學不需要干預生活。而章詒和說：「六朝無文，唯陶淵明〈歸去來辭〉而已；當代無文，唯胡發雲《如焉》而已。」這自然會對殘雪有微妙的刺激，引起對她的創作價值的質疑。思想界當然不會認可殘雪的偏頗。如果說文學是苦悶的象徵，各人有各人表達苦悶的方式，隱晦的未必就莫測高深，平白的未必就不深邃。

如焉，可作「到哪裏去」解。關心思想文化界的人，不妨一問：「如焉？」

胡發雲選擇寫一個有良知、有舊貴族血統的中年知識份子，一個向來不關心政治的女人，經由網路接受歷史「啟蒙」的歷程。這個切入點很典型，也很獨特。構思讓作家的言說有了廣闊的思維空間，他在其中開合自如、遊刃有餘。作品從一隻狗和一臺電腦開頭，簡潔而迅速地切入主題。找到了這個聰明的構思，就成功了大半。考驗他的只有勇氣，而他恰好是一位不缺乏思想勇氣的作家。構思儘管也借

鑒了「言情小說」三角關係的套路，但作家的高明在於，他把他的人物鎖定在知識份子和知識份子出身的官員上。又讓這個小的「群體」與另一個雖很典型但卻見怪不怪的小「群體」，以一位遭遇獨特的老知識份子為核心而凝聚在一起的特殊「沙龍」，巧妙而自然地貫通起來。「沙龍」正是放言無憚地「清談國是」的場所。與所謂結構主義正好相反，嚴格遵從「時間」原則，把故事定格在2003年，當年的重大事件也就不可避免地落入作家的視野。這正是作家所企求的。《如焉》是嚴格意義上的現實主義小說，作家將他和現實人物的思想積澱、超越、出走，概括為如焉、衛老師、達摩幾種思想歷程。主人公如焉的思想命運，在現實語境和網路環境並存的當代中國，最具可能性與合理性。小說又具有某些現代元素：狗的設計，顯然有隱喻；書名「如焉」有總體象徵的意義。寫知識份子，由知識份子寫，這乃是當代文學所缺少的重大課題。文史學術領域，從上世紀九十年代中期，就有學者在做了，現代史上著名的人物、失蹤的人物，往往成為他們借重的思想資源。所謂的學者散文，近十年內成了文壇上一枝獨秀的奇葩。繼楊顯惠的《夾皮溝紀事》、尤鳳偉的《中國1957》，閻連科、北村的小說和昌耀的新詩之後，現在，紀實文學由兩部《往事》，長篇小說則由《如焉》開了頭。在缺少思想和思想啟蒙的時期，《如焉》顯得格外稀罕，它在北京讀書界竟以四十元一本的列印稿不脛而走。個人之精神出路「如焉？」，也不妨一問。

《如焉》展開的是2003年五光十色的網路生活畫卷，作者對網路有極為清醒的認識。他以獵人般的目光，剔除了網路虛擬世界的聲色犬馬、情欲發洩，尋覓到一根若即若離的「草蛇灰線」，那就是歷史，那就是真相。作家將網路這把雙刃劍的一面刀鋒磨得犀利而明亮，直接指向真實，指向當代知識份子心靈深處的瘡疤和痛楚、指向人的精神苦難。所有人物都有自己的「來路」——自己的歷史。作者在

創作談中說，沒有歷史的人是很可怕的。同樣的，沒有歷史的國家更是危險的。

以我個人的看法，當代文學不能說毫無成績，但有兩個要害：歷史真相缺失；人的靈魂缺位。七十、八十年後作家，被「歷史」搞懵了，弄不懂歷史；三十至六十年代出生的作家，則被「歷史」給嚇壞了，諱言歷史。而作家人格的犬儒化，只能從歷史尋根：從兩千多年前的儒術、從兩千年的專制社會、從近代的戰亂和思想辯論、從現代的曲折與教訓、從當代文化的多元對撞中尋根。

有人評價紅極一時的王安憶的小說《長恨歌》，有一種可怕的冷漠，看不到作家的靈魂傾訴和生命激情。冷漠，其實是一種深刻的自私，一種自閉和麻木。大約從八十年代末期起，作家們開始「集體轉向」，由關注社會人生轉而關注自身的利害得失，個人名利、欲望的滿足。這種情況，體制內作家與邊緣作家只在程度上有所不同。而七十、八十年代後的作家，是喝狼奶、浸泡在「流行文化」的蜜汁裏長大的，他們與歷史十分隔膜。既然作家要「為天地立心，為生民立命，為往聖繼絕學，為萬世開太平」，又豈能糊里糊塗地、人話鬼話不分地寫下去？作家的去從抉擇，更當一問：「如焉？」

漫說科考

述說舊時科考制度之概略兼及批評者，以近人瞿兌之《銖庵文存》中的〈掌故問答〉最為要言不繁，文極短，茲錄如次：

> 隋唐本以詩賦取士，唐宋間場屋間之重賦，亦猶明清之重八股。其有識者，亦極不以為然。宋仁宗時，石介、何群等上言：「以賦取士，無益治道。」及下朝臣議，則以為進士科始隋唐數百年，將相多出此，不為不得人。且祖宗行之已久，不可廢也。王荊公詩云：「當時賜帛費由俳優等，今日掄才將相中。」即剌譏此事。荊公變法，改用經義，原以救詩賦之弊。不料至明清，經義又變為腐爛之八股，轉不如詩賦猶可覘實學矣。

詩賦取士，只能考察其人之詩才，經邦治國的能力實在與詩賦屬風馬牛。儒學為經學至尊，以經學取士，自然極合統治者的口味。誠如兌之先生言，王荊公的想法雖不錯，然八股腐爛，經義亦腐爛，士人的人品才華，如何能以一篇讀經的心得文章看出？倒不如看詩賦，多少還能看出一點才氣性情。啟功先生的《漢語現象論叢》中有〈說八股〉一文，是我見過的討論八股文最生動有趣者也，其中列舉了寫得「精彩」的幾篇。於僵化的程式裏，寫出生氣；於腐朽的內容裏，寫出活意，實屬不易，這大約便是啟功先生之所謂「精彩」。八股文，其實就是「格律文」，結構、章法、聲律，均有極其嚴格的「套路」，「破題、承題、起講、八股、收結」，「八股」是文章的核心部份，共八段，有平仄聲律的規範，不允許稍有逾矩越規。做八股，

無異於戴著枷鎖跳舞，跳鬼舞；跳鬼舞而能跳出幾分人氣、活氣，讓人不覺著陰森可怖，賦予鬼以人格化的精神氣質，自然需要極好的本領，這本領，恰恰是舞者才氣性情的表現。而大凡有才氣見性情的人，一般說來，一睬百竅、一通百通，做什麼事情都學得快、會得快，不費勁，舉重若輕；往往還能別出心裁，有所創新。不過，這也正好犯了做官的禁忌。因此，除非皇帝老兒一時高興，這樣的士子想要高中，極為稀罕。文革當中，有唱戲唱得好，作曲作得好的，一下子當上了文化部要員，究其實質，不是因為唱戲作曲如何，而是考察的一個「忠」字，忠於他的思想，更忠於他本人。

我近年做過公務員公開招考的考試官。據說，考題是人事部從試題庫中隨機抽取的，試卷又是某些「出題公司」提供的。從報名到考試到錄用，有一套極其嚴格的程式，比如招聘部門的人，與報考者事前根本沒有接觸的機會；防止考生夾帶，也是法子想盡。在我看來，過場走得頗認真，未見露出什麼破綻。但無論筆試、面試，均有「標準答案」，考試官提問、評分，皆不能逾越規矩。這種考官，機器人一個、橡皮圖章一枚，誰都能充任。換句話說，考官只是「標準答案」的嚴格守護者，他不被允許有思想、有性情，也只能戴著枷鎖跳舞。這便成了考八股的怪異現代翻版。科考取士，好比挑撿好蘋果往籃子裏裝，蘋果爛了沒法挑、籃子爛了沒法裝，都是一回事兒。

據媒體報導，科考已經實行到了「副廳級」。形式上的嚴格，與我所經歷的如出一轍。不過，電視直播某省「副廳級」的考生面試，卻讓人覺得不勝寒磣。僅考生的口才便不敢恭維，更不談其語言所體現的學識和思想、文采與韻味了。如此「科考」，又豈能覘其實學？倒還不如讓考生賦詩一首呢！

今天，一個廳級部門管轄的範圍之大、人員之眾，已經不可想像。既是業內人士，又彼此早不見晚見，難不成在這千人萬人中，竟尋不出一個「副廳級」？只因缺乏公平、公開、透明的官員晉升機

制，這才不得不從傳統文化的武庫裏翻檢出銹蝕的「折戟」，以為擦拭一下，或可一用。須知，我們所要的，不是「公平、公開、透明」的某一種形式，而是實實在在的可用之才。普選的「形式」，才是有實質內容的形式；普選的「內容」，才是有合理形式的內容。這乃是人類智慧的結晶，文明的成果，不是哪個人的專利，為什麼不能實行「拿來主義」呢？又有一說，選民素質低下，故不能推行普選。那麼，普選就應該從國家機關、大學、科學院研究所開始實行，何故又從村級開始？是以此說不能成立。胡適之說過，民主普選，小學生也會的，並不需要特別的學習和訓練。這就把話說透徹了。伊拉克、巴基斯坦國民的素質不會比中國人高多少吧，照樣能實行全國普選，也未見出什麼亂子。所以對於普選這種政治文明，乃是西方文明中最重要、最有價值的東西，乃是人類可以、應該盡早共用的成果，缺乏認同，心存種種的恐懼，恐怕才是障礙。

乾隆的一則御批

　　讀周汝昌《史事稽年》，內有乾隆論旨若干，頗值得玩味。1759年，乾隆二十四年，有史茂者，請禁花檔小唱，乾隆諭之曰：「至史茂欲禁止小唱而張惶其說，以為色飛淫蕩，關係風俗人心云云，言之尤為太過。此等不過俳優賤技、逐末營生之一類，……然京師地當輦轂，理大物博，為五方歸極之區，若紛紛中踂緝（踂，同踩），徒使胥隸乘機多事，……又查禁不已，必致改業，今日花檔，明日彈詞說書，以致手技口技，何所不至，亦不能隨蹤躡跡，盡舉而繩之以法。」乾隆體察深細，分析周全，批評史茂張惶其說，言尤太過，其眼光之銳利、胸襟之豁達，可窺一斑。而新政伊始，即取締流俳，禁淫詞，大張撻伐，取民間說唱為宣傳一己教義之喉舌，如此作為，去乾隆之明智遠矣。

　　老子曰：「天下多忌諱，而民彌貧（計劃經濟，民陷赤貧）；人多利器，國家滋昏（核子武器，窮兵黷武）；人多伎巧，奇物滋生（機巧詭計，虛假肆虐）；法令滋彰，盜賊多有（法不依法，民怨不平）」。故聖人云：「我無為，而民自化（精神強制，全民異化）；我好靜，而民自正（鬥爭哲學，致使民邪）；我無事，而民自富（權力壟斷，國弱民窮）；我無欲，而民自樸（上行下效，民風不古）。」若不泥於字面之名，而考其實，則句句可供比照，無一句不切中要害。

　　由是可見，老子「上無為」的思想，實在是中國傳統文化之精華。

　　古為今鑒，當權者當慎思之。

不用胭脂媚世人

卡繆的哲學

卡繆是第一個清醒的法國人，第一個真正意義上自我意識覺醒的哲學家、文學家。他的《反抗者》，導致了他與沙特的最終決裂，也成為導致法國知識份子作為一個統一的思想陣營的分裂和潰散的發軔之作。

卡繆第一個旗幟鮮明的站出來，清算盧梭的《社會契約論》，這部法國大革命的思想法典、理想主義的政治法典。他第一個站出來說：「不是這樣的，我們不僅僅屬於『歷史』，我們還屬於『大自然和上帝』；我們不必為『歷史使命感』承擔義務，因為假借『人民』名義的『革命』，把革命神聖化、絕對化，這是十分危險的；它賦予『革命』以至高無上的權力，那是上帝和神才有的權力；而當我們臣服於它的權力時，我們將自認為臣服於那個抽象的、神聖無比的『人民』，我們將從此具有了「原罪」的宗教宿命感，即使『革命』將我們送上斷頭臺，我們還會激動不已，慷慨赴死，為自己服從了『人民』的審判而心悅誠服。」

卡繆的批判書如一塊投石，在法國知識份子神聖而平靜的心湖掀起軒然大波，應該是極其自然的事情。當我們以歷史參與者的身份捲入革命，我們就把自己的全部交付了出去，與之同生死、共存亡。而與此同時，我們自己作為人的一切，將不復存在。

其結果卻是，歷史並不由我們說了算。我們只是在為一個人或極少數人盲目殉情、盲目獻身。人，只是一小段歷史的經歷者、見證人。我們自以為在從事多麼了不起的歷史事業，甚至是在創建千秋萬代的功勳，其實，並沒有畢其功於一役的、終極意義的理想和革命；

不用胭脂媚世人

我們只是無盡歷史長河中微不足道的一滴浪花，很快就會乾涸，很快就會被遺忘。

更具說服力的是，卡繆告訴世人，人是上帝之子。上帝賦予人的屬性是多元的——他是社會生活中的一份子；他是自然生物鏈中的一個鏈節；他是文化的承載者、傳遞者、創造者。當你被邀請去赴革命的盛宴時，它總是以人民的名義；可是你是否想清楚，你自己就是人民之一員，人民是由像你這樣的一個個，雖然弱小卻鮮活的生靈所組成，離開了一個個具體的生命，抽象集合的「人民」便毫無意義。你去不去，應該全在你自己。你可以選擇去為子虛烏有的歷史理想凜然赴死，也應該可以選擇教你的書、做你的小買賣、種你的田，「兩畝耕地一頭牛，老婆孩子熱炕頭」；或者像梵谷、達利，瘋子一樣地去畫畫，像羅素或哈威爾那樣去思考，去鑽書本，與蘇格拉底對話……，假如你沒有家小之累，願意做和尚、尼姑、遊方僧，做獨行俠，甚至做流浪漢、做醉鬼，那也是你的自由；沒有誰能從上帝那兒剝奪你的天賦人權。

人的活法，千差萬別、千奇百怪。從精神層面來看，有無數的階梯，每一級上面都站著密密麻麻的人群，總體呈現為金字塔或者紡錘型。物以類聚，人以群分，相剋相生，互為依存而又各行其是、各得其所。階層與階層之間的人的滲透流變，在沒有外力強行干預的情況下，會以非暴力的形式、漸變的形式自發進行。暴力則正好相反，它突然中斷漸變的進程，將自然形成的人群結構徹底顛覆，將人與人的關係完全顛倒；將歷史進程的鏈條一刀斬斷。這種方式，歷史和個人都將付出極其高的代價；因為暴力革命的勝利果實，只能被其中最暴力或最流氓、最無賴的份子竊取，而這些不具有起碼的「良知」的人所建立的政權，只能繼續依靠暴力來維持，也就是說，歷史只能建立或重新回到「專制」。歷史就將繞一個大彎子，才能回到原地；幾代

人會為此付出犧牲。中國封建社會兩千年驢拉磨似的原地轉，其根本原因就在這裏。

而「革命」以各種方式和理由引誘你、要脅你、裹挾你，令你非去不可。它威脅你不去就是不「革命」、反「革命」，並且你即使去了，忽然在某一天就莫名其妙的成了革命的對象，革命要剝奪你的一切，消滅你的肉體和精神。這樣的革命，難道不是大可置疑麼？

「革命」永遠是少數人的事、為少數人的事。

一個最簡單的舉證：即使是數百萬的「革命大軍」，相對於數千萬、數億的普通人，究竟還是數十分之一、數百分之一的極少數。

我們普普通通的人，可以不必為它承擔「歷史的使命感」。我們只需要對大自然負責、對先人留下的文化遺產負責、對自己應當負責和願意負責的人負責。尊重自己也尊重別人的選擇，好好過自己的日子，無愧於天地良心，平平淡淡，安然自在，誠實勞動，自得其樂；百年過後，塵歸塵，土歸土，回到上帝身邊，重歸於自然。

在我看來，這就是卡繆的思想，他的人本主義哲學的核心。卡繆的哲學，是另一種意義的「普羅哲學」，為生活中「謹小慎微」、「安分守己」、「明哲保身」、「不干政治」、「昏昏噩噩」、「胸無大志」的芸芸眾生說話，伸張其自由權利的哲學。它與鼓動群眾投身「政治運動」的「革命哲學」，恰成對峙之勢。

事實上，「歷史不是把人當作達到自己的目的的工具來利用的某種特殊的人格。歷史不過是追求著自己目的的人的活動而已。」（張中曉）無論歷史風雲如何變幻，權力搏殺如何腥風血雨，絕大多數人是游離其外的；平安和平淡，總是社會人群的主流的選擇，他們不願意、事實上也並沒有介入其中；然而，他們總會迫不得已地因革命的城門之火，淪為被殃及的池魚，承載本身承載不了的生命之重。

卡繆是一位小說家，作為冷靜的觀察者，深入體察歷史變幻的風雲中，形形色色的個體生命的生存情態，對他並不困難。其實，許多

作家都應該有這樣的本事。如實描繪出芸芸眾生的生命真實圖景，這並不是他獨具的本領；說出了歷史的大實話、歷史的真相，並且將其上升到哲學層面，這才成就了思想家的卡繆和他獨特的哲學。

君子之論芻議

孔子曰：「可以託六尺之孤，可以寄百里之命，臨大節而不可奪，君子人歟，君子人也。」雖是宏觀之論，確是看人的經驗之論。夫道德也，未必是經邦治國之根本，確乎做人的根本。以此觀歷史，吾國士人，一向推崇君子之道，著書立說，汗牛充棟，大聲疾呼，歷兩千年而近乎聲嘶力竭，何以耶？蓋君子難求也，百人之中，難得一二矣。

這裏暫且撇開孔夫子的君子論的本意不論（參見拙作〈孔子與儒家〉），單從此則「語錄」的文本層面來看，卻是專以「德」來論人的。他說，「文質彬彬，是為君子」，質者，品格氣質，仍屬「德」的範疇；文者，通曉「詩，書，禮，樂」，文采飛揚之謂也，大約孔子自知文采不足，故而「述而不作」。儒家學說的正宗文本，只是孔子門生記錄下來的孔夫子的隻言片語而已，連整理都沒做，隨便扒了扒堆罷了。孔子思想來源於《詩經》、來源於西周初期的天命思想，但詩三千被刪得只剩詩三百；天命思想則被他道德化，進而內實化，成了世俗社會的「人之道」。「子不語，怪、力、亂、神。」中國宗教思想的一點萌芽，就此夭亡。儒家將其來源的蕪雜卻豐富，徹底簡化為某一個人的道德理想。

李守常，為守其篤信之「主義」，可以慷慨赴死，真君子也。章士釗評其人曰：「守常剛毅木訥，其才不如識，識不如德。」寥寥數語，評說守常之德、才、識，又兼及其人性格，誠為周全、公允之論。

反觀當今吾國士人，多為脊樑佝僂，追名逐利之輩，德不如識，識不如才者也。更有甚者，為謀取「博導」、「院士」，竟玩起「文

抄公」的把戲。大庭廣眾之下，卻是道貌岸然，大談治學做人之道。
孔夫子早已為其人畫像：「巧言令色，鮮矣仁！」

　　金無足赤，人無完人。德、才、識的評價，有所側重，理所應
當，但不可攻其一點，不及其餘。孔子追求道德完美，不曾直接討論
過君子的過錯，但他自己六十歲才聽得不同意見，七十歲才不犯錯
誤，做到自認為的「完美」，足見其一生過失不斷。明代清言有云：
「無瑕之人不與交，無疵之人不與往」，看來，這句話要比孔夫子的
「烏托邦主義」高明得多。以現代觀點來看，儒家的君子論問題多
多，子曰「君子不器」，難道種田做工搞科技的中國人，都不夠「君
子」？都像孔子，不稼、不圃、不器，吃什麼、穿什麼？現代化能從
天上掉下來？「五四」的打倒「孔家店」是否屬於激進？孔子作為思
想家、教育家的地位該如何評價？此類學術討論，不無實際意義；倘
若搞尊孔、祭孔，恢復孔夫子「至聖」的地位，便落入了把某一歷史
人物送上「神壇」的窠臼。

　　人物評價，褒則上天，貶則入地，難得公允之論，吾國之通病
也。希臘人死後，沒有所謂的墓誌銘，時人只會相問：「此人愛過
麼？」真不愧愛情至上之民族。國人不然，非盡揀「好話」說，便以
為不敬不尊。大文人汪曾祺亦不能免俗。汪先生曾借沈從文姨妹之悼
詞，評價乃師曰：「不折不從，亦慈亦善，星斗其文，赤子其人。」
誠如斯言，沈豈非完人乎？沈先生逆來順受，緘默達數十年，至死不
敢暢言，又當何解？余嘗謂，唯吾國之墓誌悼詞之類，每為尊者、死
者諱，多有紋飾；又如政壇敗者，則妄加貶斥，尤其不可信也。

魯迅與林語堂

　　林語堂先生這些年著實紅火了一把。各種單行本、文集競相出版，小說還一再搬上螢光幕。對於這位曾因辦小品文雜誌《論語》紅了半邊天的現代作家，大陸文學史曾將他徹底遺忘。如今算是有了某種補償，對此我亦甚為欣慰。問題是一些好事者，將林先生的被遺忘，歸罪於魯迅，拿來做魯迅氣量小、不容人、好罵好鬥的證據，未免有失公允。

　　家父曾藏有厚厚幾大本《論語》合訂本，我少年時也曾翻看過。居所幾經搬遷，現在早已不知去向。僅憑記憶，說兩個林先生的「幽默」。其一，某年某月某日，國民黨中央召開常委會。一位元老級大人物，一生不敢乘坐飛機，又怕延誤與會時間，於是將他的拐杖送上飛機，並向大會發去電報：「請以手杖代之。」

　　其二，某財東為人吝嗇，欲求某名士的詩作，又不想花大錢，心生一計，聊備薄酒，請名士來家中小飲，伺機提出索詩。名士心中不悅。正好財東的小娘子出來敬酒，名士眼睛一亮，見小娘子秀色可餐，便來了靈感，當即以手頭的筷子為題，吟詩一首：「爾家娘子好身材，捏著腰兒兩腳開。若要當中滋味好，還需伸出舌頭來」。讓財東和他的小妾鬧了個臉紅。

　　魯迅批評林先生的《論語》「小罵大幫忙」，說他的小品文「無聊」，是否言過其實，有這兩個例子也就可見一斑。後一則，與時下流行的「黃段子」已經不遑多讓了。

　　查過《魯迅全集》十卷本，共有五十篇文章，提及林語堂先生的某些事情：有正面的；有治學問方面的；指名道姓的批評約佔三分之二。從中我竟看不出魯迅先生的「好罵好鬥」，大多針對《論語》的

規避嚴峻現實據理陳詞，明辨是非而已。須知，林語堂創辦《論語》力倡「幽默」之日，正當軍閥政權和國民黨一黨專制黑暗、國難深重之時。以魯迅自由主義的信仰、文化批判者的原則立場，對語堂先生和他的《論語》保持沉默，反倒是不可理喻的事情了。

那麼，魯迅對曾經是朋友的林先生，還做了哪些從批評文章看不出來的、卻又能體現魯迅為人之道的事情呢？查魯迅書信，先生在1934年8月13日致曹聚仁的信中說：「語堂是我的老朋友，我應以朋友待之，當《人間世》還未出世，《論語》已很無聊時，曾經竭了我的誠意，寫一封信，勸他放棄這玩意兒，我並不主張他去革命、拼死，只勸他譯些英國文學名作，以他的英文程度，不但譯本於今有用，在將來恐怕也有用的。他回我的信是說，這些事等他老了再說。這時我才悟到我的意見，在語堂看來是暮氣，但我至今還自信是良言，要他於中國有益，要他在中國存留，並非要他消滅。他能更急進，那當然很好，但我看是絕不會的，我絕不出難題給別人做。」

林語堂的英文好，故魯迅勸林語堂譯些英國文學名作。文人也要吃飯的，魯迅何嘗不懂？魯迅先生並沒有要求林先生像他那樣孤軍奮戰，「革命、拼死」。由此看來，魯迅的哲學倒是與卡繆一致而大不同於「法國革命哲學」的。只提醒林先生，混飯吃的辦法還可以有別樣選擇。先生「曾經竭了我的誠意」，先生「至今還自信是良言，要他於中國有益，要他在中國存留，並非要他消滅」，魯迅對朋友林語堂先生，可謂體諒深切，一片至誠，至今讀來，仍是感人肺腑。古人有「諍友」之說，魯迅是身體力行的。

1936年2月21日，另有致曹聚仁書信一封：「自己年紀大了，但也曾年輕過，所以明白青年的不顧前後激烈的熱情，也瞭解中年的懷著同情，卻又不能不有所顧慮的苦心孤詣。現在的許多論客，多說我會發脾氣，其實我覺得自己倒是從來沒有因為一點小事情，就成友或成仇的人。我不少幾十年的老朋友，要點就在彼此略小節而取其大。」

　　魯迅先生之「彼此略小節而取其大」，正是他的原則與寬容兼而有之的處世為人之道。

　　林語堂與魯迅的關係，是大時代知識份子之間的社會關係、思想關係，全然不是韓石山之流所理解的婦姑勃谿的庸俗關係。

　　1923年夏天，林語堂偕夫人從歐洲留學歸來，由胡適引薦，受聘於北京大學英文系。儘管林語堂與胡適情誼不錯而又思想相近，令他自己也感到奇怪的是，次年《語絲》創刊時，林語堂選擇了做周氏兄弟的盟友。以胡適為領袖的《現代評論》和以周氏兄弟為領袖的《語絲》，在女師大學潮中，分歧明朗化了。

　　「語絲派」與現代評論的論戰中，林語堂與魯迅站在一起，甚至比魯迅表現得更為激烈。他走上街頭，直接參加與學生同軍警的搏鬥。他和魯迅，遂為陳源等主張「費厄潑賴」的現代評論派誣為「學匪」。1926年1月23日，林語堂在《京報副刊》上登出他親手繪製的〈魯迅先生打叭兒狗圖〉：魯迅，著長袍，八字鬍，手持竹竿痛擊落水狗。

　　同年3月10日，林又撰寫了〈泛論赤化與喪家的狗〉，與魯迅前此發表的〈論「費厄潑賴」應該緩行〉相呼應，兩人在思想上相知相通。一個星期後，「三一八」慘案發生了。4月24日，直奉軍閥以「宣傳赤化」為罪名，封閉了《京報》館，逮捕、殺害了總編輯邵飄萍。知識份子紛紛開始向南方逃亡。林語堂和魯迅先後到了廈門。在此期間，魯迅與林語堂曾表現出思想成熟程度的明顯不同。魯迅看似沒有林的激進，對暴力和強權的認識卻異常清醒，反抗的態度始終如一。林語堂的思想則有搖擺、有反覆，比如他和周作人曾一唱一和，提倡「費厄潑賴」精神，受到魯迅的批評。魯迅撰寫〈論「費厄潑賴」應該緩行〉，是在上一年的12月29日；其時，周氏兄弟已經「失和」兩年，魯迅迴避了點周作人的名，便只點了林語堂。但這種朋友間的思

想交鋒與針對陳源的批評，是應當區別開來的。類似這樣的思想交鋒，在「語絲派」內部是有先例的，也是正常的。

廈大的氣氛「比北大還壞」。魯迅決計要辭去教職。他卻牽掛著林語堂，「我還要忠告玉堂（即林語堂）一回，勸他離開這裏」（魯迅，《兩地書》）。他在給許廣平的信中說：「……就只怕我一走，玉堂要立即被攻擊。所以有些彷徨。」由此可見魯迅對朋友的感情之深厚。果如魯迅的預料，林語堂在廈大遭到排擠，待不下去了，不久也流落上海，靠自由寫作維持生計。

同在上海灘棲身的林語堂和魯迅，同樣是精神罹難者，同樣都只剩下手中的一支筆。然而兩人卻選擇了不同的活法。魯迅直面社會、直面人生，擔當起社會批判的角色。林語堂則創辦《論語》，倡導幽默小品文，重祭明末性靈派的旌幡（迴避現實，恰恰是性靈派主張的重大缺陷），皈依於儒教的「修身」，委婉表達自己的無奈與幽怨。這是思想的分野、人生道路的分歧。

林語堂在魯迅先生逝世後，在《人間世》上寫了悼魯迅的文章，多有持平之論：「魯迅與其稱為文人，不如號為戰士。戰士者何？頂盔披甲，持矛把盾交鋒以為樂。不交鋒則不樂，不披甲則不樂，即使無鋒可交，無矛可持，拾一石子投狗，偶中，亦快然於胸中，此魯迅之一副活形也。德國詩人海涅語人曰，我死時，棺中放一劍，勿放筆。是足以語魯迅。」談到與魯迅的關係，他說：「魯迅誠老而愈辣，而吾則向慕儒家之明性達理，魯迅黨見愈深，我愈不知黨見為何物，宜其剌剌不相入也。然吾私心終以長輩事之，至於小人之捕風捉影、挑撥離間，早已置之度外矣。」既有比照，也有自愧弗如的感慨。文章又云：「魯迅與我相得者二次，疏離者二次，其即其離，皆出自然，非吾與魯迅有輕軒於其間也。吾始終敬魯迅；魯迅顧我，我喜其相知，魯迅棄我，我亦無悔。大凡以所見相左相同，而為離合之

跡，絕無私人意氣存焉。」（林語堂，〈魯迅之死〉）這就將他與魯迅的疏離，出於思想的歧見，說得很透徹了。

　　寫到這裏，我不禁想說，今日的好事者，根本不懂得民國時期的中國知識份子，不懂得那個大時代，及生活其中的知識份子的坦蕩襟懷和真性情；不懂得人與人的關係的複雜微妙。他們對魯迅的無端指責，倒是有林先生說的捕風捉影、挑撥離間的「小人」之嫌，而與林先生的「絕無私人意氣存焉」，相距又何以道里計。至於在做人、做學問上為何倒退若此，那已經屬於另行討論之事了。

■ ■ ■ ■
不用胭脂媚世人

羅素的體系

　　忠厚而執著的邏輯主義數學家，他們試圖建立一個嚴整的公理體系，從而把全部數學結論，邏輯嚴密地推導出來。為此，偉大的哲學家兼數學家的英國人羅素，寫了厚厚幾卷《數學原理》，殫精竭慮、茹苦含辛地為自然數1下定義。數學家彭加勒譏諷道：「這是一個可欽佩的定義，它獻給那些從來不知道1的人。」儘管如此，《數學原理》建立的公理體系中，有一條基本原則，卻讓我興奮不已，激動不已——在這樣的體系裏，命題都有自己的層次，高層次的才能對低層次的下判斷，對同一層次或比自己更高層次的，則無權說三道四。這樣，就避免了悖論的發生。所謂悖論，正是繞圈子所造成的自指性局面。

　　談論事物，對其作出評價，都有不同的、特定的話語層面或精神層次。在人文精神的層面上，沒有「庸俗」的一席之地、沒有妥協的一席之地、沒有詭辯的一席之地。人文精神的原則，可以對世俗的看法下判斷，世俗觀點卻無權對人文思想說三道四。你可以認為《廢都》是無傷大雅的通俗讀物，可以娛樂身心、消磨時間；還可以再上一個層次，認為它揭露了這個時代文人的精神沉淪。世俗社會的種種看法，都可以視作正常，無關緊要；但在思想界、學術界，在人文的層面，類似的淺薄的世俗之見和庸俗化的詭辯，便無可容忍。人文精神，可以說是高層次的思想，甚至可以說是最高層次的思想。它揭露事物的本質或本來面目，關注人的精神世界和人的命運，它把個體的人整合為命運的共同體而加以關注。這與世俗社會中日常生活的說事，完全是兩碼事。人文精神似乎太嚴肅，不近情理，有張揚其辭之嫌；然而，它在本質上、根本上又是最通人情、最講人性的——它總是從根本上、本質上關愛人；它從不剝奪人之為人的一切，而又對人的

非精神的欲望相對有所輕視。在物欲橫流的現代社會，在人的人性弱
點有墮落的慣性趨勢的、無可爭辯的事實面前，它的這種相對輕視與
相對側重，正好體現了對人的深刻認識和深度關懷。

讀紅瑣記

一、《紅樓夢》的內裏文章

上世紀三十年代，胡適在上海得到了僅存十六回的《脂硯齋重評石頭記》甲戌抄本的殘本，世人這才看到《紅樓夢》的廬山真面目。這乃是激動人心的、偉大的文化事件。脂硯齋與作者曹雪芹的關係，他所做的評語提供的資訊及其價值，從此成為紅學的最熱門的話題。

關於賈寶玉的生年，脂評本有明確的內證：江南甄家來人，感歎道：「十年沒有進京了。」又特意問及甄寶玉的年齡，回答說：「十三歲了。」是年，恰是乾隆即位，寬赦天下，在雍正一朝獲罪的江寧「甄家」，這才有了鬆動的機會，得以進京探望「賈家」。「賈作甄時甄亦賈」，甄家賈家，真真假假，其實也就是曹雪芹的家。紅學家考證出他的生年，這是極為重要的依據之一。

作家楊絳說，藝術就是克服困難。作為小說的《紅樓夢》所克服的困難，是雙重性的，它既要創造一個不同於現實世界的藝術世界，又要為它的紀實性做種種的隱瞞。這就使得《紅樓夢》有一個極其鮮明的藝術特色——集中國傳統文化的文字遊戲之大成！周汝昌大師慧眼上智，取索隱派和自傳說派兩家之長，創建「新自敘說」，其成就迄今無出其右者。試想，如果不是自敘性極強，脂硯齋何必不時地提醒讀者：「勿被作者之狡猾瞞過」？曹公又何必讓這位指點迷津者的大名，與其著作並存傳世？

令人費解的倒是，曹雪芹和脂硯齋何以有如此強烈的自我表現欲？這乃是紅學的一個深層次課題。它涉及作家寫作的動機、心態、

情緒。中國古典小說向來缺乏純粹的藝術精神，要麼難脫文以載道和影射的積習，要麼向壁虛構，自娛自樂，以為消遣。而芹、脂二人擺脫舊小說窠臼的意識非常明確，將小說的自慰性與影射性結合，並提高至前所未有的高度。《紅樓夢》成書的年代，文字獄依然猖獗，作者經歷家族巨變，餘悸尚存，既想拿歷史真實作為家族史的背景，寄託強烈的個人情感，又要避禍，可謂困難重重。正是在這種「克服困難」的藝術創造中，成全了作者的不朽，造就了《紅樓夢》這座既輝煌瑰麗又迷霧重重的藝術聖殿！

通觀脂評，脂硯齋幾乎是聲淚俱下地請求讀者，明白作家的苦心孤詣、明白芹脂二人的癡情，明白這部未完成稿「字字皆是血」，一句話，明白作品的內裏文章！其願望之迫切、感情之濃重、話語之直白之透徹，前無古人。

魯迅並沒有看到甲戌本，但他寫文章所徵引的，正是後來才知道原本屬於「脂本系統」的戚本；他是看透《紅樓夢》背後文章的第一人。「不知何因，似遭巨變」，短短八個字，將當時的新舊兩派紅學大家的見識遠遠拋棄在後。所謂「巨變」，就是雍正篡位，曹家因此而獲罪這個天大的秘密。周汝昌正是承接魯迅的判斷，不為時論左右，獨闢蹊徑，潛心學術，開啟了新紅學的正道。

二、曹雪芹晚境釋疑

雪芹晚境淒苦，繩床瓦灶，賣畫賒酒。但他有如怡親王等在朝的親戚，有如敦敏、敦誠兄弟那樣的朋友，緣何得不到周濟？怡親王借其手稿，雇請多人抄寫，不惜花費數十金，此數相當一般人家一年的用度，難道他不能對雪芹有所資助？敦敏兄弟冶遊飲酒，優哉遊哉，又與雪芹過從甚密，雪芹如此拮据，他們焉有不解囊之理？

讀鄧遂夫「甲戌本校注本」序，心頭疑雲方才釋然。一、芹脂性格孤傲，不願求人門下。二十四回，寫到芸兒向其舅求助時，脂批云：「余二人亦不曾有是氣。」二、怡親王等，家門亦屢遭不幸，風雨飄搖，不得不避嫌避禍；借書歸借書，經濟往來又當別論。敦敏有〈寄懷曹雪芹〉詩云：「勸君莫彈食客鋏，勸君莫叩富兒門。殘杯冷炙有德色，不如著書黃葉村。」可見敦敏知友之深，亦可見他也不是富家子弟。當時的文人，無論貧富，其瀟灑自由的生活方式和生活情趣，今人猶有不及也！

三、三家的「血酬」

據周汝昌先生考證：乾隆的國庫存銀兩千四百萬兩，和珅家的家私卻有八萬萬兩，這就叫富可敵國！劉姥姥赴賈府的螃蟹宴，心下算了一筆帳，這一頓下來，要花二十幾兩銀子，那可是能讓莊戶人家吃一年呀！賈府已是百足之蟲，自然無法與和珅相比。於是，按社會財富的佔有量來劃分，一個個階層，等級而下，看得十分鮮明。處在社會最底層的劉姥姥，理解不了賈府，也就更理解不了乾隆與和珅。

有意思的是，乾隆、和珅、賈府銀子的來路。最近有一本暢銷書——《血酬定律》。（作者聲言他發現了歷史的元規律，是否言過其實姑且不論；一本學術專著的暢銷，倒叫人匪夷所思。）以我淺近的理解，他講出了一些人類社會的遊戲規則。人若想維繫生命這架機器的運轉，就需要能量（銀子），就要向社會（他人）索取，而任何所得都需要付出：勞力者付出血汗，勞心者付出心血；乞丐付出尊嚴，太監以身體的自殘作為付出，職業槍手以生命冒險做成本……以最低成本換取最大「血酬」，這就是生存的秘密——最原始的生之動力。這麼說來，乾隆吃的是祖宗的血酬，努爾哈赤出生入死打江山的血酬的一種繼承權。賈政的血酬是雙份，一份是他在為皇上效力，一份是繼

承他的祖母（曹璽之妻）給康熙當奶娘的血酬。和珅也是雙份：一份是供職的年俸，另一份則是「灰色收入」。相比之下，乾隆代表國家收稅，除了皇室的巨大花費，所得還要用於軍備糧餉、農田水利、賑災濟困，每每捉襟見肘；不過，他不用於國事也不行，江山難以世代相傳，所以也算是一種再投資。賈府的血酬，因康熙四度南巡，曹寅和他的妹夫李煦兩家在南京、蘇州、杭州共接駕十二次，花銀子如流水，被康熙「取回去」不少，餘下的是被數百口人吃掉了。富可敵國的和珅的灰色收入似乎賺得輕鬆多了：所有想走他的門路的官僚都得孝敬銀子，這是官僚們想晉升、想得到庇護的投資，對和珅而言，付出的不過是在皇上面前的幾句美言；仔細想想，他這也是在「提著腦袋幹革命」，萬一欺君之罪被捅破，一切便都玩完了。現代經濟學家其實深得箇中三昧，他們給這種遊戲規則裏邊最有趣的隱規則，取了個恰切的時尚的名字，叫「風險投資」。

傳奇多多的《清稗類鈔》

　　《清稗類鈔》是一部什麼樣的書？它是一部清朝野史大觀，洋洋近四百萬言，相當於二十本《中華傳奇》雜誌的規模。民國六年初刊時，分為四十八冊，中華書局1984年重印時分訂厚厚十三冊，編撰者徐珂，取材於大量的清朝野史筆記和當時的新聞報刊，「關於有清一代的朝野遺聞以及社會經濟、學術、文化的事蹟，記載較為完備。」徐珂按照「事以類分，類以年次」的體例，將一萬三千五百餘條事實，歸納到九十二類中，如時令、地理、名勝、外交、禮制、戰事、吏治、譏諷、詼諧、婚姻、文學、藝術、服飾、飲食等等。此書初版時，「五四」新文化運動還未發生，故全書皆以文言文寫成，如全部譯為白話，字數估計將超過五、六百萬。這部野史規模之大、門類之廣、搜索稗官野史之多之細，令人驚歎。

　　一般來講，野史比正史所記的人事生動有趣，涉及社會各個階層的人物，可讀性強。筆者流覽的印象，傳奇故爭多多，除了對清史研究者有參考價值，喜歡歷史小說和傳奇故事的人，也不妨收藏一讀。

　　讓我們隨手翻譯幾則看看。

一、自上當

　　清河縣王氏家族，在城中開設典當行，幾代人下來，已是富甲一方。在子孫繁多的王氏家族中，有家財萬貫的富豪，也有自給自足的小康之家。典當行的經營管理，在家族中推舉一人主持。到光緒年間，主持家族事業的人叫壽萱。壽萱好學問，喜歡刊刻書籍，曾出版《小方壺齋輿地叢鈔》，而對營業之事，不甚經意。家族中妒忌他的

人不少，以為他主持業務多年，必定賺了許多錢，要想辦法讓他把錢吐出來。族中人便各自拿了還值點錢的東西，去當鋪典押，不管貨色如何，都要索取重金。因為他們都是王氏族人，也都是老闆，當鋪夥計只得聽之、任之，他們喊多少價就給多少錢。幹這號事的幾乎每天都有。典當鋪窮於應付，資本眼看不夠支付。壽萱只好不斷地靠借貸來注入資金。久而久之，王氏家族的典當行便破產了。當時有人編了順口溜，諷刺說：「清河王，自上當。」俗稱典押之物為「當」；王氏的當鋪本不是壽萱個人開的，家族中人都是老闆，而各自用自家之物去典押，所以說是「自上當」。受人欺騙叫「上當」，自上當的另一層寓意，即自己騙自己。

此則故事看似平淡，卻寓意深遠，又富有傳奇色彩。壽萱文人氣質，不理財，偌大家族全賴於典當行，他卻自顧刊刻書籍，不務正業，此一奇也。數代相傳的清河王氏家業毀於一旦，皆因猜疑、妒忌，自私乃是禍根。蛀蟲由家族內部滋生，此二奇也。心疑主持人斂財，不明察、不明言，卻暗用陰計，自毀家業，此三奇也。雖奇特而又平實自然，傳奇之上乘作品也。

二、人不知而不慍

某學究常年在外教書，過年放假回家，將他的教書所得報酬陳放在几案上，驕傲地對妻子說：「這些錢，是從『學而時習之，不亦悅乎』來的！」妻子聽了並不言語，從櫃中取出錢來，也放在几案上，向他炫耀。學究看見妻子拿出的錢多他十倍，問她從何處得來。妻子說：「這些錢，是從『有朋自遠方來，不亦樂乎』來的！」學究大怒，與妻子爭吵起來。他的父親在門外聽見了，說道：「這件小事，何必爭吵，『人不知而不慍，不亦君子乎』！」

顯然，這是一則諷刺迂闊的教書先生的民間笑話。拿孔夫子的《論語》來開開玩笑，說明統治階級的尊孔，當時在百姓中已受到鄙視與輕賤。這則故事，謔而不虐，用典極為準確，亦稱奇也。

三、妓勝於官

李竹溪，浙江人，自取別號叫「憂時子」，僑居上海多年。時值清末，他看到時世日益艱難，官場風氣每況愈下，感歎末世就在眼前，便沉湎於醇酒美女，在風月場中消磨時光。某日，他在海上名妓周若蘭的閣樓上，同她談論時事。若蘭問他：「你不打算做點什麼事嗎？連屠戶商販之類的人，都往仕途上競相鑽營，你是不是想盡早效法他們呢？」

竹溪說道：「我有自知之明。我沒有才略，沒有學識，是不可以從政的。況且，承祖宗的庇蔭，有五十畝薄田，足夠供我飯吃，我更無意去做官了。不過，我也曾替別人設想過，如果想謀生，不如去當奴僕、當戲子為好。即或做強盜，危害也畢竟有限。做官就不一樣了，它的危害，可以亡國，可以滅種；潔身自好的人是斷然不會幹的。」

「我雖然不學無術，良心不曾泯滅，就算受凍挨餓到了無可忍受的地步，也不願靠做官來混飯吃。而且，我現在還羨慕你呢！你從事的職業雖然低微，別人可以從你這裏得到精神上的快樂，你呢，可以從別人那裏獲得美感的教育。所以我說過，妓勝於官，你不記得了麼？」

這裏需要說明一下，故事裏的妓女周若蘭，是藝妓，賣藝不賣身的那種。清代上海興市，開設有所謂「書寓」，書寓藝妓，琴棋詩畫，多有造詣。周若蘭勸李竹溪做官，其實是試探他的處世為人之

道。竹溪出語驚人，實在是憤世嫉俗的牢騷。不過「憂時子」不以務實態度憂時，成年累月泡妞，應該說是一種對現實的逃避吧。

《清稗類鈔》中的傳奇故事，俯拾即是。它的編撰者徐珂，何許人也？謝國楨在該書前言中說：徐珂，杭州人，清光緒年間舉人。袁世凱在小站練兵時，曾參與其戎事，未幾辭退，遂在商務印書館擔任編輯。又說他「長於文學，善於詩詞，尤喜搜集有清一代朝野遺聞，以及士大夫階層所不屑注意的基層社會事蹟。晨鈔露纂，著述不輟，以此終老，卒年六十……而以所編《清稗類鈔》用力尤勤。」與謝國楨截然不同的看法，出自謝菊曾的一本回憶錄《十里洋場的側影》。這一位謝姓老人回憶說，他1916年1月進商務印書編譯所做練習生。時任雜纂部部長的徐珂，「跑來要我給他抄書。每天給我一本新出版的一時風行的鴛鴦蝴蝶派小說雜誌，什麼《遊戲雜誌》、《小說叢報》、《眉語》等等，裏面經他看過用紅筆圈出的東西，便囑抄在活頁紙片上。這些東西主要是遺聞、軼事之類，所談的大都關於清朝一代的掌故……此項收集抄錄的大宗材料，後來即由徐珂分門別類編成一部《清稗類鈔》。……由於全書每節每篇均不注明出處或來源，因此讀者一般認為是出於徐珂個人撰述，莫不驚佩其博學名聞！誰也不知道卻是一隻大雜燴！……其實這部書中的材料，真確性非常可疑。」

這麼一來，問題就大了！這段回憶不僅否定了《清稗類鈔》的價值，也否定了徐珂對這部鴻篇巨製的貢獻。由於謝菊曾是當事人，言之鑿鑿，不由人不信。不過，凡事都不可聽風是雨，要仔細分析、甄別。筆者提出幾點質疑：一、徐珂是有學問的人，編著的書不少，如果《清稗類鈔》純屬文抄公所為，當時出版此書，被抄襲的作者均健在，不會不站出來及時揭穿，文壇不會不因此鬧得沸沸揚揚。二、謝菊曾的回憶錄也承認：「館中特訂購多種（雜誌），交徐選閱，擇優抄錄」，既然交徐擇優，何謂「優」？但看徐珂的眼力。徐珂至少

實際上作了一次鑑別、篩選。三、徐珂在初版凡例中單列一條，稱：「凡所記載，固不敢以考證精詳自詡，要以具有本末者為多」，又稱：「本書資料，以平時隨筆自行札記之事，分隸各類，或從家藏秘笈搜採而得，故與今近流傳之本微有不同。而說部報章，亦在參考之列」。以徐珂的身份地位和商務印書館的聲名，諒他也不敢撒一個彌天大謊，多少有些實在成份。如是，則囑謝菊曾所抄「說部報章」，不過是供參考用的。四、徐珂在序言中說：「雖就正於當世名碩，且有勤敏好學之⋯⋯諸君子匡我不逮，為之檢校數過，然猶未敢自信也。」這也絕不像無中生有之事。

　　所以筆者傾向於這樣的看法：徐珂致力於編撰《清稗類鈔》，早在請謝菊曾抄雜誌之前就開始了，而「說部報章，亦在參考之列」，抄而有所篩選，編成後又請專家作過匡正、檢校。《清稗類鈔》作為一部洋洋大觀的清朝野史，還是有一定的參考價值的。徐珂編撰是書的努力和貢獻，也是不便一筆抹煞的。

■ ■ ■ ■
不用胭脂媚世人

《莊子》一則寓言的兩種釋讀

　　《莊子·應帝王第七》中有六則寓言，其中一個，講的是儵、忽與混沌的故事：

　　南海之帝為儵，北海之帝為忽，中央之帝為混沌。儵與忽時相與遇於混沌之地，混沌待之甚善。儵與忽謀報混沌之德，曰：「人皆有七竅以視聽食息，此獨無有，嘗試鑿之。」日鑿一竅，七日而混沌死。

　　莊子的本意，是說統治天下，應虛心若鏡，無為而治。即「立乎不測，游於無有」。季咸標榜自己能預測生死壽夭，結果在壺子面前失敗，可見「可測」必破產；儵與忽為混沌鑿竅，結果致死了混沌，可見「有為」必果惡。

釋讀一

　　混沌學之名，是否可以說源於老莊，無可考。東西方古人對「混沌」的理解，大致相同。《易經》曰：「混沌者，言萬物相混成而未相離」；《辭海》和《朗文英文辭典》都有兩條相同的解釋：一是「古代人想像中世界開闢前的狀態」，一是「無知無識貌」。前一解，古人對於自身出現之前的、想像中的混沌，尚存有的敬畏心理；後一解，人類自傲的尾巴便露出來了。援引過這則寓言的美國美學、心理學博士布里格斯和物理學博士皮特，對現代混沌學之混沌觀，撇開其深奧的科學內涵，作過別具一格的通俗闡釋：混沌是創造性的別名，是對宇宙創造生命並不斷發生變易的、豐富性的別名。

　　莊子的此則寓言意象獨特，隱喻極其豐富，儵、忽、混沌的假想性命名，尤其意味深長，妙不可言。先從天人關係試作一釋讀。

解一：儵與忽有七竅，能言、能思、能鑿，是為人也。混沌據中央，無一竅，似無生命，實為天也。天，大自然也。混沌學認為，經典物理描述的世界精緻完美，卻是欺騙我們的假像；自然物理現象，無不呈非線性之混沌狀，有序中無序，無序中有序；莊子以混沌喻自然，實在是先哲之見。

解二：混沌善待儵與忽，混沌有德，混沌即德。厚德載物者，混沌也。混沌賦予人生命，便是賦予人一切，功德何可限量！

解三：混沌為自然態、原生態，自在無為，相生相剋，自生自滅，自成圓融。儵與忽，只可與混沌和諧相處，你中有我，我中有你，絕不可將混沌納入人類之思維定勢與成見，更不可將其意志強加於混沌。

解四：人有生命，故有七竅。自然無竅，無竅即竅，亦自有人所未知之自然生命。人若以七竅生命而自傲，無視、輕視、蔑視無竅之混沌生命，即或無有行動，心存此念，即是狂妄、荒唐和罪過。

解四：人生七竅，蓋自然造化。神經科學認定，人的最簡單之感知，亦受制於環境。儵與忽的錯誤，在於視混沌為同類，無形之中，將自己擺在與混沌平等之地位。儵、忽與混沌，同有生命，又非同類，二者不可混淆。人或可試圖瞭解混沌、接近混沌，善待、善用混沌的惠賜，而永勿企圖與之平起平坐。

解五：為混沌開一竅，混沌未必即死；然混沌生命亦會發出吶喊，以示警告。南極的臭氧層出現空洞，即混沌之一竅也！

解六：人以有七竅，以為萬物之靈長，自命不凡，孤行盲幹，也未可知。儵與忽之連鑿七竅，即自作聰明、一意孤行之舉，誠為前車之鑒矣。又或謂儵與忽出於好心，然愚昧之好心，每每釀成劇禍。唯動機論之大害，亦由此可見一斑。

解七：若強為混沌開七竅，必致其「七竅生煙」，一命嗚呼！混沌死，儵與忽又何能生焉？其實，人類之生存，相對於混沌，「儵忽」間事耳！混沌未亡，人類先自亡矣。

近年國內學人，就人於自然該不該心存敬畏，爭執不休。持人定勝天論者，若讀此則《莊子》，或可真正開竅耶？

釋讀二

以上釋讀，雖已略涉天人關係，似仍停留於文學閱讀層面而已。意猶未盡得其妙。今試從形而上層面，再做一種釋讀。

儵、忽的動機似乎並不錯，結果卻壞極。吾國二千年的思想史，一直是激進主義與保守主義佔據統治地位；而自由主義，誠如殷海光先生言，始終受二者夾擊，難得出頭之日。如以儵、忽喻道統、獨斷，混沌喻自由，則此寓言猶如一部大書，足可窺見中國思想史長卷之一斑。

殷先生嘗評說，道統與獨斷看似南轅北轍，思想實質殊無不同。二者皆「強天下以從同」，奉行的是絕對主義，「總自以為所持是唯一的、最後的『真理』」。儵、忽也，以我之有七竅，強混沌以從同，既屬道統之見，也是獨斷之為。

殷先生又說：「依權威主義來說，是非真假是靠官長來決定，或以一『經典』為準繩，或由置身於一個非自由的機構之上的少數份子來代辦、來配給」。恰如儵、忽主觀地視七竅為經典，自命不凡，為混沌作代辦，強行配給混沌以七竅。非置混沌於死地而不甘休。

儵與忽，借殷先生所言：「他們都是『目的可以使手段成為正確』這一種哲學的崇奉者」，認自己的「目的」是最後的真理，值得追求，便可以不擇手段，便可以「掄起板斧，排頭砍去」，強為混沌開竅。魯迅嘗稱《水滸》裏李逵式的魯莽和暴力為「流氓」行徑。

倏、忽的作為，思想根源何在？殷先生說：「是把自己，自己所屬團體、種族、文化，看做世界的中心；並且從這一中心出發，看人、看事、看世界」。倏、忽自己有七竅，看自由的混沌便怎麼看怎麼不順眼，必使之也有七竅而後快。

倏與忽自認為是「世界中心」，唯我真理在握；其思想導致吾國二千年封建社會的停滯徘徊，以致近代的衰敗落伍。其實，混沌才是「中央之帝」，倏的「道統」也好，忽的「獨斷」也好，都將隨社會之轉型，逐漸退出思想舞臺；自由之混沌，將取代其主流地位。相對奔流不息的人類思想史長河而言，倏與忽的存在，貌似頑強無匹，亦不過是「疏忽」間事耳。

莊子的這則寓言，竟能有一部思想史的「預言」之妙，真是一個奇蹟。看來，把傳統文化當髒水一股腦兒潑掉，也是不對的，裏面確實有古代先哲的智慧可供啟迪，有思想之精華可資借鑒。

參考文獻

曹礎基，《莊子淺注‧應帝王第七》，中華書局，1982年10月第1版

張順燕編著，《數學的源與流》第八章〈分形與混沌〉，高等教育出版社，2000年9月第1版

〈魯迅還是胡適〉，殷海光《胡適思想與中國前途》，工人出版社，2003年12月第1版

陶淵明哪來幽默感

晉代詩人陶淵明，有五子。以「學而優則仕」論之，皆不肖子孫。有陶公〈責子〉詩為證：

白髮被兩鬢，肌膚不復實。
雖有五男兒，總不好紙筆。
阿舒已二八，懶惰故無匹。
阿宣行志學，而不愛文術。
雍端年十三，不識六與七。
通子垂九齡，但覓梨與栗。
天運苟如此，且進杯中物。

五子皆不肖，不禁令人心生疑惑。苟不教，父之過也，莫非陶公仕途多舛，無暇他顧，疏於教誨？查《陶淵明詩全集》，〈命子〉十首列於首篇，苦心孤詣，蒼天可鑒；或因乃父淡泊仕途，其子受到薰染？察陶公出身官宦世家，青年時代也曾有「大濟蒼生」的鴻鵠之志，居官十三年，雖多次辭官，濟世憂民之心，從未泯滅，做兒子的焉有不察之理？一時難索其解，姑且認作天命吧。

或問，陶公又為何只知責子，不知責己？諺云：「聽天命，盡人事」，陶公是聽天命之人，人事看來也盡了，事已至此，不面對現實，又能怎樣呢？

陶公似在責子，又似未責子；似在責己，又似未責己，唯「且盡杯中物」而已。此詩當在他歸隱（四十一歲）後的中年寫成，此「酒」亦由自家釀成，飲來必是百樣滋味在心頭。

　　陶公生逢玄學風行之世，熟讀儒學，兼修老莊，年輕時有大思想、大抱負，一生與紙筆結下不解之緣，竟無一人子承父好，幸焉悲焉，難得說清。

　　陶公身在宦海，度日如年，明明做官十三年，卻說「誤入塵網中」、「一去三十年」；辭官凡三過，歸去來兮，卻又念念於「憶我少壯時，無樂自欣豫，猛志逸四海，騫翮思遠翥」。如今看來，五子之中，是無有一人能入朝做官的了。福兮禍兮，也難得說清。

　　陶公做官，才賺有銀子買田，一旦不想應酬了，這才有田園可供「歸去來兮」。古人「三十而立」，四十即以為老，這年，陶公大約年四十有四了，故有「白髮被兩鬢，肌膚不復實」的自況。今觀老大懶得出奇，次第而下的幾個，一個比一個糊塗（有學者說，五子皆弱智，是否近親遺傳所致，無從考證，姑存疑），「田園蕪」矣，老來還得自己耕種；自己一旦歸天，這些薄田還保不保得住，也成問題。老人心中，焉有不憂之理？說陶公借酒澆愁，想是說得通的。

　　歸隱之後，陶公詩興大發，集子裏的詩作多成於斯時。綜觀之，內容駁雜，情感亦複雜萬端，說來說去，不離「矛盾」二字。人生來就是一個矛盾，且天下之人概莫能外。「採菊東籬下，悠然見南山」兩句，歷朝歷代的評家，無不視其為陶公「悠然自得」的明證，譽為千古絕唱。其實，彼「悠然」，不過彼時彼地之心境；此時作〈責子〉，又是此時此地之另一番心境。說作者借酒自醉，麻痺痛苦，大約也是講得通的。

　　詩人的陶淵明，晚境之蒼涼，不會比歷史上的其他同命運的名士（大知識份子）好多少。公之詩作中，有說服自己的：「聊乘化以歸盡，樂夫天命復奚疑」；有自我安慰的：「奚惆悵而獨悲」；有讚頌英雄的：「其人雖已沒，千載有餘情」；也有醉酒忘世的：「泛此忘憂物，遠我遺世情」；有感歎生命老去的：「日月擲人去，有志不獲騁」，自然也還有閒情逸趣者：「悅親戚之情話，樂琴書以消憂」。陶公的詩，實在是一個整體，一幅個人生命的「全息」寫照。

　　世上不通之人，每作不通之文。臺灣一沈姓作家，嘗作〈陶淵明的幽默〉，認為〈責子〉詩表現了陶的「成熟的幽默」。讀之再三，我竟讀不出一點幽默來。我雖不敏，尚不致愚鈍若此吧。〈責子〉詩，以詩人感歎自己已經老去發端，列舉五個兒子的頑劣糊塗，最後以慨歎天命、狂飲自醉作結。哪有幽默可言？世上再通明、再達觀的人，也不會拿自己兒子的「殘廢」，幽它一默吧？做此詩時，陶公聽天由命，莫可奈何，破罐子破摔的「灑脫」，倒是很有那麼一點兒。近日得見一陶詩譯注本，亦謂此詩「風趣幽默」云云，風趣幽默處究竟在哪，同樣未置一詞。這才恍然大悟，沈姓作家不過因襲他人之見而已。自己讀未讀出「幽默」不打緊，拿了前人定製的帽子，往陶公頭上套，方才不致偏離權威的「正統」之論。既然前人都說陶公乃天下「悠然自得」之第一人，每首詩都必得看出一點「悠然」來，管他皇帝是不是打赤膊呢？此陳陳相因、生拉活扯的腐儒、瞽儒作風，在舊文人中，曾是十分猖獗和頑固的。姑且叫它「古教條」或「文化奴性」，某大人物一言既出，即是正統，即成千古定論，自家只有鸚鵡學舌的份兒，哪敢去顛覆它。久而久之，腦子也便榆木化了。沒想到迄今陰魂不散。古往今來的詩論人論，大都取其一點，不及其餘；褒則上天，貶則入地，以有一頂帽子可框上即為滿足。如此「權威」，可取可信乎？八十多年前，梁任公曾就治史說過：「其夙所因襲者，則重加鑒別，以估其價值」；「以史為人類活態之再現，而非其僵跡之展覽」。若非通人，若非有所針砭，說不出這番話的。

　　海外有「紅學大家」，研究《紅樓夢》的洋博士，以及所謂的「後現代學者」，豪宅高薪，站著說話不腰疼，觀其文，原是最不通之人。周汝昌大師，平生敬仰通人，對不通之人，不予理會。我做不到。每讀不通之人的不通之文，頓覺大穢眼睛，氣不打一處來。大約余之修煉尚未到家矣。

中國年

「年」就要來了。據說年很可怕的，面目猙獰，還吃人。全家人大睜著眼，等「年」走過來，然後走過去。這就叫守歲，俗稱「熬年」。「年」三百六十五天來一回，「年」一旦過去，就有了三百六十四天的平安。至於三百六十四天之後的那一天，暫時就不必想它了。那時「年」還會再來，是又一個「年」，還是同一個「年」，不清楚。從邏輯上看，應該是另一個，不然年就成了千年不死的妖怪。明知道小孩子是熬不過這一夜的，不能讓他打瞌睡，也不作聲，只在他的屁股蛋上擰一把。孩子於是一聲驚叫。或許因為孩子眼睛最明亮、最單純，最能發見異物走近，幫助或先於大人們識別「年」的面目。明明已經敬請秦叔寶、尉遲敬德或鍾馗做了門神；明明在臘月二十四就吃過糯糯的灶糖，封住了嘴，不再講不吉利的話；明明已經祭祖，求那邊的祖宗們保佑，心下仍然忐忑，這個通宵，還得全家人大睜著眼睛，驚恐的等待「年」的來和去。睜著眼睛又能怎樣呢？「年」來了未必就秋毫無犯，就這樣無聲無息的走過去，不會傷害家人嗎？但眼睛大睜著總比糊里糊塗睡著好吧；也許年真的害怕整個世界的人全都大睜著眼睛呢。這就是守年的意義。這叫「關心」年，不叫「喜歡」年。

世界上許多事情，你可以不喜歡，卻是不能不關心的。有人就是分不清，比如把關心政治的人，硬說成是人家喜歡政治。而且團圓飯吃過了，把一年的辛苦所得，積攢到這一天，全家人一起大快朵頤，本身就很悲壯，有一種只知今日，何問來日的意味。因為「年」終就要來的，躲不躲得過，哪能自己說了算呢？大睜著眼睛，看看年是怎麼個模樣，也比回回只聽說，連名堂都弄不清就被吃掉的好。當然這

也只是大人們的想法，孩子是不明白的，他只有遭大人呵斥和被撐屁股一聲驚叫的份。

這便是中國年。幾千年的「年」就這麼過年過過來的。終有哪一年就在不知不覺間變了，所有關於「年」的故事都淡忘了，麻木了。不僅麻木，還樂了起來、高興了起來、快活了起來。這真可以說「幸災」而「樂禍」。害怕「年」、擔心「年」、關心「年」的人們，竟喜歡上「年」了。俗話說：「叫花子也有三天年」，最講究面子的中國人，這一天最有面子，衣帽一新，鳴鞭放炮，美味珍肴，晚間還有一道「春節晚會」做精神大餐；此前官家紛紛出動，往「特困戶」「送溫暖」，搶佔螢幕鏡頭。如今官家動輒十億、數十億的搞形象工程，還有了開名車、住豪宅、著輕裘、十指戴滿名貴鑽戒的一族，把中國裝點得特有面子。面子若此，裏子是否特有底氣，無人深究。年終於成了官家民間最正式、最熱鬧、最隆重的節日。中國年原本很文化的，文化為文化而改變了。

「年」似乎已經逃過了，文化宿命卻誰也逃不過。

壯哉悲哉張居正

　　明代中末期的嘉靖、隆慶以來，軍政腐敗、財政空虛、民不聊生。首輔張居正推行的十年改革，竟能挽狂瀾於既倒，使積弱積貧的大明江山呈中興之象，原因何在？

　　居正先生推行的是自上而下的改革。居正原是十分注重自身名節的，為實現政治抱負，韜光養晦，長期隱忍屈辱，逢迎、賄賂權宦馮保，借馮保及後宮之力，得以出任首輔，主朝政大權。居正掌權後，一改往昔的謙虛和祥、沉默寡言，變得雷厲風行，在全國範圍實行一場改革。居正的作為，至愛親朋亦不理解，以為清流士林所不屑。居正為天下臣民計，不予辯白，內心的無奈，又能與誰言說？

　　先生的改革，姑不論主觀上為君為國，抑或為民，清丈與一條鞭法的推行，無疑是從社會經濟基礎做起，解農民之憂，有利國計民生。當時全國六千餘萬人，農民佔九成以上；將稅、差、役化簡歸一，減少了中間層假公濟私，對農民的盤剝與勒索。而對大地主隱瞞土地的清查，既能公平農民負擔，又保證了國家財政收入。

　　先生的改革，又是全面的、系統的，從經濟層面直入政治層面。他整頓吏治、裁減冗員、懲治腐敗，顯示出很高的政治智慧和敢冒風險的政治膽魄。居正認為：「蓋天下之事，不難於立法，而難於法之必行」；「法之不行也，人不力也，不議人而議法何益？」故從政治體制、「幹部」體制入手，推出考成法，加大對官員的監管力度，督促一切政務的施行。這樣，內閣——六科——六部，內閣出政策，六部抓落實，六科抓監督，形成一個相互制約、相互監督的體系，這乃是居正改革政治體制的一大創舉。

不用胭脂媚世人

　　與宋相王安石不同，居正先生的改革是策略的、漸進式的。安石任相之後，立即亮出「天變不足畏，祖宗不足法，人言不足恤」的主張，要更改太祖、太宗以來的法令制度。此舉雖給力主變法的士人注入了興奮劑，但卻招來守舊派的激烈反對。居正任首輔後，對明神宗說：「方今國家要務，唯在遵守祖宗舊制，不必紛紛更改」；後又在謝恩疏中表示，自己要「為祖宗謹守成憲，不敢以臆見紛更」。居正在改革中高舉「恪守祖制」的旗幟，封住了守舊派的嘴、避免了政敵的干擾。

　　「鳳毛叢勁節，直上盡頭竿」。居正功成名就，地位顯赫，久處「盡頭竿」卻是不安全的。居正乃機權之人，對此早有逆料：「付囑愈重，早夜兢兢，誠不知死所矣。」果然，萬曆九年酷暑，居正病倒，歸政乞休之心復萌，又請辭，不為神宗允准，留京仍為國事操勞，次年（1582年）即歿，可謂鞠躬盡瘁，死而後已。先生一死，其所行法制，除一條鞭法，其餘盡付東流。二年後，這位曾被神宗稱讚「忠勤彌篤，殊勳茂績」，並承若「先生功大，朕無可為酬，只是看顧先生子孫便了」的一代功臣，在江陵的老宅，便被神宗以莫須有查抄，先生子孫，自殺的自殺、充軍的充軍。歷史上演了又一齣改革家的悲劇。

　　江陵張居正故宅有題詩云：「恩怨盡時方論定，封疆危日見才難。」這與魯迅先生所謂歷史人物的大小，愈近愈小，愈遠愈大，意思互可參見。四百二十三年後的今天，我們這些先生故土的後輩子孫，當追思先生的政治卓識、懷念先生的人格魅力；先生之千秋功過，亦當與評說：壯哉張居正，悲哉張居正！

醫院亂彈

醫院，人們「出生入死」的地方，不僅如此，人吃五穀雜糧，孰能無病？你一輩子都得和它打交道。但就是這個最具體、最直接體現人道主義精神的神聖之地，如今令中國百姓談「醫」色變，避之若避猛虎！君不見大街小巷裏的個體小診所，比比皆是，光顧者盈門，顧不得其環境差、設備差、信譽差甚至資質可疑，老百姓只圖一樁：便宜。我所享受的每月門診的可支配「醫保金」為數十元，不夠看一次感冒、打一針點滴；更不用說那些月收入不足千元的企業員工，下崗失業、吃「低保」以及進城謀生的農民工了。在中國第一強勢媒體——中央電視臺，連連驚爆醫院醜聞之後，2005年11月21日的央視《新聞調查》又爆出五百五十萬的天價住院費，這個天價，是衛生部頒發的北京三甲醫院最高住院費的二十餘倍！對於醫院，如今中國最不潔、最不雅的地方，用遐想、暢談都嫌不配；筆者每想到醫院，便心氣不平，一堆「亂彈」擁堵在胸，不吐不快。

亂彈之一：醫院是誰的？屬於什麼經濟性質？各地大醫院多始建於計劃經濟時期，由國家投資，至今還享受財政補貼。也就是說，它原本吃的就是納稅人的錢，可如今，盈利實際上是醫院考核其各部門的唯一指標。說它是事業性質，它早已不承擔福利醫療的義務，哪怕你命懸游絲，抬進醫院，必先交押金，否則不予搶救；你說它是企業性質，它的部份人員工資，核磁共振、CIU等天價設備，高樓大廈，還得政府拿錢補貼；院領導層幹部，還得經黨委組織部任免。醫院問題成堆、醜聞頻頻，卻又不見哪個醫生、院長受到法律追究。

亂彈之二：醫院為什麼有錢？醫生（還有教師）是當地最高收入的人群，早就不是秘密。大興土木者，醫院；大做廣告者，醫院；濫

發獎金紅包者,醫院。醫院的錢從何來?從國家歷年巨額投資轉換的醫療資源和財政補貼來,從製藥廠的「醫藥代表」給的高額「回扣」來,從它自己制定的、無人監管、無人制約的「收費標準」來,從患者的「紅包」來,更從處於弱勢、處於完全「不知情」的患者身上連詐帶騙而來。

亂彈之三:醫患關係為什麼緊張?據主流媒體公開報導,某人根本沒病,醫院卻用另一肝病患者的血樣「偷樑換柱」,害得他白白住院三個月,經濟損失、精神損失,卻找不到承擔者;某醫院公然採用偽造的住院者名單、病歷、處方的手法,直接從「醫保基金」帳戶上竊取老百姓的救命錢!就在筆者身上,也發生過醫療卡上的錢不翼而飛的怪事。穿白大褂的黑了心,一心只想撈錢,患者成了被敲竹槓的對象,還有什麼醫患間的正常關係可言?

亂彈之四:存在於醫院的腐敗現象路人皆知、令人髮指的情況之下,有關方面宣稱,十年醫療改革失敗了。十年,對於漫長的「初級階段」不算長,但對於生活在當代的每一個個體生命,有幾個十年?應不應該有人站出來對此承擔責任?現代社會,行政管理權的行使,是以權力監督和問責制度為前提的。如果不這樣,錯誤會一犯再犯,「學費」會交了再交,官僚主義、怠忽職守、瀆職犯罪,會像割韭菜,瘋長不休。

亂彈之五:醫療改革真就這麼難麼?據筆者所知,現代國家,無不具有完善而嚴密的醫療保障體系。這乃是社會和諧安定的基本保障之一。我們何不「擇其善而從之」?就說香港吧,醫院分公立、私立兩類,公立醫院承當基本醫療保障,屬福利性質;私立醫院則自負盈虧,患者可自行選擇私立醫院,主要靠自費,同時可以獲得適當的政府補貼。香港經過長期實踐的成熟經驗,能不能大體上實行「拿來主義」?問題是行動要快,要像抓基礎建設投資那樣狠心,把關係國計

民生的醫療改革問題，盡快提上議事日程，動員社會力量，吸納公民參與，真刀真槍的幹起來。總不能讓老百姓再等八年、十年吧。

　　亂彈之六：一個醫院、一個學校，曾經是中國最聖潔、最崇高的「淨土」（至今是許多國家堅守的最後一塊「淨土」），今天為什麼會變成這個樣子？這個問題太大、太複雜，已經由不得我來胡想亂彈了。但我知道，這是當前所有中國老百姓最關心、也最頭疼的問題。看病看不起、讀書讀不起（還有殯葬業壟斷所導致的「死人死不起」），這是一方面；還有更令人揪心的，那就是「淨土」的迅速蛻變、污染、丟失。我想，每一個關注民族千秋大業的人，都不會因為「束手無策」而停止思想，哪怕像我這樣無可奈何的胡想和亂彈一氣。

不用胭脂媚世人

伊甸園隨想

《聖經》裏最優美也最悲壯、最智慧也最耐人尋味的故事，大概非「伊甸園」莫屬。

一男一女偷吃了伊甸園的禁果，這才有了人類。全人類共有一雙父母——名字非常優美的亞當和夏娃。「四海之內皆兄弟」，對上帝說來，原來是預設的悖論。基督教的原教旨，原來是原罪。

上帝曾經是個理想主義者。他明知道預設有風險，卻又心存僥倖，把愛的期許寄託於血緣。三國時期，中國人口有六百七十萬人，約一百六十萬戶，沒有血親姻親關係的戶數不足三十萬。今天已繁衍到十幾億人了，民諺有云，認識不認識，五百年前是一家。可是人與人之間的關愛，有誰感到滿意的麼？人類的大愛如此，男女之間的私愛又待如何呢？

文學家筆下的男女之愛，林林總總，纏綿悱惻。人間情愛異彩紛呈，太有個性，太具想像力和創造力了。最了不起的作家，也未能充分寫出某一對現實中戀人的心情感受。世界上沒有兩片相同的楓葉，也便沒有完全雷同的愛情故事以及契柯夫稱之為「愛情小遊戲」的細節。可是，無論在文學世界還是現實世界，男女之愛，就像滂沱大雨中的一間簡陋茅舍，作為心靈最後的避難所，它的脆弱、虛幻和短暫易逝，令人欷惋！至於男女之事在世俗社會大量地淪為經濟契約，在權力下蛻變成攫取、強暴和政治交易，那就與愛字無關了。

如果把伊甸園比作一座美麗的小島，世俗社會便是洶湧咆哮的大海。身陷小島、沐浴愛河中的戀人，耳邊只有椰風海韻，只有愛人的絮語、盟誓，和極樂時候的呻吟。他和她忘記了海的包圍和喧囂，無視一切，以為它是上帝造人時同時賦予人的權利，以為可以廝守永

久;實則大謬不然,人間伊甸園是孤島、荒島、冰島,寸草不生,沒有蘋果樹。戀人們就像《偽金幣》裏那個美麗可愛的女孩,到底忍受不了饑餓寒冷,最終選擇了逃離小島,返回世俗的大海,淹沒於其中。當海的恐怖喧囂聽不見的時候,他和她的心也就死在海上了。於是,人們更多的時候把愛情叫做激情,叫做生命的一次燃燒,叫做曾經擁有,叫做意念或懷憶,叫做得而復失的珍藏,叫做——烏托邦。

這是美的淵藪,也是災難——悲劇的淵藪。美與悲劇的相反相成,讓人震儡、讓人畏懼。

大凡先驗的設計,終歸要出問題。上帝以為,只要人類同血緣,人的愛或情感,必定惠及親朋、同事同學,惠及他人、社會,世人有博愛,世界就會和平與安寧、互助與共存。殊不知,男女間的激情相擁,本身就具有絕對排他性,骨子裏是一種佔有,是私欲的滿足。私愛與大愛構成悖論,人類基因被烙上了原罪的符號。這是先驗的錯誤、上帝的過失。叢林法則很快主宰了先民——後來該隱誅弟,揭開了人類互相殺戮的序幕。上帝後悔、自責了:他不該賦予人好奇心,同時又給人欲望,最後,他應該把人的生命複製權掌握在自己手裏。當然,他畢竟是先知,事先有所預知,發出過警告。他真正的失算在於,他無法權衡欲望釋放與理性約束的力量孰大孰小。他詛咒土地,讓人們不得不付出艱辛的勞動才能果腹。原以為這是對人類的懲戒,不料卻激起了人類之間更大的怨懟和仇恨。直到眼看著人類無可救藥,他才後悔不迭,斷然決定:「我要將所造的人和走獸、昆蟲,以及空中的飛鳥都從地上消滅。」

可是,上帝也回不去了!上帝手指的方向,就是時間的方向,不可逆行的方向。姑且不論這是自然本身的屬性還是上帝本人的旨意,總之,上帝再也更改不了這個鐵的定律。他企圖將自己的作品推倒重來,也辦不到了——他只能選擇留下「善良」的諾亞一家,授以「方舟」秘法,然後製造毀滅生靈的大洪水,讓世界有條件地重新來過!

　　歷史會不會重演諾亞的先祖——亞當、夏娃大家族的悲劇？這個最嚴峻的決定，上帝很有耐心地留到了今天，當然，他一刻不停地在注視著世態、人態，看看瘋狂到何種程度，《聖經》裏說：「上帝要人類亡，必先讓其瘋狂。」

　　是的，避免悲劇太難了。兩個人的小島，琴瑟和鳴都難，偌大的林子，什麼鳥都有，歌唱出和諧的旋律，談何容易。於是那些不死心的人、嚮往原初伊甸園的人，便以上帝的名義，舉起博愛的旗幟、人道的旗幟，試圖改造人類性（自然涵蓋國民性）。可是又有人站出來說，人性是不可以、不應當改造的；改造二字，聽著就叫人頭皮發麻。智慧的紳士們，無休止地爭辯著，睜著清醒的眼睛，卻說不清路該怎麼走；混沌的大眾，在混沌歷史的大浪裏隨波逐流，麻木得說不清自己是痛是癢。幸好有人類的智者，擦亮歷史之鏡，告訴世人說，比諸人類性改造，還有更重要、更直接、更根本的改造，那就是制度設計。如今這已不止是學者的共識，幾乎成了路人皆知的常識。不過，知是一回事，行又是一回事，知難行易還是知易行難？就連這個問題，也還迄無定論。

　　唯有上帝之愛博大。他創造了眾生，又試圖普度眾生，包括邪惡的人、帶罪的人。而且上帝有理由驕傲，他確實有成功的傑作，比如聖女貞德、聖女林昭。身為女人的作家愛葛莎‧克利斯蒂說：「女人最大的願望是有人愛她」，女人的林昭，卻沒有得到世俗意義上的私愛。但我寧願相信，她知道、感覺到有人愛她。獄中面壁八年，她對殘暴凌辱她的獄警，竟產生了憐憫，寬恕了他們。這種悲天憫人的情懷，即大慈悲。那是上帝的境界。她選擇了皈依上帝，成為上帝身旁最美麗的安琪兒。

　　愛是原始的，愛又是終極的。愛有三種境界，私愛、類愛（大愛）、天愛。男女情愛是私愛；博愛是類愛；上帝和林昭的愛，那是

天愛。三種境界都美，都難以抵達。愛即是善，真卻未必善、未必美，誰能說真、善、美具有同一性呢？

我想自問的是：天使林昭，是上帝打發來人間的播火者呢，還是人間生長出來的聖哲呢？如果是前者，人類面對自身的宿命，自是無話可說；如果是後者，人類（包括人類的文學活動）該思索哪些事情、力行哪些事情呢？

病中讀〈病後雜談之餘〉

書是一定會有人要禁的。歷來如此。試想，如果有人寫書說你不好聽的話，這書還要公開給人看，讓世人共譏之，很可能還會傳諸後世，而你恰恰擁有扼殺這書的權力，你會怎麼做呢？聽之、任之，還是一禁而天下太平？當然，禁書並非婦婦姑勃谿，而是大是大非，站在當權者的立場，一切異端邪說都在封殺之列。至於刪書、改書，還是近來才想到的。

魯迅先生的雜文往往很短，在《且介亭雜文》中，竟有一篇長文——〈病後雜談之餘〉。說他十幾歲時，看到一本明抄本的《立齋閒錄》，裏面有永樂上諭，這才曉得，皇上的兇殘，其實與「流賊」張獻忠的「屠蜀」，並無二致。清人俞正燮（1775～1840）有《癸已類稿》，引有永樂皇帝的上諭：

永樂十一年正月十一日，教坊司於右順門口奏：齊泰姊及外甥媳婦，又黃子澄妹四個婦人，每一日一夜，二十餘條漢子看守著，年少的都有身孕，除生子令做小龜子，又有三歲女子，奏請聖旨。奉欽依：「由他。不的到長大便是個淫賤材兒？」

鐵鉉妻楊氏年三十五，送教坊司；茅大芳妻張氏年五十六，送教坊司。張氏病故，教坊司安政於奉天門奏。奉聖旨：「分付上元縣抬出門去，著狗吃了！欽此！」

先生看了，大為感慨：「君臣之間的問答，竟是這等口吻，不見舊記，恐怕是萬想不到的吧。但其實，這也僅僅是一時的一例。自有歷史以來，中國人一向是被同族和異族屠戮、奴隸、敲掠、刑辱、壓迫下來的，非人類所能忍受的楚毒，也都身受過，每一考查，真教人覺得不像活在人間。」所謂不似在人間，也就是先生深惡痛決的流

氓當道。可就是這位俞正燮，在記載清朝的解放惰民丐戶，罷教坊、停樂女的故事之後，竟得出這樣的結論：「自三代至明，唯宇文周武帝，唐高祖，後晉高祖，金、元及明景帝，於法寬假之，而尚存其舊。余皆視為固然。本朝盡去其籍，而天地為之廓清矣。漢儒歌頌朝廷功德，自云『舒憤懣』，除樂戶之事，誠可云舒憤懣者：故列古語瑣事之實，有關因革者如此。」對於俞正燮的歌頌清朝功德，先生自是不敢苟同。先生說：「……單看雍正、乾隆兩朝的對於中國人著作的手段，就足夠令人驚心動魄。全毀、抽毀、剗去之類也且不說，最陰險的是刪改了古書的內容。乾隆朝的纂修《四庫全書》，是許多人頌為一代之盛業的，但他們不但搞亂了古書的格式，還修改了古人的文章。」

先生針對俞正燮「異族統治寬於漢族統治」的說法，摘錄了一段宋人洪邁《容齋隨筆》卷三裏的〈北狄俘虜之苦〉。需要說明，這是嘉道以降，「珍重宋元版本的風氣逐漸旺盛」，重刊的「古本」中的文字：

> 元魏破江陵，盡以所俘士民為奴，無分貴賤，蓋北方夷俗皆然也。自靖康之後，陷於金虜者，帝子王孫，官門仕族之家，盡沒為奴婢，使供作務。每人一月支稗子五鬥，令自舂為米，得一鬥八升，用為餱糧；歲支麻五把，令緝為裘。此外更無一錢一帛之入。男子不能緝者，則終歲裸體。虜或哀之，則使執爨，雖時負火得暖氣，然才出外取柴歸，再坐火邊，皮肉即脫落，不日輒死。唯喜有手藝，如醫人繡工之類，尋常只圍坐地上，以敗席或蘆借襯之，遇客至開筵，引能樂者使奏技，酒闌客散，各復其初，依舊環坐刺繡：任其生死，視如草芥。……

先生自己沒有此書，「現在去買起來又嫌太貴」，是在圖書館看到的。然而，先生的眼光實在是屬害，他料定這段文字，在乾隆命紀

曉嵐編修《四庫全書》時，作了篡改。他說：「不過倘不和四庫本對讀，也無從知道那時的陰謀」。

今人生於資訊時代，比先生幸運多了，我雖然也買不起《四庫全書》，卻情願給先生當一回下手。經一番周折，我終於查找到四庫本《容齋隨筆》三筆之卷三中的同一則：

> 元魏改功臣姓氏魏孝文自代遷洛，欲大革胡俗，既自改拓跋為元氏，而諸功臣舊族自代來者，以姓或重複，皆改之。於是拔拔氏為長孫氏，達奚氏為奚氏，乙旃氏為叔孫氏，丘穆陵氏為穆氏，步六孤氏為陸氏，賀賴氏為賀氏，獨孤氏為劉氏，賀樓氏為樓氏，勿忸於氏為於氏，尉遲氏為尉氏，其用夏變夷之意如此。然至於其孫恭帝，翻以中原故家，易賜蕃姓，如李弼為徒河氏，趙肅、趙貴為乙弗氏，劉亮為侯莫陳氏，楊忠為普六茹氏，王雄為可頻氏，李虎、閻慶為大野氏，辛威為普毛氏，田宏為紇幹氏，耿豪為和稽氏，王勇為庫（she）汗氏，楊紹為叱利氏，侯植為侯伏侯氏，竇熾為紇豆陵氏，李穆為□拔氏，陸通為步六孤氏，楊纂為莫胡盧氏，寇□為若口引氏，段永為爾綿氏，韓褒為侯呂陵氏，裴文舉為賀蘭氏，王軌為烏丸氏，陳忻為尉遲氏，樊深為萬紐於氏，一何其不循乃祖彝憲也！是時蓋宇文泰顓國，此事皆出其手，遂復國姓為拓跋，而九十九姓改為單者，皆復其舊。泰方以時俗文敝，命蘇綽仿《周書》作大誥，又悉改官名，復週六卿之制，顧乃如是，殆不可曉也。

對讀之下，還真佩服先生的料事如神，確實篡改到「令人驚心動魄」的地步。令先生始料未及的是，文字竟至面目全非，全然沒有了「俘虜之苦」的一絲蹤跡。為了湊足《容齋三筆》卷三十九則之數，

不用胭脂媚世人

紀曉嵐輩採取偷樑換柱的手法，自己動手重新寫了一則，卻假冒了宋人洪邁的名字。真虧老先生下手！

想想紀大才子也只好如此。大清與金、元，同為「北狄」，同樣入主中原，做了統治者，同樣兇殘地對待異族被佔領者，說金、元的壞話，豈不是指著乾隆這個和尚罵賊禿麼？摸摸他紀曉嵐的頸子上邊，問他長有幾個腦袋？

兩百多年後的上世紀五十年代，有關當局「客氣」多了，「商請」茅盾、老舍、葉聖陶等文界袞袞諸公，自己動手刪改自己的作品。據最近披露的史料，茅公的《子夜》，要求修改的有六百二十處之多。

比如該書中第十五章，寫的是地下黨的生活和鬥爭，裏面不乏個人情感和兩性關係的描述。其中有瑪金與蘇倫的對話：「呀，掃興！你有工作，我們快一點，十分鐘。」編輯部就在這裏貼上紙條：「此處描寫欠妥，請斟酌。」類似這樣的紙條，還有很多。

革命黨又要革命又要做愛，而革命畢竟事大，於是只能「十分鐘」；問題出在絕不能說「掃興」。也不知道茅公如何改的。大約刪去最為省事，不做愛了，只革命，落得個乾淨徹底。到了樣板戲的時代，果然，高大全的「英雄」們，便不是鰥夫就是寡婦了。設想樣板戲中間插入一場卿卿我我，豈不滑稽？

老舍在1951年8月開明版的《老舍選集》中，對入選的著名長篇小說《駱駝祥子》痛加殺伐。據統計，這本書被刪改共有一百四十五處。該書原版十五萬七千字，被刪去數萬字，只剩九萬字。絕大部份是整段刪除，第十和第二十四章，刪的都是整章。如此大砍大殺，令人怵目驚心。這是為什麼？

《駱駝祥子》的後半部裏，祥子墮落了，成了流氓無賴。按照「奴隸們創造歷史」的歷史邏輯，這豈不有損勞苦大眾的形象？老舍先生又是「洗心革面」最真誠的人，於是便學金聖歎，操起斧子，

「大砍大殺」，來它個「腰斬祥子」。不過老舍先生頂著「人民藝術家」的光環，日子並不好過，最終還是沉入了太平湖。其實，《紅樓夢》的後三十回，林黛玉並非看見寶哥哥娶了寶姐姐，氣得一口氣回不過來而死去；而是「以淚還情」，淚盡而投湖，質本潔來還潔去，到底「強於污淖陷泥溝」。我這樣的回答，不知該文作者以為然否？

馬克思見諸報刊的第一篇政論作品，名為〈評普魯士最近的書報檢查令〉。寫這篇洋洋萬言的大文章時，馬克思才二十三歲，初出茅廬的年輕大學生。有人揶揄當年的普魯士當局說：「這篇檄文能『出籠』，說明你們的檢查制度並不高明。」我倒想起一件事。前些年，一家期刊不知怎麼吃錯了藥，堂而皇之地轉載了這篇文章，結果受到有關當局的處罰。理由是一句沒有理由的問話：「這是什麼意思？」就像1957年那篇著名的社論〈這是為什麼？〉。起初我也甚是疑惑，就像對蜀笑編的那本《歷史的回聲》的命運犯疑惑一樣，這不是經典原著麼，犯了哪條？自看了大先生的〈病後雜談之餘〉，方才大悟，禁不住脫口哼了聲京劇韻白──好有一比呀：設若紀曉嵐不曾偷換洪邁的那則筆記，乾隆必定龍顏大怒：「你這是什麼意思？」因為是權力者，一句空洞的反問，也便有了極大的威懾力和恫嚇性，令其噤若寒蟬。反過來說，這種反問，又何嘗不是對被威懾者的一種價值認同、一種對真實的恐懼呢？

據說，章詒和的前兩本《往事》被禁，是「因言廢人」，到第三本《往事》，便成了赤裸裸的「因人廢言」。還好，一場「虛驚」而已。不到一個月，就在香港宣佈，沒有此事。北京的各家書店門前於是扯起了大紅橫幅：「章詒和《伶人往事》正在熱銷中」。據說那位鼓吹「因人廢言」的高官也已調任它職，是晉升抑或貶謫，卻也不得而知。

對於書，或全毀，或全留，不過視權力者需要決定而已。有的學者，不明就裏，竟憤憤然了：你看文革中，除了紅寶書，就魯迅的書

不用胭脂媚世人

沒禁！於是，魯迅便有了「暴力」鼓手之嫌疑。我勸這些先生暫且冷靜下來，看看最近《光明日報》披露的胡喬木1980年2月9日給周揚的那封信，那時候出版魯迅的書，都經過了哪些曲折、作了哪些手腳。其實這手段更「正人君子」，更隱蔽、更高強，乃是「一大發明」。用精心炮製「注釋」的法子，肆意曲解原作的本意，從而「為我所用」。借魯迅先生之名來販售私貨，何其險詐乃爾。當然，正像《辭海》、《辭源》這些工具書也需要一次次地「大修大改」，《魯迅全集》的注釋，也將逐漸還原歷史的真實；而大先生也將以人道主義思想家的面目，重新回到世人的眼前。

這篇短文，原以〈禁書‧刪書‧改書〉做題目，實在有些大而無當，因改之。最近讀到《炎黃春秋》發表的一篇文章，陸定一先生的公子寫的，說是陸先生的最終遺言，兩句話而已：「要讓孩子讀書，要讓人講話⋯⋯」我心裏忽然想到：讓人講話，是起碼的寬容，也是最偉大的寬容。其實，「偉大的寬容」恐怕仍屬烏托邦頑疾之遺韻，也未可知。話又說回來，歷史上倘若沒有禁書、刪書、改書的故事，哪有「雪夜閉戶讀禁書」的「不亦快哉」呢？看來，還是金聖歎先生更懂得賞味人生啊！

上帝的旨意

我在幾篇文章裏都說過「上帝手指的方向」這句話，它有兩層意思：上帝的旨意或意志——不可變更、不可逆轉的規定性的東西；上帝的引導。《聖經》多是講故事，講上帝的引導；科學和科學家則在探討上帝的旨意或意志。

現實世界的不合理現象，使人們產生了這樣的疑問：上帝是否仁慈？我在寫〈伊甸園隨想〉時，對此有過一些思考。這一問題的前提是：上帝是否存在？如果「他」根本不存在，就沒有仁慈或者殘酷可言了。

上帝是否存在，迄無定論。而且爭論將會至少持續一萬年！

我認為，上帝是存在的。先對上帝試作一番形象描述。上帝就像許許多多的普通人那樣，既不仁慈也不殘酷，不好不壞，亦好亦壞，質樸本色，他甚至並不關心自己在別人眼裏是否仁慈；或者，上帝有如氣定神閒的大智者、大隱者，壺中日月、袖裏乾坤，獨來獨往，我行我素，風雨雷電，地震海嘯，泰山崩於前而色不改；上帝更有幾分像自然界，「知心含萬象」，厚德而能載萬物。仰望上帝，如同仰觀宇宙。宇宙者，大音希聲，大象無形；自在、混沌、無為、圓融；泱泱大度，萬象包容，充滿無限生機與無窮盡的活力。上帝亦然。上帝任你想像億萬年、揣測億萬年，他永遠是萬物之母、萬物之和，卻又高踞於萬物之上。對於人類而言，他就是生死存亡的命運主宰。

當然，上帝未必就是《聖經》裏的那個「主」，或者佛教裏的釋祖、伊斯蘭教的真主、道教的老子或太上老君。這些曾經是「此岸」的活生生的人，死後不可能成為「上帝」，即使我們深信靈魂永生。根本不可想像，上帝會有如許之多，所有不同宗教敬奉的那個「祖

宗」都是「上帝」。所以從邏輯上來看，上帝的唯一性，也便否定了
形形色色的宗教對「上帝」的具體指認。需要聲言一下，我是想討論
問題，陳述我的上帝觀，絕無冒犯這教那教之信眾的意思。

　　戰國時期詭辯家公孫龍有著名的「白馬非馬」之論。公孫龍雖
然有了一點兒形而上的邏輯思維，但他繞來繞去，還是繞不過儒家的
「名實」概念，其後名家式微，兩千年來的雄辯家，沒有一個名家傳
人發展出一門像模像樣的邏輯學來。而早在公孫龍之前，古希臘的亞
里斯多德就創立了完備的形式邏輯學。「白馬非馬」命題的設置，還
有故意糊弄人的味道，其實，取它的逆命題便可以一目了然：馬非白
馬。馬是「種概念」，白馬是「屬概念」，顯而易見，此概念非彼概
念也。馬是各色馬的抽象，所以，馬涵蓋白馬，高於白馬。同樣的，
白馬又是一匹匹各有其名的、具體的、個體白馬的抽象，換言之，它
也是名，而非實。我心目中的「上帝」，是馬，而非白馬。

　　讀一點佛教常識，借鑒佛教術語和它的辯證思維，對於理解「上
帝」的存在頗有裨益。在所有的宗教理論中，如恩格斯言，佛教處
在形而上的辯證思維的較高水準。《方廣經》云：五種法身：一實相
法身、二功德法身、三法性法身、四應化法身、五虛空法身。如果說
「色身」是法身的低級水平，是物質的身、實相的身；那麼，「佛即
法身」（《維摩經方便品》，下同）所指的佛或法身，猶如上面說的
五種法身中的虛空法身，則是法身的高級水平。虛空法身，就很像我
所理解的「上帝」之身：「經云：法身者虛空身也，無生而無不生，
無形而無不形。」「知心無形不可得，是虛空法身。若了此義者，即
知無證也。無得無證者，即是證佛法身」。在佛教學說裏，再也看不
到物質與精神的、在一元論之下的簡單對立（即物質第一性的一元
論）。佛教經典的思辨，將有與無，實與虛，色與空之對立、同一、
轉化，闡述得比「一分為二」要深入複雜細緻得多了。更深刻的是
「無證」之說。無證，就是無窮大、無窮小，就是既名且實，就是存

在又不存在，就是絕對真理，就是虛空法身，就是終極法則，就是上帝。

宗教創立的過程很漫長。宗教創造就是一種文化創造。而宗教一旦形成自己的體系，又獲得了廣泛認同，擁有大批信眾，它就高於文化，成為了文化中最有文化價值的文化、最具決定意義的文化。這也是現代思想史家非常看重宗教的原因。就算是在現代的民主社會中，宗教精神對人的形而上（超越世俗功利）思維的尊重，以及世俗宗教活動對人與社區（教區）、人與他人、社會、大自然之間關係的調整，對人的「貪、嗔、癡」的訓誡，對人心的自律與安撫，有著舉足輕重的「雙重平衡」作用。作為人類文明的成果，宗教的重要性僅僅在政治制度設計或安排、保障之下，位居第二。

上帝的神秘感和宗教的神秘性，從何而來？來自人們沒有能力去破譯或回答那些難以迴避的終極命題。這樣，人們也就無法去懷疑和否定宗教所具有的無形的神秘力量。他們或者選擇皈依宗教、信奉「上帝」，或者至少對宗教、對上帝保持一份敬畏。即便是俗家子弟，走進法相莊嚴的寺廟，也會感覺幾分神秘、肅穆的震懾，心裏生出幾分虔敬和畏懼。這也是宗教的力量，往往高於從家庭、學校、社會教育獲得的力量的深層原因。

在唯物主義看來，宗教得以產生、生存、發展的空間，正是人類的某種蒙昧造成的。這似乎是事實。我曾說，人類社會的種種愚蠢行徑，使它看起來已經到了「末世」，而這恰恰又是它處於童年的證據。人類尚處於很幼稚、很愚昧的時期。不過，不要誤解，以為童年愚頑，胡來亂來就可以原諒；要明白，童年也可能就是提前到來的「末世」。只要人類的愚昧、貪婪、放縱、暴力傾向——人類的「惡」，得不到切切實實的遏制，人類就有可能夭亡在它的童年！

季羨林先生說，他研究宗教，鑽得越深，越不信宗教。因為他發現，任何宗教的理論體系，看起來龐雜，很嚇人，同時也就充滿了

自相矛盾的東西和理論漏洞。這段話大意如此，給我很深的印象。然而，季先生雖是學問家裏的學問家，今天中國大陸倖存的最後一個博學者（順便一說，南饒北季、南饒北錢的說法，很勉強的；香港饒宗頤先生才是學術大師，他的學術成就，比季羨林、錢鍾書高出太多）他卻真不應該把這個話講穿！首先，中國太缺乏宗教精神，同時又太需要宗教精神了！季先生這麼一講，豈不是內行看門道，戳穿了西洋鏡？其實季先生忘記了，他自己畢竟不是自然科學家，不是思想家；他從現存的宗教典籍出發，從語言邏輯的角度做出這樣的結論，是不是過於片面、輕率、急切？是不是至少說得不周全？是不是就宗教說宗教，沒有把宗教放在人類歷史長河中充分考量其巨大的意義和作用？

宗教的上帝，是人類某些族群的長期的集體創作，是文化創造，因此實在是不好去深究和苛責這個創造的實體。這與如何看待那些同樣屬於集體文化創作的、由瓦舍勾欄的講唱藝人的謀生「活計」演變而來的中國話本小說，應該區別看待──一個是徹底出世的創作，一個是徹底入世的創作。中國話本，在藝術上雖然也有一套，人文價值實在經不起深究。所謂的古典小說名著，四部竟有三部（恰恰這三部是集體創作）倒是需要深究、應該苛責的，因為生活中至今還盛行著「三國氣，水滸氣」（魯迅語），以及大鬧天宮的「猴氣」；因為中國大眾讀者在一些糊塗教授、學者的鼓噪下，對這些充斥著糟粕、毒素的東西，至今還在盲目激賞，如飲鴆止渴。

杞人憂天的寓言，被功利主義至上的中國人誤讀了上千年，杞人一直是被嘲笑、被貶斥的對象。須知，「生年不滿百，常懷千歲憂」，乃是書生本色。連社會精英的知識份子也不具憂患意識，便也沒有了人類的思想，沒有了宗教，沒有了包括政治設計在內的一切共同文明成果的創造，和普世價值的確立。

迄今為止的科學證明，生命起源問題，只有去問上帝──一、它是偶然誕生的，不是什麼進化的結果；二、大自然界幾種基本的元

素，不可能經過「偶然的碰撞」合成去氧脫糖核酸。這樣說，就說明白了，我常常在文章裏指稱的上帝，乃是超乎自然力的、永遠在人的認識之上，卻又在莫名的暗處掌控著自然和人的那種似乎具有神性的力量。比如我說的「上帝手指的方向」——時間的箭頭，不可逆轉逆行，就屬於這種神性的力量。迄今發現的宇宙的最高速度為光速，每秒三十萬公里；而且萬事萬物皆不可能超越這一速度。這也是神性的力量存在的證明。對這些「決定性的東西」、「不可更改的東西」，你根本沒有辦法再去問它「為什麼」！一旦你開口問道：「怎麼會是這樣？誰規定的？能不能指望改變，哪怕一點點也好？」那麼，你就在事實上承認了上帝的存在。

上帝存在，不等於上帝徹底「可知」。據說，由普朗克的量子力學、愛因斯坦的廣義相對論開創的現代物理學，已經可以解釋從宇宙大爆炸開始算起，10的負27次方分之一秒之後的一切宏觀、微觀自然現象。姑且不論「大爆炸」這一主流理論從一開始就不斷遭遇質疑和挑戰，事實上，如果以宇宙大爆炸的那一刻作為時間的起始點，即0秒，從0-10的負27次方分之一秒，這個極其短暫的瞬間之內，普朗克和愛因斯坦都不靈了！為了探索這個「創世瞬間」的奧秘，世界頂尖級的理論物理學家彙聚歐洲大陸的法國，建造長達二十七公里的迴旋加速器，試圖模擬宇宙大爆炸的一瞬之間。而試圖否定大爆炸學說的人，則發射探測器至更遙遠的太空，搜尋相反的證據。總之，人們滿懷期待，「上窮碧落下黃泉」，希望在二十一世紀揭開宇宙誕生和生命起源的秘密，畢竟迄今還是「兩處茫茫皆不見」。不僅如此，新的疑惑又被提出來了：難道那一刻就是時間的起始點嗎？0時刻之前呢，時間就不存在嗎？又是什麼力量導致宇宙在那一刻爆炸、誕生的呢？宇宙有始有終，除了「始」和「終」之外就真的沒有了「歷史」、就什麼都不是、什麼都沒有（如老子說的「無」）了嗎？「可知論」者認為，什麼疑問都終將可以找到解釋，實則不然，疑問後面還會有新

疑問,連綿無盡,猶如「一尺之棰,日取其半,萬世不絕」(《莊子》)。這就像數學中的「無窮」和「極限」概念,你可以「逼近」它,卻永遠不能到達它;它存在,又不存在;它並不是某個實實在在的實數或虛數,它是永遠可望不可及的一個想像的目的地或一種「理念」。上帝就是極限,他已經現身(比如光速最大、時間不可逆、熵增定律,粒子的波粒二象性等等),神龍見首不見尾而已。但是,凡人不可能到達上帝。普朗克、愛因斯坦解不開的終極秘密,其他人也永遠解不開──因為誰都不可能成為第二個「上帝」。當某人到達上帝,與之平起平坐,上帝為凡人取代,上帝便不復存在,宇宙、世界也便不復存在。所謂「人定勝天」,既狂妄又愚蠢無知。與上帝競爭、對抗的後果,不堪設想。

對於唯物論者來說,大爆炸理論致命的缺陷,就是它無法回答大爆炸之前的這一「奇異點」是如何被建立的?他們因此害怕,大爆炸理論的發展,將把人們對宇宙誕生和滅亡的認識引向神創說;因為教皇約安・帕維爾二世,就曾在其書信中說過,當代的宇宙論與《聖經》中的論述不謀而合。其實唯物論者的擔心,出自他們心中先驗的理念或信仰,也就是他們心中的另一個上帝,這上帝一樣無可求證。法籍華人作家高行健認為,每個人心中都有一個上帝,都有一部或者應該都有一部屬於自己的《聖經》。這是一種徹底的叛逆之論。實際上,上帝大致有兩類,上面提到的歷史唯物主義的上帝,和宗教家(包括科學家)的上帝。

回到話題的起點:上帝究竟仁慈還是殘酷?現在可以知道的是,這是個永遠無解的難題(「知無證也」)。這個問題,超越了人類經驗,以及人的思維力和想像力的極限。何況自從進入科技時代,接收訊息的數量「一天等於二十年」,人類大腦的進化跟不上這個飛速的時代,大腦的承載力也已經不敷所用,人們在追求幸福的殘酷競爭中,幸福指數卻正急速下降,人類形而上的思維力亦呈現相對下降趨

勢。面對所謂的「終極命題」，人類日漸麻木和遲鈍。被垃圾資訊糾纏困擾的人們，哪還有求解它的興趣，哪還有超越前人思考力、想像力的可能性呢？

我們不好因為人間苦難去責問上帝，因為生命和人的誕生，很可能原本就只是一個偶然或一個錯誤？這同樣是個無解的想像或理念。而只要這麼一想，我們就又很容易掉進佛家思辨的「簍子」裏了。所謂「無得無證者，即是證佛法身」，佛家早有預見，在這兒等著我們呢。

■ ■ ■ ■
不用胭脂媚世人

留下「空白」是明智之舉
——從校勘者對《荊州府志》記載的民間暴動未予置評說

　　《荊州府志》卷之二十六・〈兵事〉，有若干歷史上民間暴動的記載。除去統治者之間的權力征伐、官吏謀反，凡冠以「賊」、「蠻」、「匪」者，皆可視為民間暴動或者農民暴動。據不完全統計，漢代記有三起（見第627頁）、晉代一起（第633頁）、宋代二起（第661頁）、明代三起（第664頁）、所謂國朝的清代五起（第664～671頁）；其中李自成的暴動分別記載入明、清兩朝。大多記述簡略，唯明崇禎到清順治之際的李自成暴動（府志稱李自成或流賊）和清咸豐之際的太平軍暴動（府志稱粵賊）較為翔實。

　　按照過去重印歷史史料或文獻古籍的慣例，編校者、重印者都得在前言、後記裏鄭重聲明，官方的記敘語言，是站在統治階級立場對農民起義的誣衊云云。原因不言自明：當時的主流歷史觀認為，農民戰爭是推動歷史前進的動力；奴隸們創造歷史。不知是由於「疏忽」還是有意對此「存疑」，荊州市地方誌辦公室在校勘、重印這部光緒七年的《荊州府誌》時，避開了上述「慣例」。

　　我個人以為，這是明智之舉。

　　目前的歷史研究已經擺脫了從屬於政治、圖解政治教條的尷尬境地，無論史料的發掘、釐清、去偽存真，還是對馬克思主義歷史觀的再認識，都呈現出一派嶄新學術氣象。

　　對於農民起義或民間暴動的歷史影響，這幾年學界討論十分活躍。歷史學界大致有三種觀點。一、毛澤東將農民稱之為中國革命的主力軍，這是一個十分準確的定位。中國歷代王朝的更迭，「成也農

民，敗也農民」。但中國農民存在著許多嚴重的、自身難以克服的缺陷，例如皇權主義、帝王思想、絕對平均主義、流寇思想、山頭主義、享樂主義、個人主義等等。這種思想、那種主義，在時機成熟的時候固然要表露，在時機並不成熟的時候常常也表露得一覽無餘。農民戰爭是改朝換代的主要動力之一（另一個動力是夷族入侵），也是中國封建專制政治制度內的一種自我調節，有利於古代文明的形成與發展；但其推動歷史前進的作用是可質疑的，每次成功的改朝換代，也不過是招牌換記，封建專制沒有絲毫改變；還導致了中國皇帝專制政治制度的長期延續。二、傳統的看法，農民起義的功績巨大，是推動歷史前進的動力。三、農民起義或農民戰爭造成歷史上的劇烈動亂，大量的無辜橫遭殺戮，生產力受到空前破壞，文明倒退，而歷史倒退回去，又得再繞一個大圈子。因此它不僅不是歷史前進的動力，而且是歷史的破壞力。專制社會的這種自調節方式，社會成本太高，得不償失。

我個人傾向第一、三種看法；第二種看法缺乏對歷史的具體分析，有簡單化、絕對化的毛病。這裏僅從兩個方面略加闡述。

先看史實。《荊州府志》載：「明崇禎七年甲戌正月，流賊由興山出，破當陽郡，屬西北迄無寧日。……賊遂衝突北門，趨沙市，民溺江死者無算。壬午冬，李自成陷襄陽，荊始戒嚴。十二月……十六日，賊至龍陂橋，入北門，大肆淫掠，一城鼎沸。……癸未……十二月，張獻忠擁眾自湖南來……獻賊入城，……縱兵大掠，毀城垣，燒廬舍，百里內外無復煙火。」李自成、張獻忠給社會造成的動亂，可見一斑。至於咸豐之際的洪楊暴亂，書中也有大肆殺戮、焚寺廟、掠金市的記載，茲不贅述。

近年來，潘旭瀾先生的一本凡三十五篇、十五萬字的小書《太平雜說》（1998～1999《東方文化》雜誌連載，後由百花文藝出版社出版），在史學界和思想界產生了很大的反響。他從有關太平天國的正

史、稗史中，以嶄新的歷史視角，即人類文明社會進步的角度，鉤稽出可以徵信的資料，力圖還原其歷史真相；重新探討「太平天國」的奧秘，得出了言之成理的結論，從而引導人們對「太平天國」這一段歷史作出全新的思考。本文不打算轉述潘先生的觀點，只想介紹馬克思對太平天國的評價。令人不解的是，一些自稱馬克思主義信徒的歷史學者，不知出於什麼原因，竟會對此視而不見、隻字不提。

馬克思這位太平軍的同時代人，倡導革命的思想家，1853年對太平軍曾寄以熱切的期望；但到1862年，當他瞭解了事實真相後，他用德文寫道：「除了改朝換代以外，他們沒有給自己提出任何任務……他們給予民眾的驚惶比給予老統治者的驚惶還要厲害。他們的全部使命，好像僅僅是用醜惡萬狀的破壞來對立與停滯腐朽。這種破壞沒有一點建設工作的苗頭。」文章最後作了這樣的概括性評價：「顯然，太平軍就是中國人的幻想所描繪的那個魔鬼的inpersona（化身）。但是，只有在中國才能有這類魔鬼。這類魔鬼是停滯的社會生活的產物。」（《中國記事》，1862年）順便一說，這與馬克思對待巴黎公社的前後態度正好相反。

有趣的是，《太平雜說》的作者潘旭瀾先生引用馬克思對「太平軍」的評述，是放在書的〈後記〉裏的，他說，他不願意借用馬克思這桿「杏黃旗」。潘先生與那些以實用主義態度，動輒肢解或隨意引證馬克思原著的學者形成了對比。

同樣的，關於誰創造了歷史，兩位共產主義學說的創立者，從來就沒有「奴隸們創造歷史」的表述（著名歷史學家黎澍先生語）。一度盛行的所謂「奴隸史觀」，是蘇聯哲學家尤金從《聯共（布）黨史》引申、附會出來的。從《毛澤東讀書筆記》裏看得出，他很少讀馬恩原著，卻認真研讀過這部蘇共黨史。毛與尤金一拍即合，自他開始，對此觀點大書特書。其實，它與馬克思、恩格斯的意見並不相同。

不用胭脂媚世人

　　有學者指出，西語裏，「創造」（make），本意是「製造」，並不含有「推動前進」之類的正面意義，即它是中性的。此外還需要說明的是，馬克思的歷史進步觀，本身就是辨證的、處於思辨或發展中的。法國學者蜜雪兒・勒維曾在美國《社會主義和民主》雜誌第14卷第1期（2000年春—夏季號）上發表文章〈馬克思的進步辯證法：封閉的或是開放的〉，他認為，馬克思有兩種歷史進步觀，一種是目的論的、先定的和封閉的；一種是非目的論的、未定的和開放的。它們在馬克思不同時期的著作中都有明晰的表現。

　　馬克思說：「人們自己創造自己的歷史，但是他們並不是隨心所欲的創造，並不是在他們選定的條件下創造，而是在直接的、既定的、從過去繼承下來的條件下創造。」（《馬克思恩格斯選集》，第一卷，第603頁）顯然地，奴隸與英雄，直接的、既定的、從過去繼承下來的條件，是完全不可比擬的，奴隸更不可能隨心所欲的創造歷史，更不可能去選定創造歷史的條件。還有另外一層意思：奴隸們創造（製造，或用文學表述：書寫）自己的歷史的時候，他們已經受限於「既定」的歷史條件、「既定」的歷史環境。這個歷史條件和環境，恰恰被英雄所製造、所掌控。當人類社會進入資本主義的高級階段，即現代資本主義和民主社會主義時期、中產階級佔據社會主流的時期，上述情形才有所改變。換言之，歷史在和平時期，在一定程度上，是由統治者（英雄）和被統治者（奴隸）共同創造（製造或書寫）的。這種創造，可能是積極的、正面的，即推動歷史進步的（比如中國的改革開放）；也可能是消極的、負面的，即阻礙歷史進步的（比如中國的文化大革命）。而作為改朝換代的動因之一的民間暴動或農民起義，無論其初衷和結果怎樣，都只能是一場深重災難，只會造成歷史的大倒退和周而復始的循環。

　　恩格斯則說得更明白、更透徹，他說：「歷史的進步，整個說來只是極少數特權者的事，廣大群眾則不得不為自己謀取微薄的生活資

料，而且還必須為特權者不斷增殖財富。」（《馬克思恩格斯選集》第三卷，第42頁）「進步」在這裏是進程的意思，指歷史向前走的過程，不是與落後、倒退對應的反義詞。恩格斯將生存需求放在第一位，從而推論出，少數特權者與普通芸芸眾生對於歷史進步的作用，完全不可同日而語。這一思想，顯然與馬克思一致。馬克思指出：「人們為了能夠『創造歷史』，必須能夠生活。但是為了生活，首先就需要吃喝住穿以及其他一些東西。因此第一個歷史活動就是生產滿足這些需要的資料，即生產物質生活本身，而且這是這樣的歷史活動，一切歷史的一種基本條件，人們單是為了能夠生活就必須每日每時去完成它，現在和幾千年前都是這樣。」（馬克思、恩格斯，《德意志意識形態》（1845～1846年），《馬克思恩格斯選集》第一卷，人民出版社，1995年，第67、79頁。）事實上，農民起義領袖沒有一個是地道的農民，而多為不得志的小知識份子、小官吏。就像《水滸》裏的一百零八條好漢，沒有一個是真正的農民。

毛澤東自謂「無法無天」，富有反叛激情，崇尚浪漫和精神力量；他自命出身地位卑微的「奴隸」代表，他事實上鼓動和率領奴隸們創造了歷史。更重要的是，他堅持他的歷史觀，就為他的所有言行，找到遵從「歷史的一般規律」或「歷史必然性」的依據。他讚頌李自成、洪秀全，出自同一心理或需要。因此他創造了歷史的同時，創造了與馬恩並不一致的歷史理論。同樣的，鄧小平領導撥亂反正和改革開放，由他和他率領的中國大眾，也創造了歷史，書寫了新的一頁。

人們希望歷史以漸進的方式、在長治久安中不斷製造出更合理、更有效的權力制約，不斷創造出有利於民生改善、有利於文明發展的奇蹟，不希望歷史的鏈條以暴力的方式被突然打碎。當然，這僅僅是一種願望。歷史的進程具有或然性，也就是說，什麼都可能發生，包

括善良的人們最不願意看到的事情。換句話說，人們只能盡其可能地防患未然。

　　這個理論問題，還將繼續討論下去。討論的意義是重大的，因為中國的未來走向，必須弄清她的來路才能看清楚。所以我說，《荊州府誌》的校勘者，在這個問題上沒有因襲傳統觀點，在並未形成一致的學術意見的情況下，留下讓人們思考和探討的「空白」，實在是明智之舉。

思雨樓文史雜鈔（三〇六則）

一

　　物質形態的「質」，既是客觀的，又是主觀印象的描述，物理的
數學模型抽象。幾乎所有的物理概念都是可以量化描述的。比如水，
在零度以下為冰，一百度以上為汽，而水的沸點又隨海拔高度的上
升而「連續」下降。我們說原子是「質」的基本單位，可是再往裏面
看，這不同的「質」，又都可以用不同「量」的質子和電子來描述。
進一步來說，最複雜的生命現象也可以用基因的量來表達。因此，在
一個很長的時間軸上、在一個很大的空間內，我們很難說是更關心質
的變化，還是更關心量的表達和變化。

　　達爾文的進化論所遭遇的最大麻煩，是寒武紀的生命大爆炸現
象：從美洲、中國雲貴和海南發現的古生物化石表明，原本應該用幾
十億年完成的、從軟體動物到脊椎動物的進化，只用了兩百萬年！而
且幾乎所有現代動物物種的雛形，都在這個時期全部形成！儘管古生
物學家們各執一說，基因突變的事實卻毋庸置疑。那麼，進化論是否
應該宣告失敗呢？或者並不盡然——進化的過程也是存在的事實。而
且，兩百萬年的突變期，仍然是較人類文明社會（以五千年計）漫長
四千倍的一個過程。綜觀迄今已知的生命史、人類史，量變的平滑曲
線（連續函數）佔據了絕大部份；而突變不過是整個曲線上屈指可數
的「奇點」而已。

　　一般將物理變化視為漸變、量變，化學變化則視為激變、質變，
這其實並不準確，自然氧化是化學變化，卻是漸變、量變。彈簧拉
伸或壓縮，是物理變化，超過其彈性限度的臨界值，儘管沒有化學變
化，彈簧已不再是彈簧，僅是一截鋼絲而已。

　　人類社會的改良與暴力形態不同，實質皆為求變。前者為量變，
後者為突變。從保護人類文明成果和尊重人的生命權利出發，兩者權

衡，宜取其利；溫和的改良路線，利大於弊。經驗地看待全部歷史，這是大抵不錯的。

然而，進化論最終還是遇到了科學新發現的挑戰，那就是DNA不可能在宇宙近四百億年的整個生命週期內，靠幾種基本元素的偶然「碰撞」生成，即使以每秒一百萬億次的速率碰撞，每一次都準確無誤，四百億年遠遠不夠。超乎自然的神性力量，究竟是什麼？儘管他同樣不可能是耶和華或釋迦牟尼，但他是存在的。面對這個「終極」困惑，許多科學家選擇了皈依宗教。

我所關心的，是社會學意義上的漸進與激變。有學者認為（如林賢治），激變的合法性、合理性不應該被否定。理論上難以否定激變發生的可能性，激變也是人的權利所賦予的合理訴求。但必須注意到，社會激變應該是有苛刻條件的。在中國，龐大的遊民社會不可忽視地存在著的條件下，歷史業已證明，激變只會造成歷史大倒退，非但不可取，且要盡力避免；反過來說，不贊成激變，又絕非給巧取豪奪的統治者強化集權和實施暴力彈壓以口實。

二

關於胡適和魯迅的評價問題，最近學術界爭論得很激烈。我有個想法：從前做過的結論，無論對事對物，無論哲學、歷史、文藝，大抵都可以重新審視。文化專制主義既然幾乎「橫掃」過所有的角落，那裏必然會堆積著被視為垃圾的寶物、被踐踏的香花、被視為毒草的有益營養。反過來說，被奉為圭臬的，卻大可置疑。文化專制主義的一個顯著特徵，便是指鹿為馬。被神化的魯迅的那些方面，正是對魯迅的曲解、肢解，牽涉到魯迅的某種缺憾；而對胡適學術思想的批判，又或許否定了他思想學術的某些精華。

　　但我又以為，魯迅與胡適，無所謂誰高誰低。每一個人都是一個矛盾，偉人則是一個偉大的矛盾。記得胡適曾對友人說，魯迅本質上是我們的同道（大意），這有助於我們認識魯迅和今天的尊魯一派。有趣的是，絕大多數的尊魯人士，都是作家、文藝評論家和詩人，而不是學者。就我自己的體驗而言，若想還魯迅一個公允的評價，是要經歷思想痛苦的，文革殘留的陰影要剔除乾淨，並非易事。比較二公，不能忽視其天賦稟性、教育背景、現實的處境、學問方向的差異，這些，他們兩人既不可置換，也就不具可比性。將一個活生生的人，往被抽象出來的幾條乾巴巴的「自由主義」的筋骨搭建的框框裏硬套，似為不妥。張中曉說：「真理是矛盾的統一，而不是可以抓住不放的東西，是活的不是死的東西。」魯迅從進化論轉向階級論，主張激進的革命，他罵右翼人士的文章，便集中在這一時期。魯迅既認定了當時國民黨一黨專制的反動，在極端孤獨、孤立的情況下，他的周圍積聚了太多的左派。朋友、學生，有的遭迫害，有的遭殺害，使他幾乎陷入絕望。他不得不尋求新的出路。而在1935～1936年間，魯迅又經歷了一次痛苦的思想裂變，從「新營壘」殺了出來。他始終堅持著一個自由主義思想者的品格。到了晚年，魯迅的文化反思進入了更深的層次。他在給胡風、王冶秋的信中、在〈上海文藝界之一瞥〉中，多次論及「革命工頭」、「奴隸總管」，他發現了「專制性和奴隸性的統一」這一中國歷史文化的根本特徵，以及這一特徵的必然結果：中國人的精神被奴役、被扭曲。

　　研究魯迅，有兩點極為重要，往往被學者所忽略：一、他是悲觀主義者，曾多次承認自己內心的「黑暗」，只是不願對青年講而已。二、魯迅的主要功績，是為新文學奠基，他是小說家、文學史家；胡適是哲學家，成就主要在哲學、歷史方面，文學創作，用他自己的話說，「我都害羞」。魯迅在人性、國民性洞察的深度上，顯然為胡適所不及。

不用胭脂媚世人

北京革命歷史博物館「中堂」曾掛著一幅油畫，講述的是一個杜撰的故事：魯迅正起草電文，茅盾站在他身邊。茅盾看了後問：「這畫的是我嗎？我怎麼不知道有這回事？請你們把畫取下來。」

魯迅的孤獨、孤僻、陰鬱、偏激，源於他內心的「黑暗」。胡適是個相對的樂觀主義者。他相信世界總會一點一滴進步的。作為兩人心目中進步的標杆，日本要欺負中國，美國卻仍在支援著蔣政權統治的中國，致使他們倆一個悲觀、一個樂觀，相去更遠。

胡適認識、理解並欣賞現代資本主義政治體制，寄望「好人政府」，並不惜放棄自己自由批判者的角色，參與政事。我們不能因為胡適與政府的合作而置疑他的自由主義立場，因為這完全出於他的本心和政治哲學理想，而一旦發現政府的言行有悖他的信仰，他便無顧忌地將矛頭指向當局最高領導蔣介石。

歷史沒有劇本、歷史沒有終點、歷史沒有彼岸。現代資本主義的演進，同樣會是個或然性的變數。

魯迅卻不屑於與任何權力者合作。魯迅的參與左翼文化運動，以及其他帶有政治色彩的活動，客觀上是與在野的反對專制制度的政黨合作，主觀上卻沒有喪失與執政的權力者對立的立場——民間的、自由的、個人的批判者立場。而這恰恰是以社會文化批判為己任的自由主義知識份子的基本人格和做人原則。一旦實際控制「左聯」的「四條漢子」的言行，破滅了他對「革命」的幻想，有悖他的自由主義信仰，他便義無反顧地與之決裂。

從這個意義上來說，魯迅的自由知識份子的獨立人格，比之胡適，毫無遜色。

形象的打個比方，魯迅是自由主義的鬥士，胡適則是自由主義的紳士。

　　胡適曾談到魯迅的弱點，說他喜歡別人恭維、尊重他文學大師的地位。我以為，這是胡知魯不深之處，有失肯綮。魯迅自身所缺少的，乃是對現代資本主義社會制度設計的理性認知。

　　林賢治、錢理群、余杰都是尊魯的，尤其是林。這可能是因為他們自己的思想歷程、現實處境與魯迅較為類同的緣故。對尊魯人士抑或尊胡人士，都要寬容。在這兩位現代文化巨人誰更優秀上，作過許多糾纏，雙方都不過想借某種話頭說事而已。這毫無意義，對二位文化偉人都不公平。

三

　　義大利超現實主義畫家達利，是個像瘋子一樣思想和創作的人。他說，他與瘋子的唯一區別就是：「我不是瘋子。」

　　中國當代文學藝術需要達利一樣的瘋子。當代文藝的淺薄、浮躁、功利十足和遊戲化，違背了文藝的本質和純粹精神。這與中國傳統文化的缺陷有關：建立在倫理關係上的世俗文化，缺少終極關懷、缺少宗教精神、缺少懺悔精神。中國歷史上，「畸人」極為罕見，亦因這一文化缺陷所致。

四

　　王國維是贊同叔本華的。他認為，生活本身就是「欲」，欲先於人生而存在，而且永恆；一欲既償，他欲隨之。欲不得償，即為痛苦。人無不在痛苦中討生活。解脫痛苦之道，只有潛心美術。

　　我將《紅樓夢》視為天下第一大文學著作，正在於它是講人生之苦及解脫（或無法解脫）之道的「人情小說」（周汝昌大師說，魯迅是解讀《紅樓夢》的第一人，在他的《中國小說史略》裏，《紅樓

夢》被歸入「人情小說」）。「還玉（欲）僧人」，超然脫俗——只可惜曹雪芹生命悟出的濟世良方，現代人一點都不領情，依然沉湎於橫流的物欲，縱情享樂，彷彿世界末日已臨。其實把人類帶入末日的，只能是人類自己。任何高科技都是雙刃劍，都不能拯救人類；鑄造人的高貴與尊嚴，自律與寬容，才是人類唯一的出路。

王國維在盛年投昆明湖結束生命，與其說是因為現實的生存困境，不如說是他用生命向世人昭示其悲劇哲學。

五

何清漣的《現代化陷阱》關涉經濟，未及細細研讀，它的後記〈追尋學者生命的真諦〉，讀之再三，感慨不已。那是真學者激情的生命告白。如果說，陳寅恪的獨立之精神、自由之思想，以及將他的生命感悟化作學術思想，表明他是一位畸人，那是傳統文化下產生的罕見畸人；何清漣的生命感悟，則源自於她對國家命運的感悟、源自於她自己的傷痛、源自於對思想史上的失蹤者的祭奠，更具有胡風所謂的「主觀戰鬥性」。作者所引尼采之言，剛好適用於二位：陳寅恪將自己的富有（學富五車）化為哲學；何清漣將自己的傷痛化為哲學。陳帶著自由的慣性進入這個時代；何經由痛苦的反思作出了自己的選擇。

另一個介乎二者之間的長壽老人，是馬寅初、梁漱溟。這是四個經歷不同的學者，皆真學者也，他們都最終獲得了表達獨立精神的自由。

六

孫犁說：「作家宜散不宜聚。」此話乃箴言也。

聚，則易拉圈子、抬轎子，或勾心鬥角，爭名爭利；或相互攀比，以致心浮氣躁，個性也容易消解其中。散，則易於保持好的心態，至少可以眼不見、心不煩，如恩格斯言，藝術創作最需要的是絕對自由的思想空間、想像空間。偶有一聚，無非以文會友，從眾說紛紜當中，確認自己的獨特性和創造性，判斷一下自己是否已經不自覺的掉進了便捷的、慣性的，然而卻是「俗」的陷阱。這是就個體的創造性勞動而言，如果從事某種公益性的工作，或者商業性勞動，最佳的選擇，則如法國作家沙特所說，是加入一個同仁性質的小社團。

七

讀經不多，難成高僧；讀書不多，不算文人。

寫詩的只管念詩，做小說的只管看小說，教書的只管自己的那門教材，是時下的通病；須知，文史哲是不分家的。任何專業人士都要有文史哲的底子，越厚實越好。這樣才能定位自己的歷史座標，思路大開，心遊萬仞。看參賽歌手回答知識問題，連小學生都不如，實在是寒磣。自然科學工作者也要通文史哲，事實上許多科學家，比如數學家華羅庚、李國平，其文史功底，令十分之九的作家汗顏！更不用說科學史上的大師了。

書分三類，雜書、閒書、要用的書（本專業的書）。我主張多讀雜書。

書，又有有趣、有益、有用之分；喜讀不喜讀之分。不喜讀而非讀不可，出於功利的目的。喜讀的能暢快、悠閒讀之，人生極樂之事也。

還有一種書，讀了就能觸發靈感，浮想聯翩，產生寫作的衝動，這就是「觸媒」。找到自己的「觸媒作家」，是一件幸事。

我喜歡讀歷史、讀哲學、讀紅學曹學、讀自然史和考古、讀數學物理。讀這些不挑食。既然入了文學的門，不得不讀小說。讀小說也

就只限於十九世紀的法國、俄國作家,中國現代作家,二十世紀的意識流和荒誕派。讀小說卻是個嚴重偏食者。

八

　　二十世紀最偉大的科學發現,是相對論和量子力學。說它最偉大,是它對人類的思維,提出了最嚴峻的挑戰。在牛頓的機械論統馭人類數百年之後、在經典力學已經具有了類似理想主義的完美性之後,愛因斯坦和普朗克徹底瓦解了人類的習慣性思維,即使是當時頂尖級的科學家,也在他們的學說面前瞠目結舌。想要理解他們,人類必須戰勝自己的尊嚴和自負、戰勝自己的科學理想主義、戰勝自己的感覺器官和思維器官,越過「看不見、摸不著、想不通」的近乎神秘主義的屏障。

　　人類的頑固正在於,寧信其美,不信其真。殊不知,真、善、美,其實是很難統一的。真的東西,不一定美、善;美的東西,不一定真、善;善的東西,也不一定真、美。「信言不美,美言不信」,中國古代的老子懂得這個道理。在宏觀世界和微觀世界裏,真和美的統一被徹底顛覆!高速運動的飛船上,時鐘變慢、尺子變短;量子同時具有波、粒二象性,量子的速度和位置測不準,量子不可測量、不可複製,量子資訊的傳遞不需要時間和媒介,它彷彿上帝創造的一個最不守規矩、最無法無天的孫悟空,變幻莫測。人類從神的束縛下解放出來之後,如今似乎又要對上帝重新俯首稱臣,承認自己理解力乃至想像力的貧乏和蒼白,必須放棄自己完美主義的理念,必須在「真」的面前低頭,讚頌上帝之手的無比神奇!因此,與其說相對論和量子力學創建的功績是屬於科學的,不如說是屬於哲學和人類思想史的——人類實現了一次最偉大的思想跨越,對自身思維的認識上的跨越;換言之,當上帝之手創造的真,一旦比量子更加難以理解的時候,人類不會再那樣的驚恐、失落和沮喪,它會唯一地去選擇接受。

九

說人類起源於歐洲，是因為那裏發現了距今五至十萬年的猿人化石；上世紀初，北京周口店發現了「北京人」化石，距今四十萬年，便又認為人類起源於亞洲；後又說印巴、雲南、非洲之說。目前最早的猿人化石在肯雅被發現，距今四百至六百萬年。更奇妙的是，那裏有非人類的兩足直立的古猿化石，與人猿化石處於同一時期。這就是說，人只是當時兩足直立的、類似人類的諸多動物物種之一。為何僅僅人類的祖先存留了下來，而兩足古猿全部滅絕？答案是，大自然選擇了人類！就在那同一時期（八百萬年前左右），地球上曾又一次發生了基因突變，物種大增。人類祖先顯然是在適應性上具有更大的優勢。如此，關於人的誕生就完美地納入了動物物種進化的範疇。

人肯定還會變：一、宇宙、地球環境在變；二、有再度發生基因突變的可能。此二者皆不可預言，人的未來的「模樣」也就不可預言，也就是說，人的關於自己的美醜的觀念，同樣不可預言。這樣看來，假如依據進化論，人從哪裏來的問題，基本上可以解決；而人到哪裏去的問題，至今還是個未知數。進化論如果不成立，則兩個問題都還是懸案。

一〇

記得大陸歷史教科書說過，私有制的起源，是由於部落間的戰爭和掠奪。也就是說，戰爭是人類文明的催產劑。考古學家在秘魯卡塔爾古城的艱難發掘，似乎否定了這個觀點。

此城距海邊僅有20英哩，卻有糧食（穀物）、海貝、石灰等「泊來品」，是商品交換的見證。又偶然發現一隻竹籃，內有兩個月的

嬰兒骨骼，先疑為「活葬」，但鑒定表明，嬰兒沒有任何受傷害的跡象，應是死於疾病。其四周置有打磨精細的帶孔圓石，乃飾物，是關愛備至的證明。卡塔爾城文明初創於約五千年前，維繫了一千年的和平。這是以後的文明史上沒有過的奇蹟。

又，中國雲川交接處的中國母系部落，迄今未有過戰爭，但已經進入私有制社會。

歷史教科書問題多多。學者們為了遷就歷史的「一般規律」，往往「遺漏」史實，甚至不惜歪曲、篡改史實。澄清歷史迷霧，是歷史學的首要任務。許多歷史學者已經意識到這一點並且開始在做了。

——

講文學，不妨從數學開講，煞一煞那些目空一切的詩人們的傲氣和半吊子作家的自命不凡。講集合初步，畢達哥拉斯派的驚恐、歐幾里德和黎曼幾何，無理數的不可數和有理數的稠密性，一一對應原理，以此來說明凡人的邏輯思維能力和想像力，是多麼有限！理性的偉大高於詩人的浪漫，詩人治政是多麼危險和具有破壞性！愛因斯坦儘管把文學藝術對人類的貢獻排在第一位，那是因為，他一直因著他為原子彈發明所做過的工作而感到自責和悔恨；是因為二十世紀思想界的混亂；是因為他深知科學技術具有雙刃劍的屬性。只要讀讀他的文集的第三部，你就會明白，這位偉大的科學家，同時也是位偉大的人文學者，他對人類的命運終生滿懷著憂慮、不安和熱切的期待。

和經典文藝家相較，當代文藝家是最沒有資格自負的人群。

可以從數的無限性進入，開始提問：自然數N（1，2，3，……）和偶數A（2，4，6……），誰更多？或者提一道最簡單的代數題：證明「自然數無限」。

一二

法國號稱有三個聖地。巴黎，是世俗文化的代表；坎城，時尚文化的代表；普羅旺斯則是高貴文化的代表，它自然風光的優美，令無數藝術天才為之傾倒，梵谷讓這裏的向日葵成了世上最昂貴的花朵，塞尚用畢生的激情與才華來讚美這裏的一座小山……。富得「流油」的英國足球明星貝克漢姆這在裏置業，引發了普羅旺斯精神貴族們的憤怒和鄙視，他們從內心裏並不接納這位沒有文化的不速之客。

然而在今天，文化又豈是金錢的對手？

一三

現代娛樂業猶如一條美麗的管子，兩頭連接著欲望。一頭是世俗社會縱欲的紅唇，一頭是商人的饕餮大嘴。欲望互動著，呼呼吸吸，這管子便如同琴弦，演奏出時尚與流行的聒噪！

打開電視、翻開報紙，以娛樂文化為代表的流行文化無時不在刺激著你的神經。好多人樂在其中，渾然不知其害。

法國人為抵制美國好萊塢暴力色情「大片」，一直努力不懈，新加坡和臺灣也曾拒絕進口。好萊塢文化是典型的用金錢堆積的娛樂商業文化，不知死活的中國電影人還在欣羨不已，鼓吹「高投入，高回報」！

美國學者Jamuson，把後現代的起始定在1960年左右。以電視、電腦為代表的高科技文化載體，改變了人們的文化觀。文化從高級的欣賞，走向低級的消費；由個體勞作，走向大規模工業生產；由原創，走向複製。文化作為商品，它具有兩重性，其價值越來越低廉，其使用價值越來越世俗化、低俗化、娛樂化、遊戲化。

非常不幸的是，後現代文化已經強行進入了前現代社會的中國。國人似乎措手不及，或毫無防範，或視而不見。

正像暴力攻擊人的怯弱、金錢攻擊人的私欲，權力加上金錢聯手炮製的流行文化，攻擊的正是人性的軟肋，它將人的崇高、自尊、自律洗劫一空。它裹著關愛人自身的溫情的外衣，實則讓人越來越短視、自私、玩世，社會責任感被消解殆盡。正所謂「商女不知亡國恨，隔牆猶唱後庭花」！

正當中國媒體（包括主流媒體）展開一輪又一輪流行文化競爭的時候，韓國有識之士卻在大聲呼籲：讓經典文化和精英文化重新啟動，遏制和沖淡導致人類走向腐化和墮落的流行文化。真不知中國文化人聽了作何感想！

一四

電腦給人許許多多的啟示和遐想。

電腦的實質，是用千百人的大量勞動，替代一個人的勞動，讓你只需在滑鼠的點擊之間，完成你原來根本無法完成的工作量。IBM的軟碟，可以裝下整部《紅樓夢》，也就是說，1MB大小容量的軟體，編撰有相當於上百萬漢字的電腦運行「指令」，只不過它所使用的語言，不是漢文學語言，而是電腦專家們事前約定的電腦語言。著名的軟體Photoshop，容量達到幾百MB，想像一下，那是多麼巨大的工作量！每念及此，不由得對程式工程師肅然起敬。

比爾‧蓋茨創造了IT時代的財富神話，更創造了領導巨大的團隊協同工作，開發巨型軟體的神話。Windows XP高達1.5GB（1500MB），集中了上萬人數年的智力勞動。

電腦的聰明，其實是人類的聰明。有一天國際象棋大師輸給了電腦，不必奇怪，那是因為他一個人的智慧，抵不過千百人的智慧預先設計的上萬種作戰方案。

電腦往往顯得很機械，必須按操作規程辦事，否則它便不聽指揮。這是因為電腦和你都必須遵守事先擬定的「契約」，就像現代社會，實際上是個契約社會，不允許人們各行其是。

電腦更神奇之處，是它具有不少潛在的功能，超越了軟體發展者預期的設計目標。這就是為什麼微軟會重金懸賞，請用戶去發現Office的更多、更高級的技巧。這很像人的大腦細胞，被開發到足夠高的智力時，會激發出意想不到的靈感、創造出美妙的思想奇觀。

電腦正處在飛速發展的關頭，人類正在研製奈米級的晶片。這是通向奈米機器人的第一步。據說，奈米機器人可以自我複製。它與基因工程中的克隆技術，並稱二十一世紀的尖端科技。

然而，在地球上的核子危機、環境危機、能源危機不僅沒有緩解反而加劇的時候；在地球人的欲望膨脹快過自律意識的提高和物質財富增長的時候，真不知道是應該張臂歡呼科技的勝利捷報，還是應該趕緊「叫停」？

資訊時代的降臨，很快就將使地球變成一個村落。地球的命運已經成為全人類共同的命運。很遺憾的是，人們的「世界公民」意識還非常淡薄。有人計算過，美國婦女一年的美容消費，能讓整個第三世界的窮人脫貧（當然，美國男人們的「偉哥」消費也不甘落後，達到每年十億美元），可是有誰能讓她們一年不用化妝品呢？同樣的，全球一年的軍費，足以讓許多的窮國過上中等發達國家的生活，你能叫軍備競賽停下來麼？

有生命的地球，是宇宙的一個（很可能是唯一的一個）偶然的奇蹟。人類對地球的肆意掠奪，已經讓它不堪重負。上帝（大自然）對

人類發出了一次次警告。當上帝忍無可忍的時候，它會說：一切重新來過！

二十一世紀，人類站在生死攸關的十字路口。

一五

網際網路是個好東西，與國際接軌，讀書人恐怕只有靠它了。拙作雜抄在《人文荊州》連載後，友人便發來電子郵件，予以鼓勵。當然也有以電話信件聯絡的傳統方式，畢竟花錢、花時間。舊雨新知的溢美之詞，是叫我寫下去的的鞭策。自己幾斤幾兩，心知肚明。這些隻言片語的東西，是平日觀察、讀書、思考隨手寫下的，拿出來示人，已經屬厚臉皮了。自題小詩一首，以謝友好，不成格律，不過打油耳：「思雨樓頭秋月寒，一斟一吟度殘年。醉臥繩床心未死，詩上破紙氣如劍。莫道山林無半畝，打開屏窗是大千。鬼神唱徹網際網，情潮逐浪拍九天。」

一六

一個歷史時期（比如中國反右、文革時期）的社會道德全面淪喪，歸咎於政治道德的淪喪。政治誣陷和政治迫害就是兩把刀子，上上下下的國人，個個耍得爐火純青。這種刀子，吃人不吐骨頭、喝血不聞聲音。無論防身自保、克敵制勝，就數它的風險最小、成本最低。即使是在文革時期，使用生活作風、經濟問題的刀子整人，都還或多或少要一點證據，而耍政治刀子，不需任何證據，捕風捉影甚至無中生有的一句話的「揭發」，就能立馬奏效。在這種你死我活的殘酷鬥爭面前，所有道德的華袍都被撕爛，只要眼一閉、牙一咬，魅了良心。只要看看那一整部鬥爭史，傻子都會明白。而人的良知一旦拿

去做過政治抵押，要麼背負終生的十字架，要麼再做什麼樣的缺德
事，也都不覺得過份了。

一七

我對某歌星並無惡感，也談不上好感。一則不瞭解她的人品，二
則無意去考察她的身世與背景。拿她來說事，是她顯然乃今日歌壇之
大姐大，每有盛會，或開場或壓軸，非她莫屬，且一路唱到了維也納
金色大廳。比她聲音甜的、比她音域寬的、比她善於做演唱處理的，
比比皆是。她的走紅，無疑因為主流文化的認同。整個民族唱法，都
可以看成典型的主流藝術。歌詞空泛，言之無物；語言蒼白，味同嚼
蠟；宏大敘事，大而無當。總之是難逃「假大空」的樊籬。不僅嚴重
脫離了生活，也脫離了民族、民間文化的根系。音樂也毫無特色，表
演陳俗老套。加上一位權威教師爺的調教，所有民族歌手，早已是千
人一面、千口一張。連中國民族唱法曾有過的那一點個性化嗓音、地
方色彩和泥土氣息（如郭蘭英），如今也已難得聽聞了。

田震卻正好相反。歌迷喜歡她，是喜歡她的歌，《乾杯朋友》或
者《執著》。頗有「豈無山歌與村笛？嘔啞嘲哳難為聽。今夜聞君琵
琶語，如聽仙樂耳暫明」的意味。當然，要流行歌手去表現多麼深厚
的思想內容，也不現實，多少有些人生詠歎的真實感，也就夠了。她
的聲音、吐字，是她自己的，就像鄧麗君，任何人模仿不來。而喜歡
某大姐大的，審美意趣可能已經不屬於歌唱範疇。總之，田震是個性
的、另類的，從歌詞到音樂到表演都是。

一八

據說，希臘人是沒有墓誌銘的。一個人死了，人們只會相互詢問：「這個人，他（她）愛過嗎？」

真是個愛情至上的民族。

中國人的墓誌銘太複雜了。唯其複雜，難免虛假與誇飾。臧否人物，難得中肯。蓋因時勢之因素，過於強大。魯迅先生說過，看歷史人物，愈近愈小，愈遠愈大。我以為，相反的情況也是有的，看另一些歷史人物，愈近愈大，愈遠愈小。

一九

關於人生的意義，愛因斯坦給出肯定的回答，具有唯物主義的性質，即被迫的性質。如果他不承認人生有意義，「他不僅是不幸得很，而且也難以適應生活。」邏輯學上的更進一步推論非常完美：人能感知快樂，更能感知痛苦；不選擇生，便只能選擇苟活與死亡。

愛因斯坦雖然承認人生的意義，又不回答人類生命的具體意義。他信科學，不信宗教。所以他只說有，不說「有」是什麼。這本身就頗有玄學意味、老莊意味。

我猜測，也許他想，具體回答這個問題很困難，作為頂尖級的科學家，他回答不了世界的許多本源問題，人類生命意義正是本源問題鏈上的一環。他既不想死，也不願意苟活，他選擇生，所以必須肯定生之意義。他承認世界的物質性、承認它有自身的運動規律，當人類的認識尚處於相對蒙昧的階段，他只能說有，說不出終極規律的具體內容。

　　宇宙是生生滅滅的震盪過程，地球和生命（包括生物和人類）是其中的一個段落、一節華彩樂章、一個偶然的奇蹟。既然是自然過程，有開頭就有結尾，大幕終會落下。再精彩的樂章，不會無休止的演奏下去。這太富有戲劇性、太令人激動不安，對於唯一有思想的痛苦感知的生命群體──人類，這太悲劇了！愛因斯坦怎麼忍心說破？既生我，何滅我？生我、滅我者誰？什麼時候人類群體會謝幕？如果一時回答不了，那麼就一時不要說破。宗教顯然不同，它也是一種世界觀，它卻敢於給出回答。宗教給出的回答是彼岸，不是此岸。自然科學家的老愛先生對宗教的回答不滿意，因此便不認同。

二○

　　讀謝泳、林賢治，不妨參看前蘇聯音樂家蕭斯塔科維奇的回憶錄《見證》，兩者異曲同工。蕭氏的文風，多了有趣的細節和辛辣的諷刺，更像是文學作品。謝泳不動聲色，冷靜敘事，情感沉鬱；林文則有憂憤的詩情，一種悲壯的宗教情懷。二人在魯迅問題上的對立情緒，令我痛心。林在《一個人的愛與死》序言中說，上海一位評論家說他是魯迅的「凡是派」，他愧不敢當；此說用到謝身上，那豈不就是胡適的「凡是派」麼？而真正的徹底自由主義的學者，不應該是任何人物的「凡是派」，除了上帝。

二一

　　東西方文化、東西方文明之間顯著的差異性，從哪兒開始走向分化？原因何在？顧准的研究，可謂追根尋源。古希臘羅馬文明的創建，為歐洲文明之發脈，世所公認。顧准對比研究希臘城邦制的形成與中國商朝到周朝的歷史轉型。商業文化與史官文化的分野，始於封

建社會的開端。其緣由是海洋地理與內陸地理、藍色文明與黃色文明、開放體系與封閉體系的差異。他有一個重要的結論：中國文化缺乏追根尋源的理性精神，因而從來形成不了哲學體系、科學體系，包括藝術理論體系。中國文化崇尚感性、感覺、感悟，關注實用性、功利性，恰恰缺少以客觀為依據的「格物」精神。這就給了史官文化「訓教」為主體的所謂系統，以拓展其服務於統治者的極大可能、極大空間。中國其實沒有產生真正意義上的宗教。佛教的引入為時過晚（漢魏時期），遠不如儒家學說強大，很快就蛻變成世俗的宗教活動而失去了精神意義。宗教精神的匱乏，導致其正面作用微弱，理性和本體論追求缺失依舊。中國哲學由此一分為三：調整和平衡社會人際關係（主要是統治者與被統治者的關係，引申至社會和家庭倫理關係，實質上是偶像崇拜）的儒家（孔孟）；用逃避現實來獲取精神自由的道家（老莊）；鼓吹臣服的奴才哲學法家（韓非）。

二二

真善美的同一性，乃是唯理主義的哲學根源。

真不等於善，或者說真涵蓋善，或者說真中有善也有惡。真不等於美，或者說真是美、醜的對立同一（這是經驗的，在此岸世界看得非常分明）。同樣的，善不等於美，不等於完美，美是善的極致；在藝術上，非善也可以產生美（醜的美或美的醜）。

一切分歧的源頭就在這裏：對人，對人的社會、人的經濟、人的文化的看法，是經驗的，還是唯理的？

經驗的看法，真而不善，真而不美（老子曰：「信言不美，美言不信」）。經驗是尊重客觀存在的經驗，是唯物的，它否認彼岸，也否認終極目的（但並不否定捍衛和追索其哲學主張的宗教精神）。它不予世界和人以完美的、徹底的解答，不重視理想主義。它是唯物

的，卻又極可能因持有「不可徹底知論」，而被批評、誤解為唯心主義。列寧就曾譏笑它是「羞羞答答的不可知論」。

唯理的看法：真就是善。終極目的、終極真理必然是善。（經驗主義則認為，沒有終極真理，只有逐步走向真理，逐步走向善，即如胡適所說的，點點滴滴的進步，且進步的概率＝進步／進步＋退步＝50%）。

黑格爾思辨中「真善一致」的唯理主義，實質是理想主義。理想如果是神性的、是彼岸，唯理主義則極易走向唯意志論，走向主觀唯心主義。它們把彼岸世界的存在視作哲學前提。其實質是出自一種先於經驗的理念、一種先驗的「道」，顯然陷入了迷信主觀神性的泥淖。這一種主觀願望，具有極其美麗的哲學外衣，如美麗的女人，誘惑別人也誘惑自己。但請注意，此女是仙女，只在天上，不在人間。一旦仙女下凡來到人間，在世俗世界的人們眼裏，無疑便成了蒲松齡筆下的美麗鬼魅。

二三

用兩天時間，斷斷續續，下載的兩個影印脂評本——甲戌本、庚辰本。後者有兩千餘頁，是件極為辛苦的事情，但想到能一睹早期抄本的真面目，想到這個本子的珍貴，便來了幹勁。僅是在下載的過程中順便流覽了一下，感覺真是完全不同！好像回到了兩百年前，回到了那個出版技術落後卻又充滿了農業時代的悠閒、安寧、崇尚讀書的時代，一個文化氣息濃郁的時代，這種氣息是我童年時代十分熟悉的。能在浮躁的、激烈動盪的、充滿物欲刺激的年月，重新品味這種氣息，是多麼奢侈的享受！

弄清曹雪芹的身世和脂評本的源流，我這才進入紅學之門。周汝昌先生的《曹雪芹小傳》，讓我對作者的寫作動機，和他的哲學思想

（包括人性觀）有了全新的認識，回答了縈繞在心頭很久的疑問。我自認是有做學問的天賦的，這主要是在邏輯能力之外，具有一種不可或缺的敏感和靈性。這恰恰是周先生所一再強調的所謂稟賦。

近兩天，一邊讀《小傳》，一邊讀甲戌本，靈感泉湧，很快就形成了兩篇大文章的構思：一、釋讀《紅樓夢》的鳳頭——第二回；二、曹雪芹的哲學思想與《紅樓夢》寫作動機初探。零零星星的札記則還做了許多，似乎都是發前人所未發（我見得不多，故有此感覺）。總之是讀出了味道，讀出了心得。研讀《紅樓夢》完全應該也完全可以作為我晚年的精神生活之一。

我的研讀應立足文本，堅持周先生開創的學問方向，將文學性、思想性，文學的動機，作家的創作過程，文學審美結合起來；將宏觀與微觀結合起來；將曹雪芹的文本與脂硯齋的評語結合起來。

我的另一個優勢是，我具有創作的切身體驗，明白創作者的心理過程。

我精神生活的第二個方面，是寫一點性情之作，小說、散文隨筆、思想雜感，不管屬於什麼「主義」，不拘一格，「為所欲為」。

要讀書，要思考，讀書便是一種思考，寫作也是一種思考。「以學養思，精思入神」，出神而入化，思考是要在前人的基礎上深入的，讀書就是文化的繼承。

二四

讀《與魔鬼下棋》。我對自己疏離主流文壇二十年，不僅不後悔，還很慶幸。

賈平凹的《廢都》，寫了一群沒有腦子的女人，個個窈窕風騷（其美貌皆出自《閒情偶寄》），拜倒在才氣縱橫、性功能強大無比的莊之蝶腳下，莊則召之即來、揮之即去。女人們從不與他糾纏。而

性花樣則又來自《金瓶梅》。十足的男權主義。一個男權主義者兼性無能者的性幻想。池莉的《看麥娘》同樣糟糕，企圖用敘述方式文學化的表像，掩蓋生活的貧乏與編造的拙劣，將一個短篇硬拉成幾萬字，東扯葫蘆西扯瓢，把那點可憐的、道聽塗說的、一知半解的「知識」或偽知識，一股腦兒往裏面摻和；語法邏輯不通的句子、錯別字，竟有百五十餘處！有學生硬塞給我看，我幾次翻了翻，都沒能讀下去。池莉近些年小說的俗，算是庸俗到頭了，連直面社會、直面人生的勇氣、甚至念頭都沒有。這個僅念過初中、從沔陽走出來的小護士，把文壇攪得如同她的作品，「一鍋熱汽騰騰的濫粥」（書中一篇文章標題）。上刊物、出書，錯誤一仍其舊，比盜版書還不如。我想，她的稿子草成後根本沒改過，用電子郵件發往編輯部，編輯、主編根本也沒細看、沒編過，出版社也一樣。經過那麼多評論家、評審團的「法眼」，一路過關，居然得了什麼什麼大獎。王安憶輕看了張愛玲，她竟不知道自身的才情，何能望張之項背；思想境界、文學觀念的差距，又何以道里計！其所缺者，恰恰是文學的靈魂。沒有生命和情感的投入，沒有濟世情懷，人文精神蒼白，作品絕對不可能入流。「白頭宮女說玄宗」，是抬舉她了。宮怨詩，難得的正是有生命、有靈魂。一個初中文化底子的女生，拿了她的那點家世，顛來倒去，嘮嘮叨叨，怎能不讓人打瞌睡。小說《長恨歌》，胡亂編造，對人物及其命運，如隔岸觀火一般冷漠，也居然得了茅盾文學獎，令人百思不得其解。

想想也不奇怪，既然教育、醫療、新聞中人的精神淪落，已是路人皆知，作家又豈能獨善其身，出污泥而不染？體制內的作家、編輯、評論家、刊物，自是難逃厄運。難怪人文學者對今日文壇不屑一顧。

二五

二十世紀最偉大的科學家，一個是愛因斯坦，一個是普朗克。

普朗克是科學巨人，卻又是哲學矮子。1900年他四十三歲時才敢於發表他的量子論。他的自我懷疑和猶豫不決，不是源自通常的所謂保守，而是他發現，他的量子論將導致物理學的一場深刻革命，這場革命又將摧毀他心中古典物理的完美。一種可以稱之為科學完美主義的理念，將他阻擋在在「地獄」（科學）的門口。

余應之〈華山圖序〉云：「吾師心，心師目，目師華山。」直譯為：我遵從我的感覺，感覺遵從我的眼睛，眼睛遵從它面前的華山。

華山背後，便是「實在世界」。「實在世界」是普朗克的物理哲學範疇，華山則是普朗克的物理圖像世界。華山是它背後的大千世界——「實在世界」的一部份，冰山一角。華山是實證的、可知的、經驗的；大千世界是神秘的、神性的、不可知的（無窮的局部可知的總合）。華山是可測量、可感知、可描摹、可開發、可改造的；大千世界卻是絕對規律、最一般規律、終極規律所涵蓋、所制約、所闡釋的。這就是普朗克從德意志傳統哲學獲得的信念。他迷信絕對、固守完美。他原本是華山絕妙的描摹高手，卻因為戴上了守護大千世界絕對真理的唯理主義哲學的枷鎖，而裹足不前！

普朗克的天才的最大敵人，是他的哲學，即所謂的「德意志之魂」。

人類史上的兩次災難——兩次世界大戰，都由德國挑起，最暴力的革命學說，也自德國產生，這不能不叫人認為，「德意志之魂」是人類近現代最劇烈的思想毒品。

二六

哲學的自然科學資源，最簡單的，是數學的一些基本公設、基本事實或概念。

比如「無窮大」，它存在，又不存在。存在，作為數列極限、作為沒有終結的終結。不存在，也正因為它的無窮性：任何充分大的自然數，只要加上「一」，就更接近無窮大。無窮大總處於變動之中。它的存在與不存在，都只在運動中得以體現。

這種易於理解和體察的經驗，與真理的相對性和絕對性，很可以類比。

無窮小，稍為難理解一些。數列1/n，隨自然數n的增大而遞減，它的極限，是無窮小，表述為「零」。零好像是具體的存在（就像整數的零一樣），但卻並非整數零。作為極限的零，無窮小只能逼近它，卻永遠不可能到達它；它的終極意味，就像是玄而又玄的「無」。而處在不斷運動中（遞減中）的無窮小，永遠是一個個具體的「有」。因此，作為這「有」的極限的「無」，又是非經驗的，是不存在的。

誰都知道歐幾里德幾何學的第五公設：過直線外的一點，可以而且只能作一條直線與之平行。但不僅是歐幾里德自己，一千多年來，無數智慧超群的數學家都無法證明它。它似乎既是經驗的，又是超越經驗的「絕對真理」！「非歐幾何」從與之截然相反的思路立論，它的誕生，卻證明了前者（歐氏幾何）是唯理的、主觀的、非經驗的。

十分有趣的是，非歐公設，初看起來好像是唯理的、純思維的、非經驗的，最後在愛因斯坦的廣義相對論空間中，證明它才是經驗的、科學的（經驗的歸納）！更重要的是，它推翻了一系列絕對的概念：質量、速度、時間、空間、能量，一切都是相對的，一切都是變數。

這真是難以理解、難以描述的事實。那麼，是讓人的思維衝破舊「經驗」（其實是非經驗）和想像力的限度，去適應新的、難以言喻的經驗？還是抱殘守缺，恪守傳統的、經典的、看似完美與絕對的「真理」？人，包括人的思維與想像力，相對無限的自然，永遠處於滯後與弱勢。任何人不可能是「上帝」，不可能全知全能，不可能宣稱自己找到了終極規律（絕對真理）。宇宙本體的存在即是「上帝」。這「上帝」可知，又不可知。

二七

一位青年時期就有戲劇文學建樹的老人，八十歲的時候，還要把自己寫「回憶錄」的時間往後許，許到九十歲開始。恐怕不僅自己想要再苟活十年，還在為兒女子孫計量。結果，沒有等到他認為合適的時候就死去了。

思想者最愛用「特立獨行」四字，意味何其深長。獨行，可作孤家寡人解，沒有家庭兒女的羈絆，精神上、經濟上不依附於人；特立，怪誕，與眾不同，極為稀罕難得之謂也。好死不如賴活者，芸芸眾生；「生當作人傑，死亦為鬼雄」者，鳳毛麟角。國人的生命觀往往是消極的。鼓勵積極進取、敢作敢為，也每每僅限於經濟仕宦之途，與學術精神與思想不搭界的。此與魏晉之風，亦相去甚遠矣。

二八

魯迅、周作人的「兄弟失和」，錢理群先生說僅僅出於誤會，沒有政見分歧。此論失之簡單，材料與結論似也不符。後來聽孔慶東在「央視」的演講，亦屬淺嘗輒止。

從1906年周氏兩兄弟雙雙赴日留學，形影不離至1923年，這是個漫長的「相守」。可以說兩人在共築一個「理想國」，即「薔薇色的夢」（作人語）。由於性格差異大，又有一個日本女子捲入，魯迅的努力本來就是勉為其難。他說過：「孩子在一旁大哭而還能若無其事專心看書，在我是做不到的」。不能說這一時期兩人都在努力維持著人世間的理想國，就真是事實上的理想國。

事情似乎是突發的。羽太信子的癔病發作，次日，作人寫信給「魯迅先生」，要他從此不要再到這邊的院子來，表示絕交。若羽太信子只是像平日一樣給丈夫講些大伯子的壞話，作人不會斷然下此決心，此次信子必是講的很重、很出格。魯迅並不知情，想邀作人過來談，他不來；可見這話他很難講得出口。以魯迅的聰明，應該能猜出八九分。魯迅決定搬出八道灣，這是一個對等的嚴重舉措。事後魯迅寫了小說〈兄弟〉，可以作為他的理想國幻滅和反思的證明。兩人都經歷了幻滅的痛苦。因此，這是一起嚴重的思想事件！

魯迅不平凡的戰士人生、周作人不平凡的沖淡人生，由此分道揚鑣。魯迅繼續著不可為而為之的入世態度，周作人選擇了不可為而不為的世俗生活，委曲求全。其時，《胡適文存》、《獨秀文存》遭軍閥政權查禁，兩人的思想情緒皆跌入低谷：周作人說：「愚蠢的國民對吶喊的無動於衷」；魯迅則寫了「寄意寒星荃不察」的詩句。兄弟失和事件發生在這樣的背景下，其發展之速也就不是不可理解的了。思想和性格差異嚴重的兩個人，是不可能共生於一個理想國的，羽太信子不過充當了長期積鬱的火藥桶的一根引信罷了。

二九

胡適的《丁文江傳》是一本好書。

　　丁文江，這個三十年代天才的地質學家，同時也是一位自由思想者和哲學家。他給後世留下了許多思想資源。比如，他與張君勱的論戰（「玄學與科學」），與今人徐友漁談轎車文明的觀點，如出一轍。他曾指出十九世紀中葉馬克思沒能見到的三個「歷史事實」。他如實記錄了在蘇俄的見聞和感受，不迴避他之所喜和所惡，他在激烈抨擊蘇俄現政的同時，又表示希望蘇俄的「大試驗」成功。胡適分析他的這段講述，說是有三個矛盾，有失肯綮。胡適羞於承認丁文江是一個真正的人。這種人的特質就是，既具有宗教精神，又具有敢於否定宗教教義的理性的清醒。國難當頭，他義無反顧的入世態度更令人欽佩。列舉中國自魯迅以降仍在進掘的大腦，假如遺忘丁文江，是不公平的，而且丁文江原是魯迅的同時代人。

　　傅斯年曾給予他極高的評價，並對其從軍動機有別致的描述。至於胡適所說，丁在孫傳芳軍中作幕、出任淞滬總辦之事，純係站在當時國民黨（赤軍）的立場發表的意見。在我看來，沒有這個故事，丁文江反而不是丁文江了。五四以降的歷史人物，可甄別的甚多。這是思想資源極為豐富的時期，尤其有了丁文江。

三〇

　　依照鄧遂夫，整理出「紅樓夢版本源流圖」。現存脂硯齋評注本，皆出於三大源本，一、脂硯齋甲戌抄評自藏本；二、畸笏叟甲戌依照雪芹手稿（有脂硯的評注）抄藏本，抄寫時作了刪節；雪芹死後，他對此本又做了整理、補充——此即立軒松本的前身。三、曹雪芹的甲戌手稿，在生前做了幾次修訂，丙子年，畸笏叟抄正一次，己卯、庚辰，雪芹依此本再次修訂。

　　也就是說，曹雪芹生前，僅己卯本借給怡親王府抄過一份。雪芹死後，除了他的手稿，畸笏叟手裏有三份八十回抄正稿——庚辰本、脂

硯齋甲戌自藏本、畸笏叟自己的甲戌抄本。在他手裏，借出庚辰本一次；另一工作，就是整理出補改本。而現今存世的甲戌本，情況最複雜，迷霧最多，它的價值在於，是以甲戌本做的底本，而這個最古老的真本的影子，只能從它裏面窺見了。

且就鄧遂夫與周汝昌在脂評「甲午八月淚筆」中之「甲午」是否為「甲申」的筆誤（抄書人手誤？脂硯齋記憶有誤？），以及由此引起的一系列分歧，記下隨筆：一、雪芹的卒年紀年「壬午」，脂硯是否記憶有誤？還是敦敏詩集編年有誤？二、如果「甲午」無誤，脂硯齋不是比雪芹多活一兩年，而是晚死十年，遂夫關於脂本在脂硯死後的所有推斷皆不能成立。於是，本來已經近乎完美的版本源流的解釋，盡付東流，留下的還是一團亂麻。以此反推，是不是可以懷疑周先生錯了？周先生是《四松堂集》的發現者，對它情有獨鍾，認定敦敏敦誠不會出錯，而寧可懷疑脂硯有錯，這是不是有點主從顛倒之嫌呢？

三一

習慣於肯定或否定的兩極判斷，這種幼兒化、懶漢化的思維，已經成了多數國人的思維定勢，積澱為國民的心理特徵。今天的付出，意味著明天的收穫；不勞動者不得食。是不是這樣呢？今天的付出，明天也許有收穫，也許沒有收穫，也許只有一點收穫，遠不能與付出相比；也許中了六合彩，僅是一點點付出，收穫就令周圍的人跌破眼鏡，親朋好友反目成仇，隔壁的二麻子還動了殺機。同樣的，不勞動者錦衣玉食，擁有私人遊艇、豪華別墅，一點不奇怪。按資分配，連大陸也承認合法了。更何況有多少人呱呱墜地的時候，就已經是億萬身家！中小學生事實上也不相信教科書或老師的說教了。主流意識形態卻長期奉行非A即B、非黑即白的邏輯。早在上世紀五十年代，北京大學女學生林昭就對此作了批判：「『非此即彼』是一種反辯證法的

思想方法：無論什麼事，好就是絕對的好，壞就是絕對的壞，沒有中間狀態。」恩格斯倒是比較尊重對於客觀事實的感受，他說：「除了『非此即彼』，辯證法又在適當的地方承認『亦此亦彼』，一切差異都在中間階段融合，一切對立都經過中間環節互相過渡。」

對人和事物的描述也是一樣，哪能只用黑白兩色呢？拿最簡單的經驗來說，拍一張黑白照片，灰色（即非百分之百的黑或百分之百的白）的部份佔了多少！簡單化、絕對化的極致，把人性抽象成階級性，把人符號化：分成黑五類、紅五類，並須配戴標記，以此作為革命對象、革命動力的分屬。億萬人因此遭受了非人的對待，更多人則在心理上受到壓抑和摧殘。遇羅克站出來說了一番極其有限的真話，說看一個人不能這麼簡單，竟為此付出了生命。上世紀七十年代末，文學解凍，為主張描寫「不好不壞、亦好亦壞、中不溜兒的芸芸眾生」的「中間人物論」和人性論的正名，竟那樣艱難；而它的提出者巴人、趙樹理、邵荃麟，都已經做了「常識」的犧牲。一個為了普及宣傳甚至僅僅只是說出「常識」，就要以付出生命和自由為代價的時期、一個沒有言論自由的時期、一個抹煞中間地帶的黑白時期，就是極權專制時期。

三二

人類的三大精神：求真、求知、求愛，也就是宗教（哲學）精神、科學精神、人道精神。早在上世紀二十、三十年代，就有人提出，為什麼資本主義在西方新理教地區首先興起，而在其他宗教地區，尤其中國、印度卻不能興起？為什麼現代資本主義越發展，就越背離人類三大精神中的兩個，即宗教精神和仁愛精神？（這種說法，我還不能完全苟同；我以為，只有第三世界國家在資本原始積累的階段，會發生整體或群體道德墮落。試看美國今日的公益事業，方興未

艾。捐贈事業、慈善事業，越是發達的資本主義國家，越是紅火。絕大多數的富豪，從洛克菲勒到比爾蓋茲，留給家人的遺產，在百分之十以下，而主要用於兩項：購房和教育，相當於啟動投資。在美國，參與社會捐贈事業的人數，成年人都達到半數以上，青年人則達四成以上。）進而有當代學者提出，資本主義是不是人類社會最終的理想的制度？（我以為，歷史沒有終點。但這樣的設問過於簡單。不管社會的經濟制度將如何演進，比如，國家資本在關乎國計民生的重要領域的比例將有所提高；國家宏觀調控的能力增強，社會福利事業更趨完善等等；現行的民主政治制度，乃是人類文明的精華、人類政治智慧迄今的最高結晶，它將會長期維繫下去，直到人類有更高的智慧來突破它、發展它；事實上，現代政治學還在發展，比如其中的社會民主主義政治學，提出三個原則：私有制；從三權分立進步到四權分立，即新聞輿論監督權還歸民間；構建福利社會。最後一個原則，明顯是對社會主義學說的吸納。）科學精神為什麼與另外兩個精神相互排斥？是制度原因，還是文化原因？是精神衝突？還是人性衝突？提出這個問題本身就是有益的。現代哲學的重心有一種內斂的傾向，即向著關心人和人類收縮、彙聚、回歸；甚至對宇宙、地球的關心，其出發點和歸宿，也是人類自身。這一回歸，使得哲學能在某一點（人和人類）上統一起來，有了整合哲學史、思想史資源的意義，有了構建文化意義上的「統一場論」的可能性。

我們可以將這個討論徹底通俗化，談談地球人都知道、都明白的問題，即人類生存與生存環境的問題：人類究竟有沒有無止境地追求享受、舒適、方便、快捷等等「幸福」、「美好」的必要？當然，這只能是一個假定的問題。人類總有少數的精英，從精英的自我（自我感覺和自我需要）出發，不斷從「上帝」那兒盜取更多的智慧之火，總會企圖最終能與上帝平起平坐。而在被商業機器操縱的社會中，追求商業利益最大化的寡頭們，又總會不失時機地將精英竊取的「智慧

之火」，轉化成最時髦、最尖端的工業產品。政治家以國防建設為口實，需要越來越具殺傷力的軍事武器來維護權力統治；有錢階級需要越來越智慧化的數位產品，或越來越神奇的保健產品來賺取巨額利潤，滿足虛榮心和無止境的一己之享受；中產階級和相對貧窮的人們，也會因為巨大的商業宣傳機器的蠱惑，巴望著有一天奢侈品能夠降價和普及。這樣看來，我們的問題——科技雙刃劍的問題、關注人和人類自身問題，就永遠只能是假定性的問題；人和人類似乎拒絕人文學者和哲學家的關心，「寧為花下死，做鬼也風流」。這是宿命，也是人類將早於其自然壽命群體謝幕的根本原因。（事實上，個體生命乃至人類群體，都僅僅是宇宙的過客；然而，正因為人具有某種與上帝抗爭的能力，它在傷害上帝的同時，上帝也會給人類報復性的傷害，這種相互傷害的最終結果，就是人類自然壽命的減少。與其他自然物種相比，人類與上帝的關係，要緊張百倍！）我對人類整體的自律能力抱持著不樂觀的立場；我以為所有人類哲學的啟蒙運動，其終極價值，也只是或多或少延緩人類正在加速的死亡而已。反過來說，它又是具有最高價值的人文精神，其價值甚至高於民主政治、高於言論自由。

人類的這三種精神是不是並列的？有沒有強弱之分？有沒有從屬關係？有沒有類屬之別？最後一點的答案，是肯定的。不同的人群，顯然精神需要大不相同：騙子迴避、害怕真理；窮人無力求知以致喪失興趣；暴力者只有恨、沒有愛。

是否還有比這三種精神更基本的精神需求？回答也有不同。悲觀主義哲學家尼采、王國維，從人性出發，認為快樂原則是人的根本原則，人類追求快樂的欲望沒有止境，因此人類無可救藥。從邏輯上來看，是站得住腳的，而從經驗來看，迄今似乎也站得住腳。

人的問題，在於人自身。老子曰：「欲而無止，失所以欲；有不知足，無所以有。」真理往往極是樸素，知與行之難易，這個古老問題，在這裏似乎可以作個了斷：知易而行難，如是而已。

三三

權力話語的特徵之一，只有結論，只有強詞奪理和詭辯（其背後的心理支撐，老子天下第一，自我中心主義至上，蔑視一切法律和社會認同，即所謂「無法無天」），並不需要充分的說理和論證。如果按照法理學所論的立法依據的要素來看它，生產力水平、民意、文化傳承這三條，它一條都不顧及、不顧忌。

某人聲稱自己找到了最一般的歷史規律，他就等於聲稱自己是上帝；一種學說聲稱它是放諸四海而皆準的普遍真理，就等於聲稱它是聖經。孔子的學說，曾經是中國兩千年的聖經，歷朝歷代的知識份子只有反覆闡釋它的責任，而沒有批判它的權利。整個民族停止了思想、失去了活力，也喪失了創造力。

三四

生命是什麼呢？是屬於你的那一段時間，長則百年，短則數十年，如此而已。任何人都只是地球的過客、暫住居民，億萬富翁也不過是一個財產保管員罷了。

昨天已成過去，明天難以預料，唯有今天，正在流逝的時時刻刻、分分秒秒，可以在一定程度上憑你自己的意願去把握和驅使。中國人老是把希望寄於明天甚至來世，我們很難理解，西方人對每一天、每一時刻的高興和愉悅所表現出的關注和欣喜。魯迅先生是不相信「烏托邦主義」的，他說：「不要將來的夢，只要目前的夢」。然而，生命都在昨天沉澱，變成了詩、變成了酒，變成了文字或心靈的庫藏。那就是生命的印記，就是生命不離不棄的一部份。與其活在明天的幻想裏，不如活在昨天的回憶裏。今天即或是行旅匆匆，也要留

心將心靈點點滴滴的吉光片羽收入行囊，經常回首檢點一番；老想著明天會怎樣，今天將一無所獲。我見過許多活在幻想裏的人，大都走火入魔，神經兮兮，最後把幻想當作了真實。凡能成大氣候者，都是只問今天的耕耘並善於檢點昨日的行囊，而不關注明天的收穫的人。世俗之人難逃世俗的種種羈絆，眼光短淺，急功近利，患得患失，小家子氣，絕難成大家。無世俗意義上的大犧牲，斷無大成就；無世俗意義上的大不為，斷然無有大作為。

三五

什麼是命運？貝多芬用音樂表達他的思考和感受，用文字（形象和觀念）能不能表達呢？

中國傳統文化將它解析為命和運，兩者相互作用。它是時間的函數。時間最偉大，一切由它決定。年、月、日、時，對應為「八字」，年——主祖上的命；月——主父輩的命；日——主自己的命；時——主子孫的命。可見，命是無可更變的。命對應五行——金、木、水、火、土，五行對應人體臟器，又對應財富智慧，仕途經濟。命不能決定一切，道理很簡單，中國人同一時辰出生的人每天每時有多少？命怎麼會相同？又，六十年一個甲子，八字便開始有重複，未必六十年歷史就是一個輪迴。故而古人又引入運的概念。人在各個不同的時期，命和運相生相剋、相反相成。命相學、預測學由此變得極其複雜，盡是辯證法。

先說命。絕對有上帝（超越人的意志的自然規律或意志）的存在，在你出生之前就把你的命決定。換言之，祖輩、父輩的命決定了你的命。當然也有預想不到的突然變故，多半不是好事，升官發財的好事，終歸只屬於少數人。所以飛來橫禍的事多，喜事從天而降的則少。

　　運呢，行再好的大運，大不過歷史變數、大不過政治事件的發生。暴力最強者說了算。你的運由他的運決定。小的機會、小的改變，不無可能，但孫悟空再會翻筋斗，也跳不出如來佛爺的手掌心。

　　命運之所以沒有絲毫的神秘感，主要是因為上述的理由。

　　不是道家學說和《易經》本身有什麼了不起，它們至多算是神秘主義哲學的一個雛形而已，是人們在解讀中賦予了它們新的意義和生命。

　　命運的動態性、隨機性、神秘性，只在大背景、大環境下的小背景、小環境中存在。而幾乎所有不同命運的善良人們，注意力都放在「小」上，而意識不到「大」，或者意識到了也無可奈何，所以乾脆不去管它，苟活而已。他們只是關心小小的、有限的、可憐的那一點點改變命運的可能。

　　歷史不可能由小人物改變，不由他們創造，也不由他們書寫。

　　不僅如此，強者、權力者上演的每一齣歷史的動盪，對於微不足道的老百姓來說，總是生命不能承受之重。所謂歷史的厚重，全由小人物承載，承載不了，便以鮮血和生命付出。往往被史官精簡過後的短短數行文字中，便掩埋著無數鮮活的生命、掩埋著驚心動魄的血淚故事。這是歷史最大的不公正。而歷史還要「為尊者諱」，文其過、飾其非，如何叫人看得下去？還是魯迅來得痛快，一言以蔽之：「吃人」。這裏所謂的吃人，就是扼殺個性、滅絕人性。

三六

　　文學人不能不具有濟世情懷、宗教情懷。

　　所謂濟世情懷，是關心歷史走向、關心世界上多數人的生存和命運、關心人與人與生俱來的平等。所謂宗教情懷，是有普度眾生的愛心，愛你身邊的人、愛你筆下的人物，理解和同情他，與他一道體會生活的滋味，即或諷刺他、罵他，終究是為了他好，這就叫悲天憫

人。在一個道德低下的社會裏，你要特別當心，你很難出污泥而不染。池莉、賈平凹、王安憶在他們健在的時候，即遭到當世人的抨擊和唾罵，這是必然的，是一件幸事，對文學、對他們自己而言都是幸事。他們從一定意義上講，叫做難逃厄運，體制帶給他們的厄運。你什麼都可以玩，就是別玩文學。

問題是，濟世情懷、宗教情懷從哪兒來？情懷固然可以修煉，人、文雙修；但我以為，得之於天性的成份更多，人的善良基因終有一天會被發現，就像人的智商、情商一樣。從事文學的人，天生的敏感、多情，很多人講過；天生的善良，講得不夠，也講得太少。小市民、混混、沽名釣譽之徒、吝嗇鬼、氣量狹隘者、愚頑不化者、野心家、鑽營者、享樂者，無論他怎麼裝模作樣，無論他怎麼牛氣沖天，無論他看似多有才華，身上絕無儒雅之氣、內心絕無我說的這兩個情懷。章詒和終成大器，一點也不奇怪，那樣的門第身世、那樣的遺傳基因和成長期的環境薰陶，不在有生之年寫出《往事並不如煙》，反倒不可思議，反倒是大遺憾。

由此，我萌生一個假說：東方文化主張「人性善」，西方文化主張「人性惡」，都可能偏頗；人性之善與惡，集於個體生命之一身，而又有著個體差異。「善惡商」與智商、情商一樣，有先天的個體差異性。文化的教化功能，正在於棄惡揚善，讓人自律起來、高尚起來；而文以教化的實際功效，卻因此差異極大，對張三點到即是，立有徹悟；對李四則如對牛彈琴，絲毫不起作用。

三七

現時的媒體，喜歡大談「人生選擇」，這是大話、空話、笑話。下崗工人能有什麼選擇？他只能選擇不去名品店甚至超市購物，而去菜市場揀菜葉；選擇改三餐為兩餐，吃乾的改成吃稀的。進一步問，

他的生存能力為什麼差？在大企業中，他已經異化為一個機器的一部份，他就是機器。失去崗位、離開機器，他便一無所有。從這點看來，馬克思的經濟觀是對的：工人就是從事簡單勞動的勞動力，而勞動力就是商品。其次，在公產體制下的國有企業，人又進一步異化，精神異化，他在無形之中，已經將自己與現行制度捆綁在一起，制度一旦將他拋棄，他便失落、惶恐、憤怒，無以為生計。對於有足夠穩定的生活保障的人們，比如企業家、白領、公務員、醫生、教師、記者、專家學者而言，有了基本生存保障，才可以說能夠有所選擇。比如選擇物質多一點還是選擇精神多一點。即便是一個人出自內心的真實選擇，也必定會由於他的素質和他的環境條件的限制，而顯出千差萬別。

人的善良基因（總有一天會為生物學家所發現）不同、智慧基因不同、情感基因不同，精神需求的層次也就不同。人的成長環境、成長經歷不同，也決定他精神生活的內容。有些人很有錢，按理說可以有充分的選擇自由度了，然而，他的選擇卻是別無選擇，他被綁架到現代化的戰車上，已經暈暈乎乎，已經麻木，他沒有跳下去的勇氣和自覺。這些人，其實是被上帝打發來人間終生服苦役的。還有些億萬富翁，幾代人吃不完、用不盡，卻仍不擇手段地攫取暴利，販賣軍火、走私白粉、毀滅環境、策動戰爭，令正常人匪夷所思。其實這些人是人類的變態份子、病態份子，這些掌控權力和資源的瘋子，是人類的真正的危險和威脅。幸福是自我感覺；若靈魂無處安放，安放不穩、不妥，恐怕是談不上有所謂的幸福感的。

三八

我思故我在；我在故我思。人的存在，本質上僅僅體現於對世界、對自我的一次次拷問。不間斷，不停歇，如涓涓溪水、如滔滔大江，生命也便流麗而充盈。

三九

電腦軟體，有的設計講求人性化，有的卻沒有人性，很是霸道。其中有一條分別：是否給人選擇的自由。安裝路徑可以選擇，隨便你安裝在哪個分區；功能可以選擇，隨你的需要和意願，分為典型安裝、最小安裝（基本安裝）、完全安裝，以及自定義安裝；要不要留在桌面、開始功能表、快速啟動任務欄，讓你自由勾選；提供完美的解安裝程式，隨時可以乾乾淨淨的讓它離開你的電腦。這種軟體顯得很文明、很有禮貌，尊重使用者的權利，親切而可愛。

而那些不給人留一點商量餘地的非人性化軟體，裝上之後，發現根本不是那麼回事，大呼上當，你還奈何它不得，它賴在你的電腦不走，十足的流氓（最近網上公佈了一批「流氓軟體」，大快人心）。這就像極權主義社會一樣令人痛苦、可憎，卻是無可奈何。

網站也是這樣，人家願意看就看，好酒不怕巷子深，辦得好，自然會有越來越多的人登陸光顧。不像臭名昭著的「某寶」，不時妖魔似的跳出來，襲擊你的眼球；更無聊的是，與「BD」這樣知名的搜索引擎相勾結，設置「服務」陷阱，誘騙人進入它的廣告網頁！而Google卻不是這樣。「某寶」現象，只能存活於無賴社會。封殺固然可恨，強加於人同樣可惱。

綠色軟體最可愛，像一本電子書，翻開即看，任你關閉、刪除，刪除後，系統乾乾淨淨，不留下一點垃圾。

四〇

魯迅、胡適是兩位巨人，卻都不是聖人，不是完人。魯迅曾一度信奉蘇俄式革命，與共產黨的地下組織合作，發表過激進的言論；

胡適則一直與北洋政府、蔣介石政府合作、共事，發表過與自由主義思想相違背的言論。相對而言，魯迅的覺悟更徹底，胡適則對自己事實上的失敗，從未覺得悲哀。美國漢學家格里德在《胡適與中國的文藝復興》中評論說：「胡適始終想依賴這些要被超越的現存制度的運行來實現他的幻想」，這個評論借用到魯迅，可以稍加改造：「魯迅也一度想依賴那個要被超越的的現實『革命』的運行來實現他的幻想」。他們都曾經對「要被超越的」政治運作懷抱期望。換句話說，他們都曾經有過「理想主義」的情愫，他們的言行，都曾經在不同程度上迷失「自由主義」的立場。比較之下，胡適與政治權力者的合作關係，時間較長，介入也較深一些；魯迅則若即若離，時間很短。而就與之「分手」來說，胡適至死都沒能超越其英美「政治理想」，魯迅則徹底回到了自己的自由主義立場，一個獨立的民間批判者的立場。

就生存選擇而言，胡適不論其主觀怎樣，要活得「紳士」一些，魯迅的民間活法則要活得艱難一些。

胡適與魯迅的不同選擇，最終是他們個人的原因，即各人之思想哲學不相一致。胡適的哲學思想一直堅守著進化論和實證主義，他的選擇，明顯帶有強烈的現實主義色彩。魯迅曾受到尼采、叔本華的影響，對人、對世界，有著較深的悲劇意識、宿命意識，雖然曾經認同「進化論」，但現實的嚴峻和殘酷，動搖了他的這個哲學信念。所以從哲學思想來看，胡適倒是表現出其「一貫性」，魯迅卻經歷了「大震盪」。一些學者正是從這一現象，批評魯迅「沒有系統的哲學素養」。但他們不懂得，恰恰因為如此，成全了魯迅，使他成為撇開政治哲學，從人、從人性，從人類社會及其整體命運出發，觀察、思考問題的自由思想者，成為能　超越一切現存「現實教條」的徹底的自由主義者。他比胡適幸運。如果我們不是急功近利的想要解決現實體制的問題，而是從更長遠的歷史走向、更高的思想史層面來作考察，自由主義的魯迅，其價值至少不低於胡適的自由主義。魯迅的立言立

人，具有自由主義的某種終極意味，比如說我們看到，他的思想指向、他的批判鋒芒，不僅針對東方世界的現實，也同時針對西方世界的某些現實。假定魯迅活到今天，他的批判鋒芒肯定不會改變。有人拿這個問題問過毛澤東，他說，要麼魯迅閉上嘴，要麼就待在牢裏。在場聽見這話的電影演員黃宗英正身懷六甲，受了驚嚇，差點小產。

現在我們可以弄清楚另一個容易讓人迷惑的問題了，即為什麼「後現代主義者」也會拿魯迅說事，似乎魯迅可以作為他們利用的一個資源。

進一層想，設若已然實現了全球民主化，胡適推崇的英美政治建設不再是一個問題；再進一層，超乎我們現代人智慧和想象力的、更先進的民主政治制度超越了當下的英美制度，到那個時候，魯迅式的民間的、個人的、自由的對權力和權力者的批判，就不需要了麼？

胡適和魯迅，作為歷史人物，都將會「愈近愈小，愈遠愈大」。

四一

英語的表達，若論豐富、曲折、幽微、生動、細膩、色彩，皆遜色漢語多矣。但說話人的感覺應該都一樣，這是由於人類大腦的興奮水平（生理上表現為被啟動的腦細胞總量），應該大體相當。說拼音語系語言的人，得靠大腦的感覺和思維補充語言，是故往往身體語言豐富而顯誇張。中國人則不同，漢語本身的豐富性、形象性，接近甚至可以超過大腦的興奮，是故說漢語的人，不需要更多借助身體語言，顯得斯文含蓄。不僅如此，漢語在寫、讀、說的過程中，與大腦有互動，語言對大腦有激發的作用，啟動感覺與想像。

中國人的審美情趣與方式（進一步言之，包括哲學思想），和西方人殊不相同；中國人的聰明智慧（悟性）往往超過老外，這兩大特徵，與漢語這種象形文字和語言的高度發達，有沒有關係呢？我看大

有關係。我以為，說中國文化有兩個亮點，一是漢字；二是書法，大抵不錯。中國文化人最大的幸運，乃是擁有自己這種獨特的母語。

任何事物都有它的負面。正因為中國人重直覺、重形象、重感悟、重神似，影響了「格物致知」的理性程度和深度探求，造成科學精神的匱乏。就拿文學來說，中國古典文學中的志怪、傳奇、戲曲，都已經具有一些「荒誕」元素，但終究因為缺乏現代美學、現代心理學的支持，沒有長足的進步。2005年度的諾貝爾文學獎，為英國劇作家摘取，而他的代表作正是荒誕派戲劇。

四二

看穿宇宙、人類的宿命，自然也會導致對人生的不同抉擇。很可能激發出負面的能量：比如「一萬年太久，只爭朝夕」，比如及時行樂，就是最庸俗的（現實透頂的）抉擇。

四三

魯迅給予論敵的社會角色定位或命名，是非政治的、非概念的。他總是從對事物的觀察和洞悉出發，以自由主義思想家的睿智、以小說家的才氣，做出形象的提煉和概括。革命工頭，奴隸總管，主子、奴隸和奴才，乏走狗，蒼蠅和戰士，幫兇、幫閒和幫忙，落水狗，聰明人和傻子，洋場惡少，四條漢子……，魯迅獨特的話語體系，如他不朽的小說中所塑造的人物群像，是現實的，又是超現實的；從他所處的社會政治環境和時代提煉得來，又超越了現實、超越了政治、超越了時代，具有整體的、寓言和預言式的價值。

魯迅首先是小說家、散文家、詩人。他創造的文學形象世界有兩個層次，一個是「直面社會，直面人生」的現實主義文學的形象世界

（裏面已經包含了現代主義的元素）；一個是以《野草》、《故事新編》為代表的超現實主義的形象世界。他力主真性情、真文學，而真文學所創造的形象往往大於思想，尤其像魯迅這樣學貫中西、大智大勇、特立獨行的自由主義作家。

魯迅是最後一個徹底的自由主義者。他的精神解放、個性解放，他的自由主義思想具有某種終極意味。

魯迅話語體系的獨特性，源自他自由主義的立場（社會批判角色的立場），源自對現實生活的尊重和敏感發現，也源自他對自己的生活發現和內心感受的尊重，以及自我反省、自我剖析。

深入魯迅的思想腹地、精神腹地，比深入胡適要困難得多。這需要邏輯和形象、理性和感性、歷史和現實的多向思維，需要還原到魯迅和他的時代，需要深入到一個偉大的人格、一個矛盾的複雜的內心，而在某種意義上，魯迅的內心世界又是相對封閉的。胡適擅於把他的哲思化為淺近的白話，訴諸從容、透闢、通俗的說理；魯迅則擅於把他的哲思化為散文、小說和雜文，訴諸他構建的形象世界，特別是他所營造的「鬼」的世界、鬼的狂歡節。魯迅生活在鐵屋子裏。魯迅同時創造了一個與世隔絕的鐵屋子，徹底孤獨、徹底黑暗、徹底自我。這是他自己的領地，他與上帝和自己對話的所在。他思想批判的鋒芒，指向歷史、現實和未來，指向人類的一切弱點和卑污，也指向自己。這是他的手術室，他與鬼兒們一同手術。魯迅從小說走向思想，其淵源來自西方的現代主義和民間（中國農村），來自叔本華、尼采、廚川白村和魏晉文化。魯迅對人性和國民性燭照的深度，超越了同時代的所有思想家，超越了古人和西方人。他在精神上最徹底的站在上帝一邊，最徹底的與一切權勢者和世俗社會劃開一道分界線，以精神超人般的智慧和勇氣，審視東方和西方、古人和今人，不無悲觀地預見未來。因此，要想走進魯迅的鐵屋子，必須摒棄一切世俗的偏見、文學的偏見、政治的偏見，這種那種「主義」的偏見。從人出

發、從人的生命和存在出發、人的權利出發、從作為整體的人的命運
與歸宿出發，才可能接近魯迅的高度和水準——形象的、思想的、人格
的水準和高度。

四四

在《故事新編》的〈補天〉中，女媧是中國人的上帝，是她創造
了人類。可人類又是什麼玩意呢？魯迅活畫出的人類的群像，非常叫
人失望：傻子（魯迅改學文學，就是為了醫治「呆子」）、強詞奪理
的戰爭狂人……，有偷窺癖的「正人君子」反而惡人先告狀，誣衊自
己的「母親」女媧「有傷風化」。魯迅對自己的同類是鄙視的、痛恨
的。而作者筆下的唯一一位神鬼「女媧」，像孩子一樣天真無邪，充
滿活力和創造的激情，不惜犧牲，奮力補天。魯迅就這樣站在人與鬼
之間。魯迅更熱愛他自己所創造的「鬼的世界」。可以這樣說，〈補
天〉反映了他對人類的總體看法；而他對女媧的熱情禮讚，又正是他
並非徹底絕望者的一個明證。

四五

許多評論者都注意到一個表層現象，魯迅喜歡「罵」（準確的
說，是「嬉笑怒罵」），但這「罵」，乃是精神層面、人文層面的批
判；他從不實行人身攻擊，從不置對方於政治上的死地（他的論敵
多是權力者的合作者，魯迅的「罵」，不僅不會傷害到他們，客觀上
還有助於其政治上的立足）——這一點，對於理解、認識魯迅非常重
要——批判你的精神，不傷害你的人格，更沒有要消滅你的肉體；與
之相反，魯迅的論敵對魯迅的攻擊，往往含有人身攻擊的成份（當時
的攻擊者如郭沫若、周作人，當代的則如朱大可），甚至卑劣地以

「實際解決」相威脅（魯迅問道：實際解決是什麼意思？殺頭還是坐牢？）。由此可以看到，魯迅人格的高尚和襟懷的博大。魯迅實際上是寬容的。我們不認同魯迅的寬容，是因為不理解他作為徹底的自由主義者的立場。魯迅與周作人「兄弟失和」之後，周作人對魯迅的攻擊，刻薄而刻毒，幾乎涉及魯迅為人與為文的所有方面，直到魯迅去世，他還不斷地「鞭屍」，他罵魯迅的文字，叫人不忍卒讀。而魯迅為周作人和他一家人所做的犧牲，是一般人難以想像的。對周作人的攻擊，魯迅幾乎未置一詞，僅在小說〈兄弟〉中，對於自己當初創建「理想大家庭」的烏托邦作了反思。因此，我以為，魯迅又是受傳統文化中「仁」與「愛」浸潤極深的人，一個偉大的人道主義者。

我寫〈魯迅與林語堂〉，就是想為大先生辨誣。

四六

國學大師陳寅恪的名字「恪」，讀「ke」還是「que」？據一位教授朋友告訴我，陳先生曾說過，「恪」有古音讀作「que」，因此「que」才是正確讀音。今查權威的《漢語大詞典》，「que」音並無「恪」字；證明此字的「que」音早已經作廢。微軟拼音2003版的漢字輸入法中，「chenyinke」的漢文即為陳寅恪；如果這兩條還不足以說明問題，我們還是尊重其本人的意見：

在牛津大學的檔案中，有一份杭立武（時任「管理中英庚款委員會」總幹事）於1938年10月4日給牛津大學中國委員會秘書的信，談及陳寅恪申請劍橋一事：

> 我在上月收到你於7月21日發到漢口給我有關劍橋大學中文教授的信，很抱歉，我並不能夠通過你向劍橋大學提供有關陳寅恪（Chen Yinchieh）先生更詳細的資料（他自己喜歡用的姓名的羅

馬拼音是「Tchen Yinkoh」）。我收到你的信後，立即發了一份
電報給他（譯注：指陳寅恪），請他提供你所需的資料（以下
從略）

既然陳先生自己喜歡的羅馬拼音是「Tchen Yinkoh」，我們還是叫
他「chenyinke」吧。

四七

中國民諺中有許多有價值的東西，若稍加改造、賦予新意，即藏
有深刻的人生感悟和哲思。比如：「無疵之人不與之交，無癖之人不
與之往」；比如：「天下無不是的父母，世間最難得者兄弟」。文人
的創造，是文化積累的另一隻車輪，明代清言即一例。「無日不詩間
一禪，無日不禪間一詩」，也頗耐人尋味。

四八

余嘗自問，余為何人，何以能心安。答曰，余不俗不雅之人也。
俗，不與小人為伍；雅，卻又難得君子之交。有蘭亭之興，無蘭亭
之人可與聚談。余入世不欲深，出世不欲遠；深則必近小人，惡之恨
之，何能心安；遠則必有幽山深林可居，高僧名士可與切磋；或滿室
書香，可與古今聖賢神交，無羈無絆，無憂無慮。然余一世俗之人，
有家小拖累，生當斯世，安能變羈絆之軀為自由之身焉。亦俗亦雅，
一鍋夾生飯耳，何以有大作為，何能得大心安？所幸余身不自由但求
心之自由，樂在一吟一誦，一思一辯之間，雖俗而不致沉淪，苟且而
不偷生，是以求小作為、小心安耳。

四九

讀舒蕪《周作人的是非功過》和錢理群的《周作人傳》。

周作人在1923年7月13日與魯迅「失和」之後，連篇累牘地對魯迅進行全面性的刻毒攻擊，至魯迅死後亦不曾甘休；1937年附敵之後，一改讀書人的沉靜秉性，南下、北上、東渡，頻頻奔走，留下斑斑劣跡，且自謂「老而為吏」。讀之令人心痛。不忍卒讀！

舒蕪在胡風問題上，人格可疑，他在政治上的投機性，是不好用「好出風頭」來開脫的。與朋友的通信，交上去做罪證的事實，不容辯解。尤其晚年不厭其煩的翻老帳，為自己出賣朋友開脫，竟無半點懺悔之意，令人生厭。但他寫這本書還是有其資料價值的。

五〇

周作人是連唐宋八大家也看不起的。我以為，「唐以後無文」。唐宋散文，失去了鮮活的生命氣息，說教味太重，宏大敘事，大而無當，枯燥乏味。尤其韓愈，周對之老大不敬，以為「文以載道」，逕承孔孟，遂成八股之源。偶有可讀者，蘇、歐而已。或有不見經傳者，也未可知。細觀之下，先秦文、秦漢文、漢魏文，注重事實及形象，想像豐富，揮灑自如，個性較為彰顯，亦無文體上的拘束；有所思辨，亦稍具形而上意味，頗顯智慧。代表性作品就是《莊子》、《楚辭》、《史記》。說唐宋散文「文起八代之衰」，乃正統觀點，不符文學事實。這種狀況，一直延續到明清。幸有明末的公安派力倡性情，小品大興。明小品，多遊記、信札以及朋友間的序跋，原屬私人寫作，似無傳世之意、無嘩眾取寵之心，故頗見真性情。世所詬

病者，當作辯證觀：唯其有消極避世的一面，方有性情真率流瀉之可能。

五一

發明家愛迪生說，成功是百分之一的靈感加上百分之九十九的努力。文學創作也是一樣。將靈感化為作品，靈感產生後的努力當然很重要，「十年辛苦不尋常，字字得來皆是血」；但唯有偉大的靈感，才能產生偉大的作品，曹雪芹立意高遠，才有《紅樓夢》，因此，愛迪生還有後半句話：「百分之一的靈感，往往比百分之九十九的努力更重要！」在我們的現實語境裏，只講前半句，不講後半句的。我想，過去是「為尊者諱」，現在則是實用主義已深入骨髓，成了病入膏肓的思維定勢。

五二

文字靈秀，心靈秀也；文字波俏，心波俏也；文字鬼氣，心鬼氣也；文字平和，心平和也；文字潤腴，心潤腴也。文字大氣，心大氣也。相反，文字刻板，心刻板也；文字枯澀，心枯澀也；文字乾癟，心乾癟也；文字無味，心無味也。文如其人，文如其人之心也。筆下文字，當其下筆時心境之流瀉寫照也。心境活，文字活；心境死，文字必死也。

五三

怎麼會沒有大題材和小題材的區別呢？養幾盆花、幾籠鳥，整日侍弄、觀賞，與世無爭，心情閒適，偶爾弄筆，寫點雅舍隨筆，文字

輕盈活潑，固然也要靈性，卻是大受稱許；而那些科學散文、歷史散文、哲學散文、文化散文，需要苦讀、博覽，需要思考，需要更高的品行和精神操練，文字因其內容所限，也就不再那麼好玩好弄了。後者卻讀者未必見多，且世人每每苛責甚嚴。也不奇怪，這是世俗社會的正常反饋，前者為世俗人所喜，後者為精英層所愛。

五四

　　稍經邏輯訓練和具有高中數學知識的人，大概都能讀懂顧准的〈一切判斷都得自歸納，歸納所得結論都是相對的〉。這篇文章，短小、精緻、乾淨，非常醒目、非常樸素——恰到好處地印證了，「真理」其實往往是非常明瞭和樸素的。然而，他所回答、所解決的，卻是哲學最重大的問題：關於一元論和多元論；關於絕對真理和相對真理；關於歷史終極目的和現實目的；關於理想主義與經驗主義；關於神性和人性；關於共性與個性；關於此岸和彼岸……等等。可以說，顧准僅憑這篇文章，就足以顛覆我們曾經接受的神學般的「最一般的科學」。

　　這篇文章，所需要的數學知識不多，不比高中生平時做的數學歸納法習題更困難。那麼，它的真正的難度在哪兒？在於問題的提出（問題設置），在於作者顧准敢於質疑和否定「最一般的科學」。顧准思想的敏銳，源於他的博學，更源於他的苦難經驗；而他的才華和思想勇氣，就更不是常人所能具有的了。

五五

　　士為知己者死，女為悅己者容。做文章，也有為自己、為他人的分別。若為自己，儘管搽胭脂、抹口紅、梳原子爆炸頭、著戲裝、趿拖鞋、珍珠項鏈、K金手鐲，十個指頭戴滿各色寶戒，也沒人管你；把

你家裏的珍奇稀罕之物，盡其所有拿來展覽，都悉聽尊便。假若還要給人看，人家就會視為妖怪，驚恐莫名，避之三舍而唯恐不及。

五六

魯迅偶爾也會講講「文章做法」的。一次在北大授課，課間與學生閒談，說：「比如說，我們拿起筆來，有時靈感一到，什麼美麗的詞藻呀、機智的言語呀、奇警的文句呀，源源而來，自己看了，覺得賞心悅目，得意非凡，當此之際，你就應該有所評衡，知所抉擇。……堅決把它刪掉，毫不可惜，這就叫做割愛。因為倘不如此，文章就會弄得不成樣子，不是頭重腳輕，就是尾大不掉，甚或渾身臃腫，反而變成四不像的東西了。可不慎哉。」九十年代後，青年作者的文章，綺麗奢靡成風，文字大肆鋪張，越來越顯臃腫不堪。此與所謂「資訊時代」、「短信時代」背道而馳。看似匪夷所思，實則同一病源。物質時代，個性張揚，心緒浮躁，自我中心主義猖獗，一切以我之好惡為取捨，哪裏還顧及他人。讀者誰也，他人而已。所以，你若叫他「割愛」，豈不是要了他的命？魯迅「可不慎哉」之告誡，斷斷是沒有閒功夫去理會的了。

五七

金聖歎說：「雪夜閉門讀禁書，人生一大快事也。」禁書，偷著讀也就罷了，還要說是快事；說出來、寫出來也就罷了，還要與一幫秀才跑到夫子廟去大哭「孔夫子死了」，引發江南書生一次小小的「學潮」！可曉得那是順治爺當政，大清朝立足未穩，正值擔心南方遺民造反的敏感時期呢，遂以「莫須有」的私通海盜之罪，取了他的首級。可見一個性情中人，性情到了無所顧忌的地步，也算是活得不耐煩了。

五八

　　有人把詩歌寫作分為敘述和意識流，大致說得過去；更科學的表述，我以為還是再現和表現，或者現實與夢幻。寫什麼比怎樣寫更重要，基本上我也同意，畢竟這是形式和內容的關係（然而須知，形式是可以轉化為內容的）。至於寫作態度，席勒說：「只有完全的人，才會遊戲；只有遊戲的人，才是完全的人。」那麼，抱著遊戲的寫作態度，似乎就是最正常的了。這要看對遊戲的理解。對於現在流行的遊戲寫作，我是不能同意的。席勒說的遊戲，應該是針對「道統」，或者道學家所謂的「文以載道」的。在這裏，遊戲的本意是自由。自由的精神、自由的思想、自由的寫作動機和寫作狀態，還有自由的寫作環境。藝術創造的遊戲性，更體現藝術家身心的自由、放鬆，任情任性，無拘無束，不計較功名利祿和身前身後的得失，不為世俗意義上的個人利益驅動或左右。有這種境界，才是最佳的創造境界、創作狀態。而今天的遊戲心態，純粹是娛樂、好玩，拋棄了藝術創造的真義，和它的崇高性、正義性、嚴肅性，拋棄了作家、藝術家應有的人格、人品，應有的良知和襟懷，甚而突破了道德底線。這種純粹的遊戲，絕對不是席勒所說的「遊戲」。

五九

　　有前賢嘗謂，好文章當有氣、識、情、趣。誠哉斯言。
　　天下之好文章，有氣有勢、有識有度、有情有韻、有趣有味。
　　氣者，養浩然之氣、天地之正氣，必胸襟開闊、視野宏大，登高望遠，一覽無餘，前無古人，後無來者，心中有萬物萬象，下筆如江河滔滔，一瀉千里，無可阻擋，令觀者心胸豁然，唏噓不已。

識者，書破萬卷、足行千里，仰觀宇宙、俯察天地，識見自是高人一籌，下筆為前人所未言，有理、有利、有節、有分寸，精確縝密，令觀者嘆服。

情者，有真情、動真情、傳真情，嬉笑怒罵，皆出自真情真性。感情深摯，或濃烈，或沖淡，細膩幽微，曲折婉轉，兼又才情逼人，妙筆生花，追魂攝魄，時如江河直下，時如小溪潺潺，時如江心秋月白，時如大漠孤煙直，時如顰卿蹙眉，時如嬋娟巧笑，時而雷電大作，時而悄然無聲。時而深沉，時而狂放，時而機巧，時而幽默。令觀者目不暇接，氣蕩腸迴；如行十里山中，移步換景，留連忘歸。

趣者，有意趣，有情趣，有生趣，有理趣，時而正襟危坐，心無旁騖，墨飽筆酣，鞭辟入裏；時而旁支側葉，輕輕漾開，涉筆成趣；時而正人君子，侃侃而談，儒雅之風，撲面而來。時而野性大張，俚語入文，俗到無可再俗；時而故設懸疑，引而不發；時而包袱一抖，滿堂捧腹；時而輕描談寫，綿裏藏針；時而酣暢淋漓，鋒芒畢露。令觀者手不釋卷，擊節稱快，雖掩卷三日，仍牽腸掛肚，餘音繞梁，餘香滿嘴。

六〇

文字寫成後，省不得修改的功夫，修改是一件愉快的事，道道難關過去，該是享受勞作成果的時候了。不知為何有人寫完了就不再願意看看，視修改潤色為苦差事，連這點滋味都品不出，無福消受，真要懷疑他是不是真寫文章、寫真文章的人。修改的首要目的，是推敲評價事物的準確程度、臧否人物的尺度，語氣是重是輕，宜直露或宜含蓄，諷刺是不是過份，是不是感情用事，讓人難以接受，或者相反，針砭力度夠不夠，態度是否過於曖昧，讓人覺得無關痛癢，不痛快、不酣暢。話沒能說到點子上，也是要命的，沒能講清楚，讓人費

解，企圖以其昏昏使人昭昭，蒙混過關，都不行。第二才是潤色，努力做到「有氣、有識、有韻、有趣」的後面兩「有」。如果一般的修飾達不到想像的效果，下狠心廢了它，另起爐灶，重新來過。有時重寫更省事、更來勁。寫作完全依賴心境，心境不佳，或見識不夠、底氣不足；或心如亂麻，毫無韻致；或情趣匱乏、靈感枯竭，都不是寫作的時機。不如放下筆，想幹啥就幹啥去。

六一

很多話不需要說出來，說出來就不再是心裏的真實，會因詞害義，會有誤差和隔膜。記得讀過一種文學理論，說語言是無能的，一旦說出口，就走樣、變形，就非百分之百的原意了。這層意思，袁伯修也說過：「口舌，代心者也；文章，又代口舌者也。輾轉隔礙，雖寫得暢顯，已恐不如口舌矣，況能如心之所存乎？故孔子論文曰：『辭達而已』」。辭達談何容易，有時候還不如點到為止，或者乾脆留下空白。

還有一種情況，不說出來比說出來更有味。含蓄是一種美、一種詩意。學會含蓄，就是不要把話說滿、說絕，留下空白，讓人家自己去想、去揣摩，這也就是接受美學的觀點：讓讀者加入你的創作過程。還有些時候，表達困難時，索性就把自己如何表達有困難，和盤托出；勉強的、湊合的表達，還可能造成新的誤解。

做文章，忌諱滿滿當當。留下空白，就留下了想像的空間，留下了讓他人參與進來，與你共舞，與你分享思想的樂趣，一同再創造的可能性。

懂得自己不必說出來或無需完全說出來，也就不需要、不強求人家從嘴裏全倒出來。

完完全全「說出來」，也未嘗不可，當下的許多小說就流行這麼做。這有點匪夷所思，明明處在資訊爆炸的時代、「短信」時代，怎麼唯有小說例外，越來越囉嗦？

更要小心的是，莫把對事情的看法輕易肯定化、絕對化，未想透的問題，注意留有餘地。這不丟人，不是狡猾，乃是老老實實的態度。

六二

我有一種預感，新一輪的思想解放運動呼之欲出。如今已是山雨欲來風滿樓，雨聲一片隔林來。這將同一切歷史轉型一樣，總會與言論的開放相生相伴。敢說真話的媒體越來越多；網路「博客」為五作八行的公眾開放了自由言說和探討的空間；歷史的迷霧正在層層撥開，真相越來越清晰。文學教授潘旭瀾先生的一部小書《太平雜說》，如一方投石，劃開了歷史領域的死水一潭；古典文學研究，出現對《水滸》、《三國演義》的再批判；私人寫作，民間維權，日漸活躍……，這都是強烈的預兆。

六三

自從用上電腦，就像回到了大學時代，為了弄清楚一個問題，要翻閱多種資料，直到理解到我能理解的深度。十年音響發燒，養成了動手的習慣和動手之前仔細思考、縝密計畫的作風。

許多電腦書籍的著述人，好像成心不讓你弄明白，很少有把問題說清楚、說透徹的。我懷疑他們自己也沒有弄得太清楚，要麼就是文字表達能力太差。後來聽文龍兄說，許多書都是東抄西抄的，作者甚至可以根本不懂電腦。

為什麼不同的引導光碟能引導到不同的介面，有共性的原因，更有個性的原因，前者大致分為兩種：模擬win98的軟碟引導到dos；類比win2000的啟動到系統安裝介面。個性的不同，則是該引導資訊與第一個運行程式的關聯；也就是引導完成後，首先自動運行哪一個程式，以及怎樣編寫這種自動運行的命令。

六四

我曾說過，什麼都可以玩，就是別拿文學當玩意，別拿寫文章當玩意。人文精神是這樣清高、孤傲、冷峻、嚴肅和不講情面，它俯視、睥睨人的一切精神活動，將人性的卑污和弱點解剖、「放大」（藝術深化）給人看，以喚起人的自省，讓人因自慚自羞而臉紅。它是上帝唯一的精神代表，代表上帝向人間播撒良知和進步的火種。它是人類賴以生存的唯一希望。因此，在人文精神這一上帝的審判面前，從來沒有商量和妥協的餘地，絕沒有商量和妥協的餘地。並且，這與寫作者是粗通文墨的大老粗還是學富五車的教授學者，毫不相干。至於個人人文境界的高下深淺，可以另當別論，但不能無視人文追求，不講境界、不講思想、不講自我約束。我們往往錯把「人文」當「文人」，而將「老大哥」與「臭老九」自覺、不自覺的對立起來看事、論事，這只能說明，數十年來以出身論人、輕視和仇視後者的習慣，還有相當大的慣性，這痼疾可能歷經幾代人也難以療救。

六五

無從逃遁，無從逃遁。不堪生活的平庸、乏味、無奈，不堪生命毫無價值的流逝，卻是無處可逃。

這才是我精神的重負。這種感覺很不妙。似魔鬼纏身，如影隨形，像噩夢。我意識到了，我會被折磨發瘋的。必須衝出一條路、殺開一條路。我終於找到唯一的出路：掙脫思想的囚籠，任它去放飛。

六六

潘旭瀾先生在他的《太平雜說》裏，對「農民造反」或「農民起義」，提出了幾個評判原則，歸納如次：第一，口號和綱領是否切中時弊，藥方開得對不對，其願望有幾分真實。這就涉及起義的歷史時機。第二，與造反所反對的政權相比較，對百姓的弊害如何？僅僅換塊招牌、換批角色，或弊害更深，不如不換。這就涉及社會成本的衡量。第三，打下江山後施政的得失，其中關鍵是對待先進知識者的態度。這一條其實就是第二條的延伸。

首先，能不能、該不該以此三條考量？其次，以此考量中國歷代的農民造反，評判結果如何？兩個設問，都應該是不言自明的。洪楊之亂，起於十九世紀五、六十年代，正值日本明治維新；洪楊是以奪取皇權為目的的；洪楊殺人如麻；洪秀全在南京建立的，事實上是神教合一的政權；他們視沒有參加造反的知識者為「妖」，格殺勿論。張獻忠不但有「屠蜀」的反人類罪行，還假借招考，將應考者誘殺一盡。就連陳勝、吳廣，起事的動機也是「苟富貴，勿相忘」，為迷惑、欺騙、裹挾不奢望富貴的農民，不惜採取「魚腹藏字」的陰謀詭計。而他們造反尚未成功，自相殺戮便開始了。

我的意見似乎比潘先生更「激進」些：對農民造反持斷然否定的態度。除了歷史經驗表明，潘先生提出的原則屢試不爽，還因為，我深信加繆哲學是真正意義上的人道哲學，我堅持隋代思想家文中子「不以天下易一民之命」的人道原則。革命沒有權利把不願意革命的人，哪怕僅僅只有一個不願意的人裹挾進去；造反沒有權利亂殺一名

無辜。而造反一旦用美麗的謊言或極端的手段，將各個階層的「三教九流」裏挾進來，造反必然陷入「不可控」的混亂。造反是不回頭的——如顧准所說：「唯有堅持理想是唯物的、有根據的，同時又是絕對正確的，他們才心有所安。他們唯有堅持真就是善，才能理論與實踐一致地勇往直前。」——它既然拿身家性命做了抵押，必須到達目的，才能收回賭本；只講目的，必然不擇手段；烏合之眾的暴亂，陰謀和暴力在所不免。因此，它的高昂代價，無可計量。

正像私有制因成本最低而「萬歲」，漸變漸進的社會變革，也因成本最低而「萬歲」。儘管誰都不敢預言它真的會「萬歲」。

考量造反利弊而持有「長痛不如短痛」的觀點的人，其實是患了「革命烏托邦」症，他們以為革命會遵從自己預定的路徑前行，會抵達預定的目標，殊不知這是永遠的妄想。

六七

在有思想的人看來，自由高於一切，高於愛情、高於生命。思想是自由的，與生俱來的自由。進一層來看，自由的思想要求表達；言論自由便成為生命存在的必然要求，一種生的權利、人的權利。我可以「罵」你，你可以還嘴。君子動口不動手。人會在對「罵」的平和氣氛下，變得儒雅、雄辯、智慧、誠實、善良，懂得屈從正義和真理。法國哲人伏爾泰說：「我可以不同意你的觀點，但我絕對捍衛你發言的權利。」這句名言，成為現代社會尊重人的基本權利的共識。所以言論自由又需要一個民主的社會環境，人人平等的環境。有沒有一個公正的言論仲裁機構，無關緊要或退居其次。

蘇聯史達林個人迷信時期，實行思想暴政，只允許供奉一個偶像，戮殺一切自由思想者。不僅隨意指認言論犯，還有思想犯，乃至

假像的思想犯。這種社會的聲音，何其單調、何其乏味、何其虛假、何其蒼白平庸、何其窒息人的生命。

六八

不知道為什麼，無論在哪裏遊山玩水，在哪裏「嘉會」聚飲，我都無法擺脫孤獨和隔膜。常常會精神恍惚，有一種失重感。我知道我另類，不「現代」，提起掙錢，就像是要我把手伸進別人的口袋。我甚至畏懼「熱鬧」、逃避「風光」。那裏的一切好像都不屬於我，這倒沒有關係。我很清楚，我無福消受富貴榮華，但求清靜，需要有書作伴，需要思索，需要一般人不喜歡、不耐煩的對話。我的精神需要自由流浪，需要一間如伍爾芙夫人說的「自己的屋子」，停泊思想的舟船。

六九

不知道為什麼，在我軟弱的、滿是柔情的內心，不時會迸發出無名火，一種憤懣，一種想要燃燒、想要摧毀的激情和欲望。彷彿反叛也是我的天性。愛和反叛這兩種調子，構成我生命的原色。這令我想起那位南宋女詩人，「三杯兩盞淡酒，怎抵它晚來風急」是她，「生當作人傑，死亦為鬼雄」也是她。

七〇

我們生活在複雜的人際關係裏。生活像一張巨大的網，每個人都是其中的一個結子，被固定在那兒，扮演著自己的角色；角色活動著，經由生活的網絡，與社會發生著這樣那樣的聯繫，或親或疏，或

近或遠，或早或晚；與林林總總的「結子」發生千絲萬縷、千奇百怪的交往和互動，充滿了偶然或必然，充滿了變數或定數。這就是世俗人生，這就是現實生活。現實生活的精彩、奇異、豐美，世俗人生的生存狀態，需求和享樂與無奈、煩惱、痛苦，相生相伴，如影隨形。

人際關係的複雜，還具體表現在每一個人，都處於多種人群集合的重疊部份。你同時處於好些個「圈子」，每一個圈子裏的人，又都是另外一些圈子重疊部份中的人。圈子與圈子可能相互隔離，甚至情緒對立，老死不相往來，也可能保持有某種若即若離的聯繫。張三、李四積怨很深，早已互不來往，你卻可能欣賞張三的才氣或事業心而與之交往，同時又欣賞李四的為人厚道正派而與之為友。你沒有必要為此感到尷尬難受，也沒有必要硬把張三、李四撮合到一路。

世俗人往往也就是正常人，正常人一輩子都是待在網上的一個結子。

偶爾也能見到網上的窟窿，結子要麼已經掙脫羈絆，自由飛走，成為畸人、超人；要麼魚死網破，他已經消失。而那張碩大無朋的網，依然故我，永遠一副威嚴漠然的面孔，對正常或非正常死亡所留下的幾個破洞，永遠熟視無睹。只有有心人才會動心、有情人才會動情。

王國維把人的這種與生俱來的「苦樂相伴」，看得最透徹；曹雪芹把結子與結子與網的關係，寫得最真切、最微妙。

七一

人生之壽數，彭祖八百歲，神話而已。說基因工程將使人的壽命達到一百六十歲，科學幻想而已。聯合國的長壽計畫，目標為一百二十歲。今人得以親見的，張學良、宋美齡，皆一百零幾歲。沙市2005年有兩位百歲老人——童家亮、劉雲鵬。有一種老之已至的壓迫感的人們喜聞樂道百歲人，好像有了榜樣，自己也會如此高壽。其

實，七十三、八十四，仍然是兩個「節疤」，普通人很難過得這個坎。就以人生百年計，化成最具體真切的時間單位，按天來看，三萬六千五百天。很少有人這麼算，這個很具體的數字，便顯得幾分陌生和空洞。再拿最熟悉、最世俗化的事物來比擬，三萬六千五百元錢，你說多也不多。北京三環內，可以買三平方米的房子；在燕莎商城可以換一件皮草；或者在武昌東湖某酒家請客，只能請兩、三次，「主要領導」都排不過來。

可是，如果有計劃的讀書，破萬卷卻是不成問題的。用來寫書，馬克思寫了《資本論》三卷，第三卷雖說是恩格斯和女兒燕妮整理的，畢竟已經基本完成。愛因斯坦的相對論，從狹義相對論到廣義相對論，只用了十年。愛葛莎·克利斯蒂寫了百部推理小說；張恨水、高陽的通俗小說，也已逾百部；巴爾扎克的《人間喜劇》，亦接近百部之多。

人生用於享樂，春宵一刻值千金，寂寞恨夜長，歡娛嫌夜短，忽忽十年，等閒白了少年頭；人生用於精神創造，術業有專攻，鍥而不捨，善其事而利其器，修業兼修其身，則生命的價值和意義，卻又是難以估量的。

七二

國產電影《卡車上掉下的小提琴》，很不錯。一個上海本地的底層人、一個外鄉來的藝術人才，兩人都是「半邊翹」：一個感情生活豐富，一個單調；一個無意，一個有心；一個為生活拉琴，一個拉琴不為生活；一個被小市民包圍，一個卻混跡於文化圈，幾乎在所有層面上形成對比。兩個拉琴被圍觀的場面，一個是小市民，一個是精神病人。這種完全「客裏空」的構思，高於生活，卻有比純寫實的作品更強的感染力和深刻性。作品卻又給兩人設置了近於現實的生活環境

和情節，形成假像性的寫實。我覺得不滿意的，是作品追求過於誇張造成的喜劇效果，不能免俗，缺乏憂鬱的詩情。因此，與同類的外國作品相比，藝術性和品味矮了一截。

照相似的還原生活的作品也很有味、很了不起，但缺少高度。藝術長在生活的泥土中，只說對了一半；藝術需要飛翔。走路、坐車、看大地是一個樣子，乘飛機看又是一個樣子，在太空船上看，更加不同。有坐飛機經驗的人少，乘飛船看大地的經驗就更稀罕。

七三

我對自己的健康狀態一直不很在意。五十多歲前，人們看我往往要年輕上十歲。我也覺得這社會年齡就是我的實際年齡。這幾年，才顯出些老態。但我的精神狀態不老，沒有老之已至的精神負擔和壓迫感，一直抱持「身世懶問命矣乎」的態度。做事情一樣認真、一樣努力，一樣致力於學習、專心於讀書寫作。同事曾問我，健康的秘訣，我說，第一，世俗的痛苦不往心裏去，在皮膚上蕩一蕩就放它過去；如有痛苦，便提醒自己不要深陷其間，趕緊去想別的、做別的。第二，我不會記仇，再可惱的人，從沒有想過怎樣去報復一下子；也就更談不上為著什麼功利去勞神、去鑽營。第三，盡量替別人著想，把自己的利害得失往後擺，是謂行善積德。第四，興趣多而濃厚，時間總是不夠用，也就不至於成天念叨這兒疼、那兒癢了。「君子坦蕩蕩，小人常戚戚」，坦蕩強身，戚戚傷肝，所謂抑鬱成疾，斷非虛言。

七四

記夢。地球已經十分脆弱，有一個小小的激發，便會分裂成兩半。一個科學小組在經過激烈爭論後，決定保守秘密。但他們各自都

想到要為自己和家人做必要的準備。出乎他們意料的是，第二天早上突然醒來的時候，事情已經發生。在深山洞穴中的他們，與外界失去了聯繫。而在昨夜飛往西半球出差的小組成員，從此永遠留在了以太陽為對稱的另外半個地球上。生與死。愛情與子女。找尋倖存者。讓家人團圓……而半邊地球即將發生如何可怕的變化？

七五

文言為什麼不可廢？文言表達的高級性（鄭逸梅語）在於：精練；豐富博大；文化蘊含；是歷史沉澱後的結晶，等於千百個古代先賢，用他們的智慧才情幫助著我們寫文章。離開他們的肩膀，我們只有跌落到地上，從零開始。我們不能在民族文化上一無所有，那會迷失在歷史坐標系中，既看不清來路，也找不到去路。

尹道新教授告訴我，他五歲時，父親便逼他讀古文、古詩詞。小孩子愛玩，怕吃苦。他的父親總拿三句話告訴他：「要背誦，要裝進肚子裏去，你會終身受益；不懂不要緊，長大了自會懂得的；你以後若寫文章、作詩，現在裝進肚子裏的東西，會自己跳出來，碰你的筆桿子。」前面兩句很多人講過，後面一句很獨特、也很生動。丙戌年春，尹教授為四川故人李世宗先生的長篇小說《雅江風情》，來雜誌社代李老簽出版合同書，事畢，即興為我做肖像寫生，潑墨之餘，題詩一首見贈，又隨口以四言韻文題跋，思維之活躍，為在場後生所不及。乃父之言，信哉。臨走，留下光碟兩碟，乃臺灣學者王財貴演講兒童讀經之事。王先生之智慧見識，遠勝國內教育家一籌。我在拙文〈孔子和儒家〉裏，有所吸納。我對中國傳統文化的看法，雖與王先生南轅北轍，對讀經作為兒童語文學習的方法，卻是不謀而合的贊同。日前尹教授來電話，說是在此地幾所作兒童讀經試驗的學校，發現了令人吃驚的現象：讀經的兒童性格發生改變，變得溫順有禮，舉

止言行，知所進退。果真如此，那還了得，讀經豈不成了一道藥方？此事亟待深切關注。有學者擔心孩子們「中毒」，或可不必吧；批判需要批判的武器，當他們接受了現代人文教育，再回頭看傳統文化，必有更加清醒的對照。但我又以為，此舉僅就兒童國文教育的規律而言，方有討論的意義。如果扯到興儒學以救國，那就未免滑稽荒唐了。

七六

個人生命是一段時間。歷史是人的群體的生命活動。生命的特徵，就是活，她總處於活動之中，一刻也不消停。所以我曾說過，時間這個潘朵拉魔盒，必須不斷有所填充，否則魔鬼便會跑出來。人一出生，便同時有魔鬼附體。不曉事的兒童，要吃、要玩，要與其他兒童爭食、爭玩具，與動物無異；及長，便鍾情懷春，男的有填不滿的性欲望，女的則有絞纏不清的情感欲望。而誰都承認，所謂愛情，是絕對排他的、自私的。西蒙波娃在《第二性》中描述性說，性是需要反覆的、充分的滿足的本能。性在添加入人的思維與幻想之後，變得更加可怕。事實上，人的所有欲望，異性、金錢、地位、權力、嗜好、遊樂、美食……，都因為有思維、有幻想，而變得一發不可收拾，都可能成為讓人癡迷不醒、一往無前的追求。人性，不僅天生有惡的因數，更有「趨惡」性。我相信善惡兩種因數天生並存，借用曹雪芹的話說，稱「正邪兩賦」。並且，善惡成份的多寡，與情商、智商又有某種關聯，取決於個體生命之基因。但人處於複雜的社會關係之中，他不可能像動物，完全憑本能活動。任何個人的放縱，都可能造成對他人的傷害。這才有法律、有契約、有規則的約束。而所有這些都是強制性的，只能作為道德底線存在。那麼，人的自律性從哪裏來呢？只能從文化修養來，即所謂教化。而在所有教化當中，人文思想的灌輸最為重要。當代教育把知識灌輸列為第一等，人文思想

卻被放在等而下之的位置，大錯特錯。直到上世紀九十年代，這個問題才被提出來（我以為，應以廣西師範大學出版大學《人文讀本》為標誌），作為教化的核心基地的學校，迄今還只是停留在口頭的承認上。在社會生活中，以德意志哲學為基石的社會科學理論，以及剜肉補瘡式的政治口號，仍然佔據主流地位。真正的人文思想的普及「常識」，都還處於遮遮掩掩、欲說還羞的狀態。如我們經常議論的，不是一代兩代人、而是三代五代人遭受戕害，在這一問題——人性趨善的教化問題上，最令人堪憂。

七七

法國影片《我要和你在一起》中有一句臺詞：「生活是要分享的，有分享才是生活，沒有分享，不能叫生活，只能叫活著。」這話太經典了。讀到好文章，要與同道分享；花前月下，良辰美景，與情人分享；孩子的成長、事業的成敗得失，與妻子分享；人生的經歷、現實的感慨，與朋友分享；生活的苦樂，與親人分享；生命的體驗和哲思，與上帝分享。沒有分享的人生，孤寂而無奈，如行屍走肉，只能算苟活而已。

七八

古代文字獄，和現代的「運動」，皆營造一種人人自危的生存環境、氛圍。這時，必有意志薄弱者，首先被擊倒，成為苟且求生的精神奴僕，進而墮落為賣友求榮的告密者、投機家，然後形成全線崩潰的多米諾效應。這就是恐懼下的人性的全軍覆沒。恐懼是人類自身最兇惡的敵人。「無欲則剛」，「無私則無畏」，不過是一種精神激勵；私與欲乃人性的基石，何能摒棄一盡？同時，斬盡殺絕的株連，

「殺關管，查三代，姑舅姨」，令不怕死的人，亦不得不念及妻兒老小、親戚六眷；而「憐子如何不丈夫」，這乃是人性最基本的光明面。封建專制的流氓性，正是表現在專門襲擊人性的恐懼的軟肋上。人的正直、善良、聰明、創造力、想像力、同情心，一切人性之美，統統會被暴力毀滅。大洪水到來，逃避至孤島的一群無助的難民，人性的曝光，必定十分的充分。但這群人的恐懼，僅僅是肉體可能被毀滅的恐懼；人人自危的恐怖籠罩下的孤島，才是終極恐懼，它時時刻刻威脅要同時毀滅你的肉體和靈魂。

因此，在一個轉型社會現代化的過程中，尤其要關注個體的身心安置、個體的心智和權利狀況是否得以改善。這乃是政治進步與退步的最重要的、最根本的標識。

七九

永遠不要失去自己的表達，自己的表達風格。一想到寫隨筆，關於隨筆的總總教條、思維定勢，林林的經典範文，就會跑出來提醒我們，注意這、注意那，應該這樣、應該那樣。我們會不知不覺喪失自身的優勢，喪失生活的活氣、靈氣，喪失思維與情感的原貌，變得中規中矩，邏輯化的行文範式會牽起你的鼻子走，而在這種「嚴整」的篩子上，只剩下粗粗礪礪的「梗子」，所有的精華物全被漏掉了。不妨逆向寫作，漏掉的才是好東西，全要收回來，那才是要寫到紙上的。

所以寫作的先決條件是，要思路大開，進入意氣風發的境界，旁若無人的境界，標新立異的境界，放眼無礙、放言無忌的境界，神遊魄蕩的境界，橫掃千軍如捲席，筆自縱橫意自流。

生活裏，盡量做個老實人；讀書、思考、寫文章，盡量做個「不老實」的人。

當然這些話，對很少寫作經驗的人、對吃錯藥的「犟腦殼」，是白說的。

八〇

〈珍貴的塵土〉，巴烏斯托夫斯基《金薔薇》的開篇，全書最精彩的篇什之一。你看他的筆法，何其瀟灑自如，才氣、才情，汩汩流淌，無拘無束，漫不經意，卻是從容有致。

好文章本應是流出來的。才氣、才情也是流出來的。越刻意經營，越顯雕琢。

文如其人，首先是指人的精神氣質。

八一

寫隨筆時，我很少引經據典。即使引用，也並非因為它是權威話語，而是它確實比我講得精彩，更生動、更透闢，或者更有力量。如果我們自己說的意思，與權威人士一樣，有什麼非得突出他的聲音，而藏匿自己的聲音呢？在真理面前人人平等，在思想和表達面前也應當人人平等。有人說，我們今日思考的問題，現代學者都思考過；我們今日想要表達的，現代學者都表達過。這大抵是不錯的。但既然生活中謊言仍在千百遍的重複著，我們為什麼不能尊從自己的內心真實，將現代學者的思考和表達重複一次呢？應當倡導人人敢於表達，應當聚集另一種聲音，內心真實的聲音，真實的回憶、真實的思索、真實的渴求和吶喊、真實的痛苦和呻吟。這種聚集的意義在於，讓自己做一個真實的人，進而逐步走向真正的人；讓社會成為虛偽與謊言難以存身的真實社會，進而逐步走向真正的社會。

八二

法國電影《公寓》。馬克思與麗莎萍水相逢，在她的公寓共度良宵後，相約明天在公園再見面。這時麗莎的生活中還有兩個人——追求她的億萬富翁和自稱是護士的愛麗絲。麗莎為了擺脫億萬富翁，決定去義大利旅行，交給愛麗絲一封信，請她代轉馬克思。風雪的公園中，馬克思癡癡的等待著麗莎，愛麗絲被這樣的場景所打動，對馬克思一見傾心，沒有將信交出來。馬克思來到麗莎的公寓，留下一封信。愛麗絲自稱麗莎，要轟他走。驚恐莫名的馬克思請求解釋，更顯可愛。愛麗絲要他留下，馬克思睡在沙發上。半夜，愛麗絲起床，吻他，兩人上床。這一幕被億萬富翁從對面的公寓偷窺。次日，愛麗絲自稱護士，要去上班，讓他留下。愛麗絲和馬克思分別向自己的朋友講述了自己的奇遇，保留了上床的細節。愛麗絲的朋友也正是馬克思的朋友。愛麗絲在演出時，看見臺下自己的男朋友與馬克思在一起，心神大亂，演出失敗，便遷怒於男友。此人請馬克思一起去見她。在咖啡館裏，三人相見。馬克思這才明白她是愛麗絲，不是麗莎，奇遇不奇。馬克思罵了她。而在此之前，愛麗絲得知麗莎與富翁分手，心裏強烈的愛著馬克思，而自己在兩個男人中也感到自責，於是打電話給麗莎，告訴她，自己並不是護士，已經決定用麗莎送給她的機票去國外。此時馬克思憤然離去，愛麗絲在痛苦與絕望中明確的告訴男友，自己並不愛他，不願與他共同生活。（戲劇的高潮）此前，愛麗絲的男友接到麗莎的電話，約馬克思在公園見面。馬克思來到公園，接著畫面又轉向機場。麗莎見不到人，便到公寓找馬克思，結果被富翁尾隨。富翁點燃打火機，公寓在大火中爆炸。在機場，兩人擁吻後，愛麗絲謊稱去取東西，竟自登機。玻璃窗的另一面，馬克思與

原來的女友偶然相遇，擁抱中，馬克思的眼睛與愛麗絲的眼睛對視……。

五個人的電影。電影的高妙，對話極少，運鏡極為講究。剪輯巧妙，有很強的現代感。

八三

WL兄多次講到，他供職的那所名校裏，語文老師能背誦一點古文、古詩詞，寫一手通順文章，講課令學生滿意者，幾乎沒有。我一直將信將疑，以為這真不可思議。最近偶然翻看一位中文碩士為某大刊物所寫的「導讀」，一瞥之下，嚇了一跳，那絕不是個校對錯誤——是語病。接著又看到某著名大學中文系的兩位教授、博士生導師寫的文章，一篇是序言，一篇是刊物卷首語，不通、不知所云之處，竟比比皆是！不禁想到，如今大學、中學老師的種種學歷和身份，可疑者多矣。學術頭銜貶值，並非個別現象。難怪俗諺有云：「博士火車拖，教授滿街走。」貶值加速、學風劣化、學術腐敗，當在1989年之後，迄今已成雪崩之勢。回想1987年初評職稱，較為嚴肅；教育產業化，亦尚未大行其道。

我想，那些低級的語法邏輯錯誤，在文化同源的臺灣，連中學生大約也能識別、免犯的。這說明什麼呢？教育當局想過沒有？

八四

腐敗已經不再是一個人性蛻變的過程。不需要誘惑、不需要陷阱、不需要精神抗拒和搏鬥。從向更高的權位謀取的那一天起，就已經在計算成本，就已經在謀劃攫取更多的黑金。報載：一個省鄉鎮企業局培訓中心主任，上任僅僅兩個月，就索賄七十七萬元，這還不足

以說明問題？各級銀行的頭頭，一茬接一茬的倒臺，真有「前仆後繼」之勢，這還不足以說明問題？

八五

英國科學家觀察到超星星的爆炸，根據其光譜，證明宇宙還在膨脹，也就是說，宇宙終有一天會變得一片死寂、冰冷！這是一百多億年後的事情（不久之後，美國科學家糾正說，宇宙壽命還有兩百四十億年）。這對宇宙起源於「大爆炸」，提供了逆向論證。這一發現無可辯白的證明，萬事萬物皆有始有終。始之前，終之後，無法想像、無法解釋。宇宙不復有生，萬物也就不復有生。那麼最可笑的人物，就恰恰是歷史上製造了最熱鬧的事件的那些人們，比如希特勒、史達林、賓拉登、小泉以及克隆人的科學瘋子。越是想干預歷史自然行程的人，越是歷史的小丑、罪人。

八六

現代社會，就像一輛高速行駛的戰車，我們不知不覺就已經坐在上面了，假如你感覺頭暈目眩，想下車都不可能；你不可能跳下去——即使是不摔個半死，你難道心甘情願被淘汰出局麼？所以我們把拚搏、奮鬥、只爭朝夕，諸如此類的豪言作為自己的座右銘，求生存、求發展。公司老總自不用說，滿腦子的算計，一年倒有半年腳不落地，全世界飛來飛去；當官的日子也並非僅是衣著光鮮、香車美人、出入酒宴，作作報告、發發號令；上面要問責，百姓要接待，還得左顧右盼；萬一長江發大水，煤礦瓦斯爆炸，豆腐渣工程坍塌，那就玩完了；就是弱勢群體的人們，也忙得要命，一日三餐，孩子交學費、老人住醫院，想想都頭大。全世界的人都在忙，腳步匆匆，腦子塞得

滿滿的。這就是文化人所感嘆的：坐得下來看書的人越來越少了！文化的缺失、精神的缺失，尤其是思想的缺失，成為了無論東方、西方，無論發達國家、貧窮國家，無論上層人、底層人的流行病。

八七

頭一回去大寧河，爭著去舀那清澄澄的河水喝，都說比礦泉水甜，舟子笑言，當年趙紫陽就像你們一樣，連喝了兩碗，笑瞇了眼說：「我就吃這河水煮的麵條。」次年再去，機動遊船猛增到幾十艘，河水依然清如許，卻有點汽油味兒了。滿山的野猴，難得一見，偶有出沒，驚惶逃竄，如避人禍。我不敢想，再過幾年，大寧河會是啥模樣。

人莫非世間最兇惡的野獸？人到哪兒，禍到哪兒。野猴山鳥，與這山這水相處幾千、幾萬年，安然無事；人才來幾天，全給毀了。人把城市變成了水泥森林，髒兮兮的蜂窩蟻巢，自己覺得悶、煩、難受、呆不下去了，又打起了深山老林的歪主意，未免太過貪婪。莊子說，上帝原是混沌的，自在自為，是為圓融。人卻像「倏」、「忽」，自作聰明，要為他鑿竅。南極上空的臭氧層空洞，即是一竅。上帝發怒了，頻聲示警。上帝創造了人，人卻像叛徒猶大，在最後的晚餐，給上帝下毒。上帝是毒不死的，人類不過匆匆過客，存亡倏忽間事耳！

把最後的晚餐留給後人吧，他們或許文明一些、理智一些，就像把始皇陵寢的發掘留給後人一樣。大地深海，凡人足跡未至之處，全都圈封禁地，高掛一牌：「人類不得入內！」要死要活，就讓它在自己的圈子裏折騰。反正，上帝早已傷心透了。

八八

看美國影片《鋼琴賽》,產生寫作純藝術小說或影視劇本《李青萍》的衝動。一個藝術與生命與政治的故事。一個率性的、單純的、對色彩有著特殊敏感的美麗女人,飄泊在動盪歲月的故事。一個超越時代、超越生命的故事。一個鄙視世俗和世俗人生的故事。將她的天真,改造為深刻洞穿世界和宇宙人生。從熱血青年到將自己的全部熱情投入藝術,而現實又將她不斷捲入「爛污」之中。一個不為世人瞭解的人。用內心獨白和她的作品貫穿整個影片。無聲的細節,極少的對話。藝術化的場景,潑辣的、藝術誇張的作畫的細節。

八九

古今中外,權力者沒有一個不曾禁書的。英美國家禁過《查泰萊夫人的情人》、《洛麗塔》;國民政府禁過魯迅、郁達夫、胡適。清同治七年,江蘇巡撫丁日昌下令嚴禁「淫詞小說」,分二批共計二百六十八種,連《西廂記》、《紅樓夢》也在掃禁之列。對於「誨淫誨盜」的書,現代西方人做得聰明一些,十八歲以下的禁看。我去澳門一家成人書店參觀,那些書刊成年人也未必敢睜大眼睛看的,但很規矩,青少年一個也不給進去。店堂小巧、整潔、安靜,三五讀者默默流覽其間,別是一方幽靜所在。內地對「少兒不宜」管理流於粗疏,黃色書刊、音像隨處可見。倒是有礙政治觀瞻的書,嚴加禁絕。書商為了暴利,大肆盜印,出售時像做「地下工作」一般,鬼鬼祟祟。這也難怪,一旦犯事,要坐牢、殺頭的。國內的禁書標準,業內人士簡稱「黃黑灰」。黃與黑,色情反動之謂也,無需皂羅;唯「灰」者,想講清楚也不易。大約是說作品的色調,紅的色度不夠,

或者竟沒一絲紅氣、一處紅點，作者在那兒怨天尤人，「發牢騷、說怪話」，把他的生存環境寫得天下烏鴉一般黑，了無生氣，看不到如杜勃羅留波夫之所謂「黑暗王國的一線光明」。我們不是奧斯特羅夫斯基，寫不出《大雷雨》，編輯們更不具「斯基」級別的文學眼光，所以這條禁令也就只好「瞎子摸象──估堆」了。話說回來，你灰頭土臉、你灰心喪氣，新聞檢查官們可是有滋有味的活著；井水也犯不著河水，如今誰不是多一事不如少一事呢？只要沒有好事者，捨得花八毛錢郵資，且有「上訪」式的牛勁，處理這類公務，也便「等因奉此」了。想不到到了2007年初，竟有一個姓鄔的高官，沿用「吹風會」的下作方式，一口氣禁了八部書。思想界、文學界、讀書界和線民忍無可忍，站出來「維憲」、「維權」了，義正詞嚴，聲勢頗為壯觀，還驚動了國際輿論。姓鄔的卻做了縮頭烏龜。其中寫的最好的，當數李普老先生聲援章詒和的〈聲明〉，最精彩的，講歷史，外國且不論，中國歷代禁書，都是堂堂正正禁的，沒有內部掌握、暗箱操作的。這就觸及了事件的本質。

九〇

　　用電腦就快兩年半了。這個日子很好記，我是六十歲生日前後購置電腦的。現在的電腦很好用，速度快、穩定，幾乎沒有故障的情況出現，用來得心應手，須臾不可離了。用途回歸到我購置前的預想：閱讀和寫作，上網查詢、獲取資料，列印，收發郵件。連聽音樂、看視頻節目，也一概免去。刻錄光碟，也僅僅為了備份。之前可不是這樣，「玩」得天旋地轉，每天惦記著尋找新軟體，裝了卸，卸了裝，不嫌其多、不厭其煩，作業系統被弄得一團糟，故障頻發，運行緩慢，用ghost恢復系統，乃家常便飯，兩天一小病，三天一大病。越來越覺得電腦脆弱，弱不禁風。原先玩優化、玩清理，追求的就是穩

定快捷，結果適得其反。如今不再折騰，反而乾乾淨淨，清清爽爽的了。但這個過程，似乎是必經的一段路。一是讓我成了電腦「高手」，二是明白了化繁為簡乃為真「絕招」。前此不是沒有人說過，電腦「夠用就好」，但就是理解不了。很像華羅庚談讀書：「由薄到厚，由厚到薄」，須由自己體會。世上的萬事萬物，都是簡單最好，「簡潔至上」，大約唯有思想除外吧。

九一

有趣的是，《太平雜說》的作者潘旭瀾先生引用馬克思對「太平軍」的評述，是放在書的〈後記〉裏的，他說，他不願意借用馬克思這桿「杏黃旗」。我缺乏對這段歷史的研究，並不打算評述《太平雜說》這本書。但我要將它推薦給讀者，認真一讀。我想說的是，有的歷史人物和現實人物，對馬克思的尊重是極其有限的，對馬克思完全採取了實用主義。借洋人、古人既是一種慣技，又是經過了改造、裝扮的，美其名曰「發展」。而他所缺乏的，恰恰是洋人或古人的科學精神和人品、人格。言必稱「老祖宗」的人，其實心目中根本沒有「老祖宗」，甚至根本不讀「老祖宗」。一旦老祖宗所言不對味口，則棄祖宗牌位如敝履，大樹特樹的還是自己那桿杏黃旗。與對太平軍評價相關的是一個經典的哲學命題：英雄創造歷史，還是奴隸創造歷史？馬克思、恩格斯從來沒有說過「奴隸創造歷史」，相反的，他們認為，歷史總是少數人改變、書寫的，奴隸們僅僅是在求生存，他們不具有改變、書寫歷史所需要的前提條件——地位和權力。

令人驚異不已的是，還有所謂的歷史學者，居然也視若無睹，對一向奉為神明的祖宗話語隻字不提。學術良心被政治安全需求或現實的既得利益吞噬掉了，被真正的權威吞噬掉了。我們在慨歎權力強大的同時，更痛心於人性的被摧殘、被擄掠。中國知識份子是中國的良

心，可是，良心竟然如此脆弱、如此不值錢、如此容易被賤賣。這樣看來，馬寅初先生留給我們的財富，絕不僅止他的人口論，而是他與兩百多個御用刀筆吏孤身作戰的學術大無畏和學術良心。

九二

別看知識份子坐在電腦前，嘴裏吐著煙霧、咖啡冒著熱氣，他們的思想比煙霧走得更遠，他們的心比咖啡更苦。他們是上帝打發到人間服苦役的另一種類型。

九三

方言的形成，很有意思。中國北方方言的通懂，與南方方言的複雜多樣，恰成鮮明對比。現存的南方方言更古老，北方方言的形成則晚得多。

方言有明顯的漸變性。

有人覺得奇怪，沙市方言與其周邊的廣袤農村方言相對照，似乎是「突變」。但從沙市地處的縱橫坐標來看，其漸變性依然明顯：從河南、襄樊、沙市、常德這條縱線，或從四川、宜昌、枝江、沙市、武漢、九江、南京、上海這條橫線看，沙市口音處在正常的漸變當中。那麼，為什麼沙市口音與武漢、宜昌接近，而與其周圍的農村反而差別更大？我以為用一個「通」字可以解釋。

通，首先指交通，其次是通商、通婚。

在公路、鐵路暢達之前，水路是主要交通通道。宜都、長陽的民歌裏，有很多「到沙市」的內容，可見那裏的人順江而下，沙市是落腳的第一站。而沙市1949年前各地的幫會當中，漢陽幫乃是最大的組織。這裏曾是極為典型的「五方雜處」之地。我所出生的梅臺巷老

宅，裏面住的就有沙市、漢陽、南京、河南好幾個地方的人。沙市、荊州城、草市之所以會形成一個「突變」的方言「小三角」，又與這三地有通婚的習俗相關。1955年以前，沙市到荊州城有水路可行，比沙市到岑河、觀音壋還方便。沙市是商業都會，荊州是行政中心，官商聯姻勢在必行。荊沙方言受北方話的影響，則可能與大清兩百多年在荊州設府有關，據《江陵縣誌》記載，清朝建立後，曾有兩萬多的滿人遷居荊州城。儘管荊州的東城、西城涇渭分明，但東城的滿人出入漢人集居的西城，還是非常自由的。《紅樓夢》裏能夠找到許多荊沙方言，也是證明。

九四

　　曾經一度肆虐大陸的政治口號「知識越多越反動」，細想之下，自有其深刻處。古人云，以學養思，精思入神，知識孕育思想，思想打破權力話語的壟、衝破精神牢籠的禁錮，所有瞞和騙的教義、所有現存的正統，都將受到知識和思想的拷問，從而接受它的質疑與批判，何不謂反其道而動？然而，知識又不能自發產生思想，正如馬克思所說，工人運動不能自發產生革命理論。知識產生思想有一個必經的環節，那就是人文精神的傳承和直面社會、直面人生的獨立思考。我甚至想過，一個人的人文精神，簡直就是人文氣質，很可能有遺傳基因在起作用。

　　有人說，人均GDP達到兩千至三千美元時，會出現全面的社會危機。第一，應該有了一個相對龐大的中產階級，他們有相應的政治訴求；第二，下層人民的知識文化水平有相應提升，從不關注政治到主動思考一些深層次的問題；第三，「啟蒙」已積累相當可觀的成果；第四，國家的走向，更嚴重地影響到各個階層的經濟利益和精神需求。因此，當決定啟動市場經濟的槓桿時，就等於決定了拿這槓桿作鑖頭。

九五

作家W某，據說在海外有網站，專為他呼籲，助其問鼎諾貝爾文學獎。在我看來，這只是個黑色幽默。我曾欣賞他的才華，拿他的意識流小說作教學演講的範例。後為其某種「情結」之執迷不誤，頗覺不解。有沒有這情結，倒在其次；真假莫辨卻又當別論；懷疑有詐，蓋因其人其文，每每顯得油滑。聰明過頭，即為狡猾；借智慧而自保，是為機變，亦無可厚非；同時而欲欺世盜名，狡且詐矣。後又發生所謂「二W」之爭，其人之氣量狹隘，叫人大跌眼鏡。不論其幫夥如何為其搖旗助威，欲構築其文壇霸主的地位，也不論人文討論為何不了了之，是非已在人心。七秩之年，奢談人生哲學不說，連老婆也請出來捧自家先生，未免滑稽。讀章詒和《往事並不如煙》，全書僅有一處「罵人」，那是當罵；我不識君，故不必罵，自此不看其著述，卻是不假，有要好的朋友向我推薦時，我或保持緘默，或直言拜上：「毫無興趣」，蓋免談之意。我寧信章，不信他。取人取文，不宜取小才而捨大德，唯高人格方出高文章、真文章。

九六

現實主義文學是平面鏡，它映照出十九世紀前，作家、思想家雖不平靜但樂觀的內心，充滿希望的、熱忱的、強而有力的、跳動的心。現代主義則是哈哈鏡。作家、思想家們面對大工業造成的人的隔膜和異化，心率不齊了，就像面對測謊儀而又心理素質不佳的無可奈何之人。世界和存在於世界的人們全都變形，晃晃悠悠，模模糊糊，而現實主義的祖宗的血脈尚在他們身上流淌、躍動，他們並沒有死心。他們掙扎著、呼喊著，企圖通過反思「自我」，尋覓一條人類的

精神出路。到了上世紀六十年代，後現代主義者乾脆一拳砸破那面哈
哈鏡，他們舔著自己血淋淋的拳頭，把懷疑和憤怒和絕望，直接指向
世界的存在本身。如果說，現實主義基本上樂觀，現代主義基本上悲
觀，後現代主義則基本上絕望。西方的後現代主義者，仍然不是絕對
心死的人。由於他們生活在現代西方，矛頭所向便是現代資本主義。
其中還有人企圖從東方神秘主義文化中尋找濟世的武器。對於上面兩
種情形，當代中國學人務必保持清醒。一些「新左派」，跟著西方這
些病急亂投醫的人瞎起哄，借用他們的矛頭，指責中國現代進程中積
極的、前進的因素，那就大錯特錯了。

九七

　　尼采認為，當時瀰漫歐洲的虛無主義，是從歐洲的基督教這個樹
幹上生長的熟透的果子。為與虛無主義鬥爭，他必須要「敵基督」，
必須建立自己的哲學前廳和哲學主樓。前廳是《查拉斯特拉特如是
說》，主樓只有草圖，還沒有落成，他就精神失常了。尼采是基於
現代啟蒙思想來反對基督教的。他要將現代西方思想引向轉折──回
頭看。這種向著其源頭看，就是向古希臘思想看齊。啟蒙運動之後的
浪漫派，主張全面返回古希臘。尼采的返回走到了極致。但尼采不是
通常意義上的無神論者，對於他來說，沒有「神」，生活是無法承受
的。因此，一、尼采說「上帝死了」，是指基督教的上帝，他尋覓的
上帝，是源頭的上帝，猶太教的上帝或者希臘異教的上帝。它開啟了
一個思想：唯有德語思想可以重新建立起歐洲思想與源頭的聯繫。
二、尼采攻擊基督教，是集中攻擊其道德主義。他認為，原初基督教
或基督信仰的實質，根本就不是一種道德主義。

　　批判尼采的「上帝死了」，是現代中國思想界（包括魯迅）對尼
采的誤解。研究尼采，首先要還原尼采的本來面目──沿著尼采的向古

希臘追尋而追尋。尼采創建的自己「神學」，有一個沒有死的上帝。它忠誠並熱愛大地——包括熱愛和忠誠於此世的不幸、恐怖和困窘。由此看來，他是不絕望的悲觀主義者。

劉小楓說：「尼采把歐洲的命運當成『大政治』來思考：基督教衰微處理中的歐洲精神往何處去？」，「關心中國精神的現代性命運的漢語思想者與尼采思想發生內在的深度關係，是沒有指望逃避的思想命運。」

九八

胡德平（耀邦先生公子）、嚴寬兩位先生，在2004年10月連續發現了兩幅古畫，都曾在傳抄的敦敏的〈瓶湖懋齋記盛〉這一長篇散文中有記述：曹雪芹、董邦達對這兩幅畫做過鑒定。其中〈秋葵圖〉的名字，是當今畫冊的編輯給取的，原作上並沒有畫的題名，因此，曹雪芹諸公為它取名〈秋葵彩蝶圖〉也是可以的，而且似更自然、更準確，因畫中有五隻翩飛的彩色蝴蝶，十分醒目。〈記盛〉一文中描述的是乾隆二十三年的故事，此畫於乾隆二十八年歸乾隆收藏（現藏臺北故宮博物院），時間上並無矛盾。雪芹的眼光自非一般，說「唯此畫足資收藏」。這幅畫由宮廷大畫師董邦達獻給乾隆的可能性很大。這說明什麼呢？1973年，紅學界曾為了〈瓶湖懋齋記盛〉的真偽，發生過令世人矚目的爭論。已故的吳恩裕先生是首次披露者，力主其真；陳毓羆、劉世德、胡文彬等主流紅學界人士力辨其偽。時隔三十多年，既有新的發現，也便舊事重提。我當然希望敦敏的這篇散文是真的，因為它是直接的、正面的、詳盡地描寫曹雪芹的性格、人品、才情的文字，不僅十分難得（以雪芹當時的境況，交友有限，也許此文為世所僅存），而且為發掘曹雪芹的史料提供了一個寶貴線索——追尋流散到日本的曹著《廢藝齋集稿》，這才顯得必要和重要。另外，

如果吳恩裕、胡德平之論成立，則想要否定曹雪芹《紅樓夢》的著作權，就更加困難了。

讀了吳恩裕就《廢藝齋集稿》、〈瓶湖懋齋記盛〉的真偽，對陳、劉的答辯文章，兩代學人的功力和治學態度，高下自明。胡德平從吳而棄陳、劉，自有道理。

首先，乾隆十九年（或十五年），雪芹自序中寫的「老於冒雪而來」，除夕那日，西山是否下雪？吳老不僅請教了氣象專家，以專家之說作為答辯；還碰巧在寫作這篇文章期間，遇上了預報城中無雪、西郊卻是大雪的情況，就此作了無可辯駁的例證。

其次，1944年，從日本商人金田手中借抄雪芹佚著《南鷂北鳶考工記》一事，人證不僅是吳老的朋友、抄件複製品的提供者孔祥澤，還有同時在場參加抄錄的中國人趙雨山、楊蕭谷、金福忠（敦惠的後人），以及日本方面的當事人、向金氏借書並組織抄錄的北平國立藝術專門學校的雕塑教授高見嘉什。這幾個中國人在吳文發表後的五年都還健在；而且更重要的，他們各自都保存著相同或不同的雪芹原作的抄錄件。至於他們願不願意拿出來、什麼時候拿出來、以什麼方式拿出來，這是他們的自由。

第三，從保存下來的殘文的思想內容來看，究竟是不是曹雪芹的佚著？應該說，與《紅樓夢》作者的思想情感，相當吻合。

第四，從殘文中所透露的人物關係、故事情節，依據信史和《紅樓夢》文本，加以對照，曹雪芹與他們聚而論畫，不是沒有可能的。

這樣的答辯，不可謂不全面周詳。而吳氏之兩位後學的文字，論題以外的話語，似乎說得太多。想寫出性情文字，而這性情並不怎麼儒雅和大度，摻合在不太高明的見識當中，小家子氣和小心眼也便成了掩不住的「狐狸尾巴」。

當然，若說做出〈記盛〉是「真」的結論，為時尚早。就我個人言，〈記盛〉抄件提供者孔祥澤先生曾將他外祖父的一首詩〈自題畫

石〉，拿來冒充曹雪芹的原作，這就難免叫人懷疑他是個「偷斧子的人」。看來，人是一件不該做的事都不能做，儘管這很難很難，幾乎是做不到的。

九九

中國的歷史命運，何以叫人一次又一次的希望破滅而一次又一次的陷入絕望？這似乎是宿命。這種宿命，其實就是文化宿命。中國文化所缺乏的，就是自由思想。如殷海光說的，自由思想總是處在「道統」和「激進」的夾擊之中，存活的空間很少。而激進往往是對道統的無奈的反駁；所以，歸根結底，是道統壓制了人性、扭曲了人性、異化（劣化）了人性，將人性的弱點突出再突出：失去自尊、奴性十足、逆來順受、左右逢源、貪生怕死、苟活、委曲求全……，在這種狀況下，絕大多數人都變成了「沉默的大多數」，精神被閹割，哪還有自由思想？即使孔夫子本身沒有罪過，「儒教」是罪不容赦的。當「道統」逼得「正邪兩賦」的人走投無路，這些知識份子多數變成了「凡人」、成了「顛僧」；少數則淪為宋江、李自成、洪秀全之流。如果正當王朝末世，他們便有可能集結起沒有活路的江湖群氓，形成暴力「革命」的力量。暴力「革命」的果實，往往被其中的最具暴力者，或者最流氓、最狡詐、最無賴的人竊取，從而建立新的王朝、實行新的道統。新道統與舊道統，仍舊拿儒教做為維護自身統治的護身法寶，絕對沒有實質性的改變。這就是中國漫長封建社會的全部歷史。歷史宿命，也就是文化宿命。

■ ■ ■ ■

不用胭脂媚世人

一〇〇

　　研究魯迅，我與林賢治先生的思路每每不謀而合。對魯迅的爭議，主要在後十年上。因為魯迅幾乎放棄了文學，直接參與了政治。其中，又以魯迅與革命、與政治、與共產、與左聯的關係為重點。此外就是與他的一些論敵，胡適、新月派、現代評論、施蟄存、成仿吾、林語堂，以及馮雪峰、周揚的關係。其中，以周揚為首的四條漢子是關鍵。林在《魯迅的最後十年》中論述比較透徹，只是過於簡略。他的引言寫得不錯，雖然沒有充分展開，思路是清晰的、徹底的。我所做的提綱和研究思路，大體與林相同。

一〇一

　　又一次領教了中國當代評論家的「科學精神」和人格。

　　韓石山的《少不讀魯迅，老不讀胡適》，與這個浮躁的、嘩眾取寵的時尚文化（泡沫文化），取得了完美的「和諧」。

　　他以顛覆前人的魯迅研究成果為出發點，自然首先抬出王朔這個第一發難者，大加吹捧，給予王極高的評價。所謂惺惺相惜，所謂沆瀣一氣。

　　韓石山將魯迅的一生攔腰一截，說1927年以後的魯迅根本無需評說，因為早有毛澤東和共產黨的評價在那兒擺著，再明白不過。這一手可謂一石三鳥：迎合了自由主義學者對魯迅後期的不理解和嚴重不滿；繞開了最敏感的敘述和論述；把魯迅研究中最複雜、也是最重要的人生階段徹底概念化、簡單化，於是，對魯迅的否定的難度便輕輕鬆鬆的降低了一大半。

而對魯迅的前半生，韓一方面僅僅肯定他的小說創作，一方面又避而不談魯迅的任何一部具體的文學作品。這叫抽象肯定、具體迴避。當然他有「前人之述備矣」的託辭。

韓著的全部內容，就是「梳理」魯迅與胡適，與所謂從歐美留學歸國的「新派」知識份子的恩恩怨怨：矛盾的起因、積怨的由來、具體的筆墨官司等等。而所有這些，都應該歸咎於魯迅的自私、小心眼、維護自我形象和名聲、偏激、狹隘、委瑣、思想落後、沒有理論修養、缺乏論戰的真本領等等。韓石山的把魯迅「請下神壇」，就是把魯迅放在韓石山、王朔的水平，甚或他們的境界之下，婦姑勃谿的水平。典型的「以小人之心度君子之腹」。這樣一來，魯迅的渺小、猥瑣、不值一談，也就不言自明了。

全書可以用「狗苟蠅營」、「勾心鬥角」、「婦姑勃谿」來概括。也就停留在這個層次上；抽取了思想的力量、人格的力量。一片王婆爭吵、罵街之聲。從「新文化運動」的「主將、主帥」和「大將、副將」之分別，到因孫伏園的一則徵文所引發的胡適、梁啟超、徐志摩、魯迅的「勾心鬥角」，再到魯迅與「第三種人」的文人們的思想爭辯，全都淪落到今天文壇上的鬧劇水平。不僅魯迅、胡適、梁啟超，以及所有的「新派文人」，統統成了「韓石山」之流，人格心理，無不卑下、委瑣如韓某人了。

其實，韓石山是拿時下的道德環境和人際關係，揣度那個思想學術自由的時代的人事，他的「學術」走錯了「房間」。

這部書提供了一個「範本」、一幅當代「偽學界」的自畫像。就此而言，實屬難得。

2005年的中國學壇有兩部「奇書」，一部就是它，還有一部則是《束星北檔案》。後者星斗其文，前者狗皮而已。這也正是今日中國思想界、學術界的生動寫照。

一〇二

馬克思承認腦力與體力勞動的差別、簡單勞動與複雜勞動的差別，卻又把資本家看成不勞而獲的剝削者。資本家的投資和管理經營，正是複雜勞動。他承受的風險，是他一夜之間可能淪為乞丐，讓幾代人的心血盡付東流。現代社會的觀點與之相反，資本家是「家」，是高級人才。

新政之初，劉少奇提出，發展農村富農經濟，在城市鼓勵扶持「紅色資本家」，極有遠見。可惜時隔三十年後才由鄧小平承接其思想，著力推行。當然，這只是問題的一個方面。另一方面是，必須有真正代表不擁有資本的勞動者利益的政府，經稅收等宏觀手段，兼顧勞資雙方的實際利益，在效率與公平間求取平衡。

一〇三

魯迅從來沒有被神化。只有毛澤東給予他的評價最高，用過好幾個「最」字。但就在這同時，毛又聲稱「雜文時代」已經過去，而幾年之後，毛就在公開場合說，魯迅要活到現在，要麼他閉上嘴，要麼讓他在牢裏待著（黃宗英以八十高齡、將死之身，挺身出來作證，毛講這番話時，她受了極大的驚嚇，險些流產）。因為毛已經不再需要魯迅，他有了新的文化代理人郭沫若。中國老百姓知道魯迅的並不多，比知道孔夫子，或知道毛、劉、周、朱、陳、林、鄧的少得多。魯迅在我的心目中，始終是一個人，一個了不起的思想家、小說家。魯迅同時代的人物對他的評價，應該說是公允的，並沒有誰拿槍逼著他們說他們不想說的話。最後，魯迅生前生後，一直被人罵著、詆毀著，他的書長時期被禁著，這都不是「神」在國人中所享受的待遇。

一〇四

讀馮其庸《紅樓夢的思想》。想到了一個大題目。

明代嘉靖至萬曆的近一百年，中國（尤其經濟發達的長江下游），農業經濟急劇解體，商業經濟迅猛成展，對農業社會的結構、價值體系的衝擊，如摧枯拉朽，政體並無變更，傳統道德體系卻在經濟力量的重拳下分崩離析。以二十年為一個階梯，商業經濟迅速取代農業經濟；道德淪喪的情勢每況愈下；貧富分化，愈演愈烈。張居正十年改革、末代帝王崇禎勵精圖治，大明江山的殘局終究無法收拾。內有李自成暴力謀反，外有清國強敵入侵，導致明朝與清朝的政權更迭。而中國資本主義經濟的興起，終因缺乏思想政治變革的跟進和科學技術的支撐，胎死腹中。歷史的倒退又再度發生。

中國歷史上類似的大循環、大倒退，可以從明代向兩頭延續起來觀察。宋代城市經濟的萌芽、程朱理學倒行逆施、政治昏庸，其結果是內亂頻仍，異族入侵，元朝取而代之；明末資本主義經濟的勃興，其結果是清朝取而代之；而清朝晚期，中國經歷的社會經濟、政治、文化的震盪，可謂史無前例，其結果如何？換來的竟又是一個王朝更迭。迄今，歷史又走到了一個「拐點」。當我們預見歷史的走向時，中國歷史這面大鏡子，總能給我們悲壯的警示。

一定要讀一讀古希臘歷史和蘇格拉底時期哲學，讀一讀韋伯的《新教倫理與資本主義精神》。

一〇五

我一向覺得，李白不可與杜甫相提並論。李白的詩，只有少數很自信、很天真、很咬筋的人喜歡。所謂詩仙，其實並無仙氣，骨子

裏有著一股愚笨的倔強和不醒事的狂妄自大和自戀。詩多狂言大話，留下的九百多首詩大都一個調調，我當如何如何、我欲如何如何、我在如何如何，喜亦我，哀亦我，自我中心主義，何其張揚。他的才氣是另一碼事。說得不客氣些，開了詩壇「假大空」的先河。說他是浪漫主義詩歌的頂峰，值得商榷；先於他的屈原，同時代的李賀、李商隱，後於他的蘇、辛、陸游，要往哪兒擺？這乃是歷朝不得志文人的惺惺相惜，拿古人說事，抬舉自己；其自戀情結如出一轍。

一〇六

如果說二十世紀下半葉中國大陸有大師級的思想家，那就是張中曉和顧准；如果說二十世紀下半葉有經典著作，那就是《無夢樓隨筆》和《從理想主義到經驗主義》。這兩部著作，常讀常新，常思常深，當代中國知識份子或讀書人，都應該案頭各置一部，不僅汲取他們的思想智慧，更汲取精神力量和心靈的感動。說中國有希望，這才是希望；說中國人人心未死，這才是人心未死的明證。縱觀中國歷史，所缺者，唯思想與思想者、唯宗教精神與科學精神，而張中曉、顧准之所有者，正是宗教精神與科學精神。無需我評價這兩部經典，凡有一點人文精神的人、凡有一點良知的人、凡不願苟活的人、凡不僅關心一己之私的人、凡為後人著想的人，都會理解我對他們的評價。

一〇七

在靈感狀態下，我需要捕捉、記錄一些隻言片語，幾個細節或場景。所謂吉光片羽。它可以撬開我的記憶庫門的一絲縫隙，然後會越鑿越大，讓我擠進身去，最終進入自由翱翔的廣闊天地。只要這一點點縫隙就夠了；沒有這一點點卻不行。靈感的遺忘，比錢包的丟失還叫人難受。

一〇八

心靈的空虛，有時表現於自己並無意識的忙忙碌碌。為著芝麻綠豆的一點小事，打電話、約朋友、聚談小飲，看似熱之、鬧之，其實是為著填滿時間的怪匣子。精神充實的人，總感覺時間不夠用，他會計畫安排，分別主次，盡量擠出一點空餘，去做那些不得不作的小事、瑣事。

一〇九

與CH君書，談到當代作家是以農民和準農民為主體的群落，歷來受理想主義的浸潤很深，我稱之為在理想主義和頹廢主義之間跳來跳去的人。極易受功名利祿和物欲引誘，成為權力和金錢的幫忙、幫閒、乃至幫兇。又在歷史上，讀書人只有三種選擇：入士做官；潔身自好，明哲保身，謀一個小事養家活口；裝瘋賣傻，做一個顛僧。而中國歷史上，連這種顛僧也極少。中國民主化進程是很艱難的，很可能沒有人們想像的那樣樂觀。暴力是對歷史自然進程的強暴，是對生產力毀滅，對文化的浩劫，對人性和人的摧殘、扭曲和奴役。

與CH君書。談到「水滸式社會」。有人擔心走向它，我則感覺已然形成，至少在我所感受的生活天地之內。

一一〇

霍氏姐弟的《紅樓解夢》之所以引起紅學界許多人士的一片討伐之聲，在於它看起來簡直是太不可思議了，他解開了太多前人有所察覺、有所領悟但卻沒有大膽深入挖掘、深入展開的《紅樓夢》的極

為特殊的寫作手法中所包含的「隱喻」，這裏所說的極為特殊的隱喻手法，就好像是複雜的交響樂，就好像是畢卡索晚期的作品，變形、移位、旋轉、分裂、組合，移花接木，張冠李戴，你中有我、我中有你，拆一人為數人，和數人為一人，等等。曹雪芹這樣做，使人不得不想到他的寫作動機非比尋常，是不是隱藏著一個天大的秘密？若單純是為了逃避文字獄，似也不必如此煞費苦心吧，完全可以用更簡單的手法來處理；想必是隱情十分巨大、十分複雜、十分驚人，彷彿是一顆原子彈，非得將它拆開成一個個部件，然後再一一深藏；某一個部件不小心洩露出來，都會招致殺身之禍！也許霍氏姐弟把這個要原子彈想得太大了，一定要與雍正的宮廷秘史、與他的死亡之謎聯繫在一起，重犯了舊索引派的毛病，然而，就像所有認真的、下過功夫的學術研究一樣，是不好全盤抹殺的，它總會有合理的、有價值的部份，或者是他的思路，或者是他的某些成果或結論，或者是他的方法，總有值得吸取、借鑒的地方。紅學界的不容人，自毛澤東開了一個不好的先例，滿嘴辯證法的他，居然最不講辯證法，攻其一點，不及其餘，一棍子打死，根本不讓人講話，他對自己寬容無邊，總是「九個指頭和一個指頭」，對別人不管你有多少功，只要有一點過失，就抓住不放，對你來個全盤否定。學術的進步，乃是千百人的思想與勞動點點滴滴積累的艱苦而漫長的過程，科學史上有多少一粒金子埋藏年深之後才被發現的佳話，又有多少因真理觸犯權威而屈死的天才！而像霍氏姐弟這樣敢於大膽假設的學者，其精神就值得肯定。為什麼在自然科學領域允許大膽，在人文領域就不允許呢？你為什麼不能把它看作是一種猜謎遊戲呢？既然文學圈子裏有人大玩遊戲，紅學圈子混進一些玩遊戲的人又有什麼奇怪呢？如果我們有足夠的眼光與平和的心態，將其當做好玩得很的一件事，又有什麼不可以的呢？好像看變戲法，明明知道他是假把戲，你不是仍然興趣盎然麼？中國人的心態大有問題，把什麼事情都看得很嚴重、很嚴肅、很認真，其

實，現實生活當中根本不是那麼一回事，往往很不嚴肅、認真，一到學術領域，心態就會大變；說到底還是心理承受能力太差，什麼事情都愛與思想政治、民族精神、愛國主義這些挺讓人感到有壓力的大帽子（宏大話語，往往大而無當，另藏深機）聯繫在一起，弄得人神經兮兮、緊張兮兮，感到很沉重。就像踢足球，明明是體育運動，勝敗無常，球迷作為看客，其實也就是一種娛樂，幹嘛非要將它與民族精神、國家強盛掛鈎？這不是自己給自己找不痛快嗎？

周汝昌先生的紅樓夢研究，也給人天馬行空的感覺，那是才情、是悟性，因為他功底紮實，給人開啟神思的智慧、給人在知識的大海暢遊的愉悅、給人精神翱翔的快感和一種歷史美的享受！而偶然在網上看到的名叫《紅樓醒夢》的所謂專著，卻讓人像誤食了蒼蠅一樣噁心。（我忍不住發了一個帖子，不輕不重的譏刺了幾句）那些無稽之談，令人啼笑皆非。霍氏姐弟畢竟不像他那樣信口開河、嘩眾取寵，聊備一格，未嘗不可。

————

文章可以寫得煙雨濛濛，也可以寫得雪霽初晴。怕的是作者心中原本就煙雨濛濛，不知自己講些什麼；照著內心的煙雨畫一幅煙雨圖還好，更怕明明內心煙雲模糊，還要畫成雪霽初晴，那便是「以其昏昏，使人昭昭」了。對這種看似振振有詞的東西，若已經看出其內心的模糊，最好置之不理，因為駁詰起來費勁，而於明眼人無需皂羅，於它的作者本身往往意義不大。

一一二

一位老詩家做詩數十年，滿腹經綸，格律工穩，用典雅訓，尤擅駢體文。一日忽揀其所作某某賦來讀，景仰之情，頃刻化為烏有。不禁扼腕長歎，此翁若有黨治國先生之思想眼光，何其了得。另有一老畫家，學問根底雖不比老詩家，卻也非如吾輩草莽，且有半生磨難，每作驚人之語，其人傳諸後世之心亦盛，惜乎入寵嘉會頻頻，生性喜動不喜靜，亦虛擲筆墨太多矣。C君，記者出身，青年罹難，晚年雖亦不得志，但精力充沛，激情不減當年，思想學問介乎上述二老之間，然或為家務所累，發財夢如吹皂泡，滅一個續吹一個，心力交瘁，不壽而故。另一Z君，文字好，潛心學問，極認真。然成也「偏執」，或敗也偏執，對其研究對象，到了奉若神明的地步，不容置一異見，豈非理想主義之術。L君，五老中最是靈性、激情者也，識見高人一籌。開放早期曾有大文章源源問世。以其精力識見，仍有極大潛力，卻揚言封筆，不知何故也。五老皆長吾十歲左右，古稀之人也。立此存照，以為警戒。

一一三

有一個看似奇特的現象：無論討論什麼問題，自由主義學者總能取得基本一致的看法。關於儒家，關於中國傳統文化，關於五四運動，關於廢科舉，關於《北京甲申文化宣言》，關於大學教育，關於讀經和祭孔，關於民間維權，關於王朔和王蒙和余秋雨，關於民主法治，關於李敖，關於顧准和張中曉，幾乎在所有思想文化的問題上都能遙相呼應，好像天南地北的學者們打過電話、開過會一樣；唯獨在胡適與魯迅的評價問題上出現分歧。而且據我觀察，由此分成幾乎

互不往來的兩大陣營。對魯迅的評價,林賢治、余杰、錢理群、王學泰、黨治國、余世存、傅國湧一路;程先生與謝泳一路。這與地域沒有關係。朱學勤好像沒有發表明確的意見,但最近他的〈魯迅的短板〉卻是這一路意見中最為激烈而尖刻的。值得注意的是,余世存在與傅國湧關於《非常道》的對話中,有一種更「超然」的態度,那就是肯定的表示,在魯迅與胡適、孫中山與袁世凱之間,評判是非高下,毫無意義。他更傾向於建設性意見,但同時他又表現出一種無奈,認為我們沒有「勇氣」衝出既有的思想牢籠。

——四

無論曾經走過怎樣的路,只要能在「今天」這一個「點」上重合,我便不會後悔。如果讓我重新選擇生活,我也許會有多種多樣的道路可走,也許會發財、會出名,甚至名利兼收,但我卻擔心我能不能走到「今天」這一個「點」上。如果不能,我將會更加遺憾。而今既無錢又無名,但唯其能站在這一個思想之「點」上,我毫不後悔。因為我自認為活得清醒。而許許多多人,有成就的人,很糊塗。

——五

人是自然選擇的結果,進化論的這個結論,受到了科學新發現的質疑和挑戰。超越自然的「神性力」,是存在的,比如暗物質,比如以宇宙近四百億年的生命,是不可能「碰撞」生成去氧核糖核酸的,也就是說生命不可能偶然產生。但我想說的是,人一旦誕生,就會處於被自然選擇的狀態中,這個過程永遠不會終止。同時,人類的王國,就是穿褲子的猴子王國——儘管「叢林原則」已經為思想的人類所超越——人至今還不得不接受另一種選擇,暴力和金錢的選擇。暴力和

金錢像獵頭、像星探，敏銳的嗅出人性的氣味，迅速將人群分類，把你向不同的類屬驅趕。沒有強大的人文精神支撐，人很難逃脫這一法則。

一一六

說到讀書，邏輯上可以有這樣的命題：書是何物、書的來歷（誰寫的、怎麼寫的）、為什麼讀書、怎麼樣讀書、讀什麼書。這些話題，是讀書人最熱門的話題，古往今來，談讀書的書，車載斗量，汗牛充棟，不比被研究探討的原著少。為什麼這樣多？每一個讀書人都有資格講話，而且見仁見智。它是個永恆的話題，伴隨人的一生，常想常新。比如問我那五歲的小孫子，比如問小學生、問中學生、問老人，比如問粗通文墨的人、問政治家、問道德家、問學者、問自然科學家、問人文學者，回答都不會完全相同。所以任何人談讀書，都是個人之見、一家之言。

讀大學，學知識重要，還是學習、研究、探索掌握知識的方法重要？

談讀書，說來說去，是要讓人明白，如何養成陳寅恪先生說的「獨立之精神、自由之思想」。

我首先引用陳先生的這兩句話，因為太重要了！讀書為的是什麼？讀書做官、讀書找好工作、讀書成名成家、讀書報效父母、報效祖國人民，這些都有道理、都沒錯；問題是你能實現心願嗎？做官，是做貪官或做清官？好工作是出人頭地的工作還是能實現自我價值的工作？是高收入的工作還是符合興趣的工作？成名成家，是不名副其實的假院士、假博導、學閥、學棍、平庸的混混，終生的半吊子，還是具有人文精神的真學者、大學者？是為了掙大錢自己享樂人生，還是做有慈悲心懷、有宗教精神的濟世之才？

　　比爾蓋茨宣佈不留遺產，美國的捐贈事業，有半數以上的人參與，這與中國的暴發戶的拼命享樂和一毛不拔，反差實在太大。

　　過去的有錢人，越是有錢，越講究詩禮傳家，晉商、徽商，歷來講信譽，胡適先生曾經講過，民國初年有一位富甲天下的大商人，臨死之前，將財產疏散一盡，說子孫賢孝，要錢做什麼；子孫不賢孝，要錢做什麼？

　　所以讀書和做人，是互動的關係；讀書與修身相互作用，道德境界越高，越會讀書，讀得越博、越深、越精，越有自己獨到的思想識見，而且最重要的，越能堅持自己的思想，最終必成大器！歷史上，正面、反面的例子太多了，最著名的例子是堅持「日心說」的哥白尼。反面的例子，一個是歐拉，一個是與愛因斯坦並列為二十世紀最偉大的科學家——量子論的發現者普朗克。

　　說得淺近直白一些，讀書最終還是為了立人。人立起來了，就會分辨書的好壞、書的品味；如何與作者交流、對話；如何獨立思考，理解問題、分析問題、發現問題；在此基礎上，站到前人的肩膀上登高遠眺，前無古人，後無來者，進而發前人所未發，啟迪後人之心智。

　　著名的教育家葉聖陶先生說過：「教就是為了不需要教。要提倡引導與啟發，使學生加強自力鍛煉，達到疑難能自決，是非能自辨，鬥爭能自奮，攻關能自勉的主動境界。」

一一七

　　中國人除了貧窮之外，歷來還要承受兩種壓力，政治的或權力的壓力；社會文化環境的壓力。一個是歷史的重負，一個是現實的重負；一個造成恐懼，一個造成畏懼。心理負擔過重的結果，創造力衰退，靈性磨蝕。權力恐懼自不用說，事關要不要腦袋或牢獄之災。後

者卻有形而無形,因為無時無刻不在感受,反倒容易麻木,或者「習以為常」。做一項課題研究,怕同事眼紅,怕被剽竊,怕領導者要求署名;賺了錢怕露富,怕遭綁架,怕敲詐者上門;吃了虧還怕人見笑;甚至像我,住在貧民區,買兩瓶牛奶,用黑色塑膠袋包著,因為底層市民愛「查西廂」,怕人家心理不平衡。更不用說哪位先生與漂亮小姐站在街頭親熱聊天了。西方人則不然,沒有誰管別人的正事、閒事,操「冤枉心」。政治環境和社會文化環境的寬鬆,不但適合做學問、做買賣,也適合生存,不至於活得那麼累。

一一八

　　自1993年開始的人文精神大討論,是一次自發的、自由的(干預相對弱化)的思想辯論。這僅僅是一個開端,預計將會持續延宕下去,當然其間可能會有熱度的消長。

　　討論所呈現的複雜和混亂,也是空前的。堅守人文精神的一方,八十年代是其懷舊情結的出發地;當代文化世俗化的迅急勢頭,是其直接的感覺痛點;謀求文化價值定位或已然成為流浪者的精英們自身的棲身之所,是其客觀的、現實的歸宿。而討論帶給我們的所有矛盾與痛苦,都出自東西方文化語境的殊不相同。西方人文精神的提出,是要解構「神權」,把人從神權與政治合一的統治下解放出來,將神的文化轉變為以人為本的世俗文化(這種世俗化一開始就蘊含著濃烈的人文精神);而當代中國的人文訴求,借重的資源,卻是道德理想主義或宗教精神,針對的批判對象正是文化的世俗化,即商業化、娛樂化、休閒化、流氓化(這種世俗化非常複雜,魚龍混雜,既有傳統的泛起,又有後現代的入侵,它以價值真空和道德缺失為內在因數)。這就註定了它的尷尬,註定了它想要釐清命題、對象、結論所面臨的矛盾和困難。

　　反對一方的持論，最振振有詞的一條：文化世俗化就是對集權文化的解構，這種解構才剛開始，遠沒有達到徹底的程度。

　　我則認為，反對方的持論，只具有表像性的合理，只是著眼於其正面的意義，而忽視了更嚴重、更危險的負面性。只需要一個舉證：大學的放任自流導致的學術腐敗和學生精神矮化，就足以說明。

　　雙方沒能抓住中國問題的癥結，乃是這場討論的悲哀。原因應當也是不言自明的，那就是現實語境的制約。雖然看起來討論沒有受到干預，干預事實上存在著——雙方都在心理上恪守著一道最後防線。雙方似乎都在過份強調文化本身的、高於政治的價值：要麼將政治、經濟、文化強行割裂開來；要麼將三者混為一氣，主導與從屬不分。西方理念中的文化往往涵蓋政治、經濟（對文化的尊重高於對政治的仰視），這是事實；但是須知，東方文化卻從來都是政治的私生子或附屬物。2005年我曾因為一部作品，偶然捲入了這場討論。我有很強烈的面對世俗性的、無奈的感性體驗，在理性上自覺不自覺的站到了堅守的一方。後來接觸到王學泰先生關於遊民社會的論述，進而反思魯迅對傳統社會、對「水滸氣」、「三國氣」、對「官、匪、民」、對國民精神中流氓性的揭示，同時又注意到，「漸進式」與「激進式」的理論闡述與實際生活中的「魚死網破」情緒的尖銳對立，總算弄清了問題出在哪兒。因此，現在我認為，在沒有完成社會轉型的現實語境中，堅守方的道德理想主義、宗教精神是空談；反對方認為文化世俗化是對傳統政治的解構，同樣是空談，儘管我絲毫不否定這場討論本身的歷史意義。如果前者的資源，由借重宗教、道德改為借重人權、民主思想；後者，由關注世俗化的正面意義，改為直面世俗化導致人的精神和價值取向迅急消解的嚴峻現實，焦點自會浮出水面，清晰而明朗。

　　這也說明，看似亂麻一團的理論問題，想要廓清，並不容易；需要系統性、全面性的理論資源和實踐經驗，更重要的，需要生命的歷練，練就一雙能很快就能抓住突破性環節的眼睛。

一一九

　　人類最高尚的精神活動，比如哲學思考，總是苦難的主題。不是說哲學家故意裝出一副悲憫天下的樣子，不是說他有意專揀苦難的言說，而是說，忠實於經驗就必須回到苦難、回到陰暗、回到悲劇性；把真相、真情吐露出來。上帝所在的那邊陰暗，不是固有的陰暗，他是從陰暗的這邊去到那邊的。哲學家本來就是上帝打發來告訴世人真相、真情的，他沒有資格凌駕於上帝之上，而自傲自大地欣賞自己的智慧、陶醉於自己的神性、推崇自己的「靜觀」、「玄覽」（老子）、沉迷於自己的純粹理性思維。像黑格爾那樣，主觀地以自己的神性取代上帝的神性的哲學家，必定把自己視為真理的擁有者或真理化身，進入他冥想的真理王國、理想王國（比如，像顧准說的，黑格爾把「類」定義成比個別事物高尚、高貴，永恆，而不是從個別事物歸納出「類」。事實上，類並不存在，它只是抽象思維的產物。高尚高貴的類，尤具欺騙性。）這樣，黑格爾就淪為了如叔本華指責的「哲學騙子」。虛無，無論以激情詩人或冷靜高僧的面目呈現，終究是虛無。由此看來，我們並不需要將哲學和哲學家神秘化。每一個不僅僅為自己而活著的人、不僅僅臣服於現實存在的人，具有直面社會、直面人生的勇氣，尊重現實和歷史（現實和歷史，乃是生活於其中的個人的活動、個人的存在之總和）之經驗，善於從個別事物歸納經驗（不是歸納出絕對規律！）並具有透視其實質的能力的人，只要他有興趣，都可能成為哲學家。因此，肆意嘲笑哲學和哲學家的種種嬉皮言辭，都是淺薄無知的、令人傷心和厭惡的。而「無知者無畏」的嘴臉，已經是十足的流氓了。

一二〇

幽默出自寬容、平和、灑脫的心態，出自善良的機智。尖酸刻薄，不算幽默，至少不算雅訓的幽默。

一二一

大多數崇尚孔子的人，往往都是以主觀的善良願望解讀他的文本，迷惑於他表面的道德說辭，沒有功夫去深入研究其產生的歷史背景，或者說，隨著歲月的流逝，歷史殘酷的畫卷已經淡泊了、離人們遠去了。更沒有人從哲學的層面追索其價值，或從其歷史影響的負面作用來評價其功過是非。因而無從認識它的反哲學、反社會、反人性的本質。孔子學說的欺騙性、虛偽性，需要思想者來剝它的畫皮。

一二二

寫文章如作畫寫字，心境第一。心境者，見識與修養鑄就之心態與境界也。去躁動、去火氣，雍容大度，處「辯」不驚，勿「譏人之非，揚人之過」，是則是，非則非，一是一，二是二，據理不自傲，失理不諱疾、不遷怒，坦坦蕩蕩，如春風拂柳、細雨潤物，此儒雅訓恭風度，老輩學者或可一見，今世因文革遺害入骨，絕難復見矣。

一二三

文章答辯，於我於人，若能專事探討物理曲直，誠幸事也。若意氣用事，摘章尋句，羅織構陷（比諸「政治運動」手法如何？），以

曲解人言作亂射之的；或有此等對手，宜免戰牌高掛，且自圖清靜去也。蓋因死纏爛打之輩，即便並非全無道理，亦絕無章法可循。又因其牛勁十足，令人徒傷元神耳。

一二四

二十世紀給我們留下了兩個經典的歷史鏡頭：一個是並腿肅立、伸出右臂，神經質地呼喚希特勒；一個是手捧「紅寶書」，神經質地高呼萬歲。人類一切正常的思想、正常的溝通和交流，反而被摒棄、被禁絕、被廢止、被視作離經叛道。

我們曾經把武斷的文字、權力話語奉為圭臬或聖經，全國上下，只有一個腦袋、一個聲音、一個調子。武斷的文風，源自簡單化、絕對化的思想方法，其特點是：一、隨意性地指鹿為馬、劃線切塊，以區別人群和事物的好與壞、對與錯；二、只承認黑與白，否定「亦黑亦白，亦A亦B」的客觀性，從而把最具個性差異的人，抽象化、符號化；三、一切從主觀需要出發，從好大喜功、急功近利和實用主義出發，動員和號令所有人服從一個人的自我意識與自我需要，營造曠古未聞的偶像崇拜，實際上，是用雙重暴力一舉取消了懷疑偶像「指鹿為馬」的可能性。偶像崇拜具有延伸性，從上到下，一個人說了算，某一級政權，一把手說了算；學校，校長說了算；工廠，廠長說了算；報紙刊物，社長說了算。當年許多右派都只是因為對本單位領導提意見而蒙冤的。偶像崇拜看似遭遇前所未有的文化世俗化的解構，話語壟斷，迄無改變（最近流行的《大清國新聞聯播》，即是一篇諷刺新聞模式化的奇文）。歷來荼毒國人精神的，不僅止於具體的歷史內容，更有其思想方法。國人思想方法的簡單化、絕對化，蒼白、扭曲和混亂，是幾代人即使下大氣力也難以療救的思想疾患。

一二五

歷史的罪魁禍首，就是政治權力壟斷者、財富權力壟斷者。迄今世界上的民主國家，也仍然保持有這兩種壟斷，不過社會對其有所監督和制約而已。這是不爭的事實。

由此得出推斷：一、胡適之的「好人政府」，是有一定道理的；好人當政總比流氓當政好。二、人心的進步比之於社會的進步，至少同樣重要。三、人文學者比科學家更具正面價值；四、既然求真、求知、求愛，同屬人類的基本精神，問題便回到了原處：三者是同一的，還是矛盾的？如果是後者，這個問題本身就是悖論，人類未來的命運也就是悖論。

一二六

千萬別把人想得那麼高尚、純潔、勇敢、可愛。你所崇敬的偉人，和大家一樣，都具有與生俱來的弱點，差異僅僅在於有的人能想著克服這些弱點。須知，這很難，要靠強大的精神資源、精神力量來做支撐。

人都怕死；都想擁有財富、美色、地位、權力；人都有惰性；都受習慣支配；都想安逸，怕苦怕累；人害怕孤獨、難熬寂寞；人最關心的是自己；人往往感情用事；人只愛做自己感興趣的事情，往往性情不長，見異思遷；人喜歡攀比，常有妒忌心理；人有依賴性，依附權貴，指望他人；人無論思想行動，都喜歡走捷徑；人不敢面對自己，不敢面對強者；人很脆弱；人喜歡文過飾非；人愛說大話；最沒本事的人也自負；人容易遷怒；人的目光短淺，往往只顧及眼前的利害得失；人容易輕信、受騙；人不是把事情想得太容易就是想得太難；人都有不切實際的野心；人容易墮落；人經不起誘惑；人總是抱怨命運不公；人

總把希望寄於明天；人的意志力非常有限；人很虛榮；人都好為人師；
人都會說假話；人都看不起別人，文章自己的好，老婆人家的好……

　　人充滿矛盾而不清醒，弄不明白卻害怕面對。無可奈何，只有帶
著矛盾來，帶著矛盾去。

　　靜觀自己，再看看他人——作家、藝術家、政客、商人，或是芸
芸眾生，人的可取之處，實在少之又少。

　　當然，也可以從正面描述人性的許多光亮點。但借用曹雪芹「正
邪兩賦」說，說人「正反兩賦」、「善惡兩賦」，大體不錯。

一二七

　　言多必失，含義很豐富：言多難免重複絮叨，話說三遍狗也嫌；
給人好為人師的印象，有失含蓄穩重；自己學養沒有長進，必有許
多廢話，摻水多；容易捲入人事糾紛，惹事生非；鋒芒畢露，招人忌
恨，是故古人有「敏於行，訥於言」的告誡。

一二八

　　我曾經面臨人生的選擇，那是源自內心的恐懼。不是因金錢與物
質享受的跟不上潮流造成的恐懼，而是對剩餘生命可能虛擲的恐懼、
對時間緊迫和精力下降的恐懼、對世俗生活消磨人的意志的無情力量
的恐懼。徘徊在合理期望值與瘋子般的狂想之間，則是轉折期遭受的
最大折磨。

一二九

原始初民，處在極端艱難困苦的生存態，是無暇歌舞的，纏繞他們的，更多是恐懼和憂慮。藝術起源於勞動之說，值得懷疑。初民的解放，首先是靈魂的解放，即靈魂獨立於肉體的意識的產生。靈肉的分離，才是藝術（神話）誕生的本源。這乃是現代人對藝術本質的理解，是一種對藝術本質認識的回歸。

靈魂的類比（原始人類與現代人相比，具有強勁的感悟力和非凡的想像力，而缺乏推理能力——這恰恰為現代主義的藝術找到了原初的依據），導致「泛靈論」：先有「山、河、雷、電、風、雨、日、月」諸神，後有「第一推動力」以及始祖的妄想——人神。

希臘神話關於「第一推動力」的幻想，比牛頓還高明。這便反證了，機械論，抽象與邏輯，有時候會「低於」幻想。

希臘神話經歷了兩個階段：先是諸神階段，它反映母系社會的特徵；神的性格具有象徵性。而到了《荷馬史詩》，主人公變成了真正意義上的人。黑格爾對希臘神話的評價十分精當，這是他本人始料不及的——他所肯定的，是人性格的豐富性，而不是某種抽象的共性或典型性。在具體的藝術評論上，幸好他還沒有陷入「神性」。

一個有意思的、值得關注的現象，那就是酒神和愛神在中國古代神話中的缺失。情欲與愛的表現，也因此而缺位。如果這種缺失或缺位不是由於人種的原因，那麼，中國古代神話是不是經過了後人的篡改？

特洛伊戰爭的現代釋讀，正是「金蘋果」的象徵性。宙斯知道天意，讓妻子赫拉、女兒雅典娜和維納斯去找特洛伊王子，分別以權力、征戰勝利和美麗賄賂他。王子把金蘋果給了最美麗的維納斯。希臘盟軍因失去最美麗的女人而發動了戰爭。這種以最本質的情欲為象徵的戰爭故事，事實上可以概括古往今來的歷史。

一三〇

人真的很脆弱，不能承受生命之重，不能承受生命之輕；不能承受生命之愛，不能承受生命之恨；不能承受大歡樂，不能承受大痛苦……，究竟能承受些什麼？承受到何種程度？很值得懷疑。

一三一

看美國影片《性・謊言・錄影帶》。此片其實不是現實主義作品，它具有明顯的反諷意味、象徵意味。一個擁有豐厚愛戀愛經驗的人，成了愛的反思者，一個逃避生活的獨行俠，嗜錄製性採訪錄影成癖；一位美麗、正直、善良、傾向保守的怨婦，卻要成天看心理醫生。這兩個「問題人」活得難，是因為活得真，或者企圖活得真。而這女子的丈夫和自己姨妹的媾合，卻看起來很正常、很健康，無可厚非，然而他們倆卻逃不出謊言構築的碉堡。碉堡終於瓦解，四個人完成了一次自我尋找。生活重新洗了一次牌。

一三二

我喜歡讀文史類的論文、隨筆，有人頗不屑，說是「天下文章一半抄」或「吃別人嚼過的饃沒味道」。大約這些人是連抄都沒抄過的。作者幫我們讀過很多書、查過很多資料，甄別、汰選，還有自己的發現和自己的意見（這尤其可貴），我以為很值得道一聲感謝的。當然，據說現在做論文的，抄書都嫌麻煩，乾脆去抄人家的文章，這屬於「學術腐敗」（學術而腐敗，這個偏正片語，大約也只有國人能創造出來），已經不在我說的論文之列了。

一三三

讀魯迅《南腔北調集‧謠言世家》，頗覺得震撼。這篇短文，先生敘事少有地平和、冷靜。從宋人筆記講到杭州人的文弱；講到舊時代為官一方的人，並非個個暴虐，雖也有搜刮地皮者；講到辛亥年革命並非如傳聞的那麼暴虐，大殺旗人的不可信。描述革命後旗人生活的艱難。最後講到旗人的陷入絕境，出於漢人中謠言的散佈，誤以為人家在賣的小吃裏下毒，致使無人敢於問津。儘管只用一兩句話題及，卻為李鴻章辨誣，道明「拳匪」亂殺的真相。短短千言，澄清多少歷史的迷霧濃雲！最可玩味的，是國人的精神面目。中國人其實並不「嗜殺」，到了拿瓦片遮蔽下身的地步，也不吭聲的。革命起來，也並不亂殺無辜。可是，中國人內心總有很強烈的恐懼、很深的疑心，雖是出於自保，往往使出放謠言的一著，先行將那假想敵致於死地，而且是借他人之刀，自己並不沾染血跡。先生直接點名我的故鄉，湖北荊州，說的是「六百六十六，城裏殺滿洲」的傳聞。先生是不相信或不願相信的。先生心地善良。那些強加於先生的誣衊不實之詞，說先生刻薄、狹隘、仇恨心重以及心理變態之類，恰恰出自先生說的「謠言世家」。謠言世家子弟，或者出身流氓世家，或者是暴政下的變種。

一三四

一個人的作為，取決於太多的條件因素：家世、天賦、教育程度、機遇……，不一而足。但決定因素卻只有兩個，一個是歷史環境，所謂歷史決定個人的命運；一個是他自己有多大勇氣向世俗生活宣戰。因此，無大犧牲，斷無大作為。

一三五

我喜歡說人而不是說事的散文，比如說張愛玲的，說曹雪芹的，說胡適之、魯迅的。說事，作者以他的立場、思想情感摻和其中，往往有失偏頗，若想見到持平之論，就需要慎重挑選作者，不堪信任的人連事實都會歪曲篡改，假如被他們牽著鼻子走，年深月久，形成某些先入之見，那實在是糟透了。說人，說者與被說者之間必有某些過往，那才有意思。或有情感交流，或有思想衝撞，讀者難以被蒙蔽。《作別張愛玲》一書，可信程度之所以比較高，更因為告別死者，一般是不敢妄言的（足見死亡的偉大），感情很難作偽。說事則不敢保證其真實性，此時此地，心情很複雜，難免偏狹；彼時彼地，因種種隱衷，難免遮掩，閃爍其詞；即或聲言只作壁上觀，儼然一種不偏不倚的超然態度，總有矯情矯態，令人生厭。一旦論者不小心將狐狸尾巴露出來，畢竟不雅，煞風景。由此也看出，文學愈真愈美，愈純淨愈雅。格雅，品行高潔之謂也。

一三六

購得普魯斯特之《追憶似水年華》（三卷本）。讀第一段就把人迷住了，竟怕往下讀，捨不得往下讀，一旦讀完就再也沒有這等好文字了。日前看葉兆言（聖陶先生嫡孫）的一篇自述，他以為處處有生活，每日唯讀書、思索、寫作而已。此與普魯斯特的生活方式不謀而合。我想，五十年代和這以前出生的人，讓他們到一個陌生的地方去「深入」陌生的生活，然後令其寫這生活，是愚蠢的、沒有道理的事情。他們應該寫已經有過的體驗，那些刻骨銘心的、已然融入生命之中的感悟和思想，根本不需要「另起爐灶」。文學，是又一個世界、

另一個世界，想像的世界，作家自己的「烏托邦」，他的精神家園。尤其處在整個社會可以全息記錄的科技時代，唯一需要作家做的事，乃是剖析內心世界的真實——那才是現代音像設備和種種媒體觸及不到的隱秘，而它又恰恰是文學的至貴至寶的東西，一切都在瞬息萬變，難得有永恆的價值；唯有人心、人性，與人類生命共存。因此，作家要靜得下來、坐得下來，靜觀玄覽，會享受回憶、想像和思維的樂趣。

張愛玲便是一個坐得下來的作家。

又，昨日下午在書店偶然翻到一本《私語張愛玲》，比《作別》更好。兩書皆為上海陳子善所編。此公真張迷也，為張之少作的發掘者。故紙堆中，封塵撲面，卷山牘海，尋尋覓覓，看來也是個沉得住氣、坐得住的人。

一三七

人生的圓滿，不在於金錢享樂、權勢地位，或者值得誇耀的輝煌經歷。中國人信奉的福祿壽禧，也都不對。第一等的圓滿，是能一生從事自己有興趣的事情。少年或青年時代，就能明確自己的稟賦、才能和願望，且有幸能夠如願以償，最讓人羨慕。做的事可能成功，或者小有建樹、或者一無所成，都無關緊要，能有飯吃、有衣穿（需要做一點謀生的活計），就算善待了自己。第二等的圓滿是，當他邁過中年的門檻，經過了為生活打拼的階段，明白了社會與個人的關係及二者的力量對比，不再盲目，懂得什麼是真正的生命質量，果斷選擇急流勇退，回歸年輕時的嚮往與愛好（這個時候他會更準確的判斷自己的愛好和特長），去圓自己早年的夢，去過一種「慢生活」、真實的生活。這時候的他，當然最好有一點物質基礎，不必再為掙個肚子圓而操勞。由於失去了時間，很可能難有成就，但可以獲得精神滿足。最低限度的圓滿是，在走進人生黃昏的時候，再不能遲疑了，來

日不多了，為著不後悔、不留遺憾，這最後的一步（往往又是最難的一步），一定得跨出去——有勇氣把時間完全留給自己。

當然，圓滿還有另外一層意思，和他真愛亦真愛他的人相互扶持，走完最後一程。正如一部美國電影的最後一句臺詞：「你所在的地方，才是我的歸宿。」

取得人生的圓滿，沒有太晚的時候，除非你垂垂老矣還在遲疑不決，顧這顧那。

顯然，世上一生圓滿，又兼得興趣和愛情兩種圓滿的人，至為罕見。錢鍾書是幸運的，兩者得兼。然而，因著世勢不容的緣故，他也有所丟失，對此，瞭解他的朋友心如明鏡，偶有微詞而已。他聰明的保持著沉默，其修煉已臻出神入化的境地。相對應的例子，是巴金。錢鍾書所丟失的，巴金晚年卻不想丟失，為著他失去的蕭珊，他要懺悔、要講真話（儘管是很有限的真話）。我們很難比較《管錐篇》和《隨想錄》的價值，但我們能從中國知識份子兩類不同的命運中，領略治統、道統的專橫強悍，咀嚼許多苦澀，領悟人生的殘缺之美。

一三八

看電影《蕭邦》至夜深。總覺得哪兒不對勁，遂查蕭邦傳略，發現出入很大。由此想到歷史劇卻嚴重背離歷史、歪曲歷史，是不道德的。就此影片而論，無論對蕭邦，對喬治·桑、李斯特都極不公平。此片也許頗合時下某些人的口味，將藝術與人民、藝術與政治相對立、相割裂，似乎喬治·桑代表個人主義的藝術至上（她似乎主張個人天才不應屈從時勢和他人意志）；而那位「教授」（李斯特）代表藝術良心（又將這良心等同於革命），由此造成劍拔弩張的戲劇衝突。人為地將人物類型化、標籤化，人為地設置理性衝突，無疑將生活和人物簡單化了。我從這部影片獲得的啟示，恰恰不是這一戲劇衝

突──它同一切生硬的、理念的東西一樣，成為了敗筆和贅疣。藝術的本質是反傳統、反因襲、反說教，是人格精神與藝術個性的張揚。天才的生不逢時，他的藝術寂寞、他遭遇的生活困境和壓迫、環境對他創作的制約、編劇無意著力表現的種種「閒筆」，反倒是影片的精彩之處。

<h2 style="text-align:center">一三九</h2>

高尚不在於口碑或他人的評價，高尚存乎自己內心的真實；高尚乃是個人精神平衡達到的某種境界。把高尚神秘化、絕對化、理想化，或者無視、貶低它的存在、它的價值，都是僵化思維的表現，不利於還高尚以本來的真實面目。過去，人們習慣用最動聽、最富於鼓動性的詞藻闡釋這一字眼，讓人可望而不可及，或者懷疑它的真實性；現在，人們又鄙視它，以反高尚來反駁虛偽的高尚。其實，高尚無需訴諸語言，它十分樸素，源自人性善的一面，所謂心腸好；所謂善良，富於同情心；所謂心太軟，老百姓口頭上的這些大實話，已經接觸到了高尚的深層次。然而，中國既沒有「格物」的傳統，也沒有吐露心聲的可能，高尚像懸掛在天空的月亮，朦朦朧朧，永遠也摸不著。

高尚並不排除世俗意義上的私情，相反的，高尚正好在世俗的、人性的、個人的乃至瑣屑的細節中，不經意的流露、閃現，無時不在，無處不在。如果你沒有機會從事驚世駭俗的重大活動，人們和你自己一樣可以感覺你是否高尚。

高尚也不簡單等同於付出。有時候還得看你是否有勇氣去擁有、獲取。茨威格的《同情之罪》，講述了一個付出同情導致的悲劇。

這就是為什麼許許多多十九世紀的經典文學作品，往往僅僅以單純的愛情、倫理主題表現出人的高尚──高貴優雅而折磨人的高尚。

一四〇

中國人的失語症是歷史頑症，早在先秦時期，那個看似思想極度活躍的百家時代，就已經患上了集體失語症！沒有人關注人作為個體生命存在的內心世界的欲望和苦痛，沒有個人的、發自內心的真聲音。中國文學的致命的要害，就是「偽表述」，它從來就沒有弄清楚「該表述」和「真表述」——極致的狀況，發生在二十世紀七十年代的「文革」，那時全國只剩下了八個偽京劇和一個偽作家。而到九十年代，以王朔為代表的中國作家，以「碼字兒」、「玩文學」為樂事，中國人則由失語症開始轉變為瘋語症，文學用另外的熱鬧形式，宣告了八十年代初期追隨屈原、效仿魯迅、回歸文學本真的嘗試的流產。主流文壇迄今大體上還處於失語狀態，而網路文學大體上還處於兒語或瘋語狀態。兩千年來大痛無聲的民間社會，則從來沒有學會說話，真聲音極其稀疏，就算有，也還大多處於半公開狀態，或以手寫本的方式流傳。文革期間的《今天》和朦朧詩，即為一例。

一四一

病中，讀讀舊作、聽聽自裝音響，激越的交響樂或者優雅的古典小品，那是檢視過去的日子，拾回健康時的你，平衡眼下的屏弱。苦悶孤寂時，做點平常你最愛做卻來不及做的事，毫無功利可言的事，證明你還有欲望和活力，還有生之樂趣，幫你擺脫孤獨，讓它作一回你最親近的陪伴。自卑時，莫只顧歎息，不妨讀一點大師們才情畢現的作品，想到你也能同他們對話，領略其中堂奧，因此並無過於自卑的理由。自得時，你就寫吧，把你的智慧盡興揮灑，哪怕這些文字並未經過深思熟慮，或者看起來意義不大——事後你也許會感到吃驚，這

麼好的文字是我寫的嗎？沉思回憶時，也最好隨手寫寫劃劃，以免靈感流失，不復再來。總之，時間是個怪物，它總得要填充、填滿、填實在。時間的潘朵拉盒子是可伸可縮的，有如人的心理空間。充實嫌夜短，寂寞恨更長。我想，林語堂的《生活的藝術》，就是不同心境下積攢在他的時間盒子裏的靈感碎片，他不過是找個較整段點兒的時間，從盒子裏全倒出來，然後不太費勁的扒了扒堆而已。

一四二

佛教文化雖是外來文化，對中國文化的影響深遠，涉及科學技術、文學思想、哲學等諸多領域。我在〈菩提寺碑記〉中說：「科學及宗教精神，誠為中國文化基因所缺失者，則佛教之傳入中土，不亦大幸乎。」恩格斯說，佛教在唯心主義哲學中，處於辯證思維的較高水平。佛教注重沉思冥想，有形而上的關懷。比如「劫」這個時間概念，佛家說：「方圓百里之山，以輕綢拂之，塵盡，為一劫。」雖不嚴密，但生動具象，堪稱奇喻，虧「老先生」想得出！

佛教是一種哲學。哲學都需要一個自己獨特的天堂。佛教的天堂是「來世」，地獄是「前世」和「現世」。

佛教的生命觀、歷史觀是輪迴轉劫，因果迴圈，把前世、現世、來世貫通一氣。以此構建自身的邏輯體系。

同所有哲學一樣，它有自己的道德原則，那是它的旗幟——普度眾生。佛學的聰明之處，為自己設置了寬鬆的範疇，遊刃有餘，左右逢源，比如人皆有佛性；魔鬼放下屠刀，也能立地成佛。比如佛非萬能、非全能，故而林林總總的佛，有形形色色的佛性。佛講究悟性，所有禪機既樸素又神秘玄妙，極具智慧。你可以認為它巧妙的迴避了許多本體命題的破解，也可以說它留下了繼續玄想的空間、留下了發展的無限可能性。

佛學的基本範疇之一的色、空，很有意思。色，一切有形無形的存在，可以感知、可以言說、可以「擁抱」、「懷想」的一切具象、抽象的「名」，都是「色」；這一範疇超越了唯物主義的物質，概括了精神的東西。而空，乃是對色的本質描述：空講的是色的轉變幻化，每一瞬間，色是其自身，又不是其自身──這裏，它與辯證法有所相通。色即是空，對個體生命而言，容易理解；空即是色，則有些困難了，它承認物質、精神的存在，卻又否認物質、精神存在的價值或意義。正像對待肉體與精神的範疇，既承認其融和又承認其分離；既肯定它們又否定它們。

任何宗教要走向民間，贏得信眾，又必然尋求現實世界的思想資源。佛教的「人生八苦」，就是現實人生的歸納。佛教要成為「普羅哲學」，需要許許多多美麗動人的通俗故事，像聖經故事，甚至像沙特小說。禪故事大都很智慧。最美麗的故事──拈花微笑。

一四三

柏楊之所謂「醬缸」，可作如是解：這是一個難以被攪動的封閉大缸，外界的風吹不進，在烈日的曝曬下，人人都是一粒曬得蔫乎乎、皺巴巴的黃豆或蠶豆，蜷縮在它該待、能待的位置，不能挪動；忽悠著怯生生的、呆滯的眼睛。為著就這樣相安無事、苟延殘喘，不得不調動渾身上下每一個智慧細胞，防範不測的風險和災難；接受和相互傳遞唯一的資訊──如何活命、保命。關於生存的智慧和言語成了酵母，這一大缸豆子膨脹、沉澱，日復一日，年復一年，發酵了，形成一個大醬缸。無論自身或外部添加的豆子們，沒有一粒能掙脫它被融入其中的宿命。

一四四

茨威格的《絕命書》大約可以幫助我們破譯詩人、作家自殺的奧秘。這是一份聰明人的清醒的自白。真正純粹的作家，視從事個性的、自由的精神創造為生命。當他沒有了地方、沒有了時間、沒有了從容和自由、沒有了足夠旺盛的精力耕耘他的精神家園，或者他失去了他期待的讀者應有的反應，或者他思想精神的舟船在瀰天大霧中不知所向，他會感到自己一無存在的價值，這種深刻的寂寞和痛苦，唯有死神可以幫他解脫。

由此我們想到，一般人之所以畏懼死亡，無非殘缺的翅膀尚有幾分活力、塞滿遺憾的心尚有一點熱氣。他們沒有勇氣用死亡的砝碼，來稱量曾經存在的價值，總想苟延一些時日，盡可能再減少一些遺憾、增加一點生命存活的重量。

一四五

人是文學的主體，也是文學的客體。

人是萬物之靈長，上帝最傑出的作品，雖然上帝也有疏忽和遺憾。人似乎站在宇宙的中心和制高點上，其實不然，在上帝眼裏，他同花草木石、蟲魚鳥獸，沒什麼不同。

人是太陽，一個個輝煌的發光體。如果用現代自然科學、人文科學的三稜鏡透析這個發光體，必定是異彩紛呈——

社會學家看到的是人的社會屬性；生物學家看到的是人的基因的複雜和遺傳的驚人的深刻；精神分析學者看到的是人的思維和精神活動的豐富層次和無比微妙；生物哲學、人類學者看到的是人的未確定性、生物匱乏性、開放性和活動性。而文化哲學、人類學，由於發

現和強調人的文化屬性，敢於聲稱自己是「第一個完整包含人的人類學」。

正像化學家儘管可以把組成高分子化合物的幾種元素及其結構關係條分縷析，做一清二楚的描述，這高分子化合物就是它自身，不再是碳和氫元素。人也一樣，人就是人，既不是社會、文化的符號，也不是數十億計的基因、蛋白質、脂肪和水，不是穿褲子的猴子。人，那麼完整，那麼和諧、統一，那麼神采奕奕、風度翩翩。我欽佩學者的洞察力和科學精神，卻絕不苟同對人的任何形式的肢解。當然，上帝給人出了難題：如何克服人性的弱點，光大人性的優點。破解這個難題，關乎人作為「類」的命運。

更重要的觀點是，人還處在自己的童年，人還在發展中、變異中。我在寫〈陰陽劍指掌〉時就已形成並表述過這一看法，而基因圖譜的破譯和「克隆」技術的出現，從未來學的角度來看，正好支援了我的這種認識。問題在於，人的變異、發展的走向，具有或然的性質，或前進或倒退，或正面或負面，誰都不敢為自己的預言打包票。從這個意義上講，科學技術史無前例的突破，把人類推到了一個人類史的拐點上，何去何處，絕不能掉以輕心。麻煩在於，人類似乎總是大喇喇，行為和言語很不負責任，而且還有為數眾多的瘋子和糊塗蟲，這也就是上帝無盡的憾恨！一旦人類惹惱了上帝，他對人類絕望，他自有辦法讓一切重新來過！

一四六

有文化學者描述過中國傳統文化的兩個顯著特性：自平衡的需要讓位於向世界列強尋求外部平衡的需要（如攘外必先安內）；對外部文化的巨大抗拒力與同化力（如中原文化對西域、金元、滿清等「夷文化」的同化），這個超穩定的封閉系統，很容易使人聯想到熱力學

的封閉系統，在這個系統中，表徵其物理特性的熵，趨於最大值。這就是「熱力學第二定律」——熵增原理。系統熵增，壓力溫度漸趨平衡，直至系統「熱寂」，也就是「熱死」。中國傳統農業社會的封閉性，決定其活力越來越小，直至死亡。但在這個走向死亡的過程中，必有內部的激烈衝突與交換，這就是戰亂不斷、殺戮不斷。熱力學第二定律的發現，曾經給世界帶來極大的恐慌，人們為地球的熵增而感到極度不安——世界將最終處於熱寂，如死亡一般的寂靜狀態。顯然這無異於世界末日。恩格斯企圖否定「地球熱寂說」，認為熱力學第二定律的先決條件是系統處於封閉，而地球不是孤立於宇宙的存在。儘管如此，地球的溫室效應、南極臭氧層空洞的出現，仍然讓地球人深感震驚和不安。

中國歷朝統治者十分重視文化對人的約束力。無論本土的儒學、道學，還是外來的佛學，都拿來為其所用，加以改造，由「學」而「教」，強制推行，成為庶民奉信如神的倫理觀念和道德準則。魯迅說：「中國的文化，都是侍奉主子的文化」，洞悉了主子們的用心。主子們雖想「子子孫孫享用不盡」，畢竟自命「天之子」，四海之內，為我獨尊，他們才不管這個「系統」會不會「熱死」，所以一律實行閉關鎖國。

一四七

幾千年的刀耕火種、老牛破車，是閉關鎖國的結果，傳統文化乃是釀成封閉的思想的精神基因、精神麻醉劑。當第三次產業革命浪潮和全球資訊化的強勁足音震撼了地球村，每一個相對封閉的系統，不得不面臨被開除「球籍」的危機。改革開放遂成為潮流性的動作。國門洞開，西風漸進，本民族文化與世界文化相衝撞、相吸納、相嫁接，乃是大趨勢。外資引入、加入WTO、民營企業勃興、市場規則法

制化的呼喚……，如果將這些熱鬧現象作為文化故事來讀，就一點也不會驚訝。

當然，文化嫁接的母本是本土文化，根還在本土。嫁接而能開花、結果，需要相當曲折漫長的過程。不排除付出慘重代價的可能性。但抵制和拒絕既是徒勞，畏懼和憂慮亦屬多餘。

國家不幸詩家幸。文學千載難逢的機遇到了。把人放在新的文化存在中，在歷史、社會、傳統與現代先進文化的衝撞中，解釋文化對人的制約和人對文化的超越；揭示人的主觀能動性與客觀決定性的同一；塑造舊文化載體與新文化受體的當代人物群像，文學大有可為。怕只怕「無知者無畏」、「我是流氓我怕誰」之類的玩主意識、流氓意識和新犬儒主義佔據了文學的主流。那樣才不僅是文學的悲哀，更是整個民族的悲哀。

一四八

美國宇航局聲稱，拍得一幅宇宙照片，含有宇宙的大量資訊。由此計算出宇宙的年齡是一百三十七億年（誤差為百分之一），還證實了關於宇宙起源的大爆炸理論。

據稱，最近哈勃望遠鏡觀察到了一些超新星，它們離我們遠去的速度比以前觀察到的超新星更快，也就是說，宇宙的膨脹速度比我們預計的更快。根據這些新發現，林德等發表論文認為，宇宙大約只度過了其生命的三分之一，它還能存在兩百四十億年左右。科學家根據暗物質理論建立了一個估計宇宙年齡的模型。根據該模型，宇宙最終將坍塌，並據此算出了宇宙的壽命。但此說與佛家的「萬物不生不死」、「輪迴」觀念不符。連帶的問題是，生命不可能偶然誕生。這個問題可就大了，它使得許多科學家和學者紛紛皈依宗教。

一四九

一個沒有欲望的世界：墓地；一個清靜的世界：書齋或寺院；一個燈紅酒綠的世界：妓樓賭場。一個權力角逐的世界：官場。假如你只能四選一，你會選什麼？

一五〇

對人類的貢獻，思想家第一，純粹的文藝家第二，科學家第三，且功過參半。這個判斷，我是依據愛因斯坦的話推導的。對於理應受人尊敬的人，他將文藝家排在了科學家前面。說這番話的愛因斯坦，此時不再是科學家，而是思想家。照理說，世界強國的政治家（政黨頭目）才是最有力量左右、改變人類生活的人，可惜如沙特所說：「迄今還沒有看到一個值得我舉手投贊成票。」

一五一

近期有個很初級的問題一直在我心裡糾纏：究竟什麼樣的小說是好小說？評價一部小說高下的標尺是什麼？

對於小說的評價，所謂「粗細之分、文野之分」，「陽春白雪、下里巴人」，都是些非專業的皮相話語──僅僅觸及到寫手的習慣和作品的風格；看小說，是要看它的筋骨和血肉的──作家的精神氣質、思想和情感，是小說的筋骨；小說的血肉則是人物的飽滿度、概括力和可信度，也就是基於藝術真實的感染力。

現實主義經典理論所主張的對文學社會性（歷史性）和人性的雙重關注，再說得透徹些，它所主張的文學內涵的豐富性（《中國文學

不用胭脂媚世人

理論》序的作者劉象愚先生說：「所謂豐富性，是指經典應該包含涉及人類社會、文化、人生、自然和宇宙的一些重大的思想和觀念，這些思想和觀念的對話與論爭能夠促進人類文明的進步、社會的完善，參與人類文化的形成與積累，並極大地豐富和有益於人類生活。經典的這種內涵越是豐富，其經典性就越強。」）；與它所主張的以作家的人格、思想和情感，藝術地影響讀者的人格、思想和情感，我以為，反映了文學的本質，也同時反映了讀者對文學的審美需求。

可惜的是，在流行文化或泡沫文化的時代，經典作品和經典理論被誤讀為陳舊，被嘲笑為迂腐，甚至缺少才華。殊不知經典乃是植根於歷史和文化積層裏的大樹，它含有千年不變的、反映文學和美學本質的元素；而流行和時尚不過是經不起風雨的亂花淺草。「亂花漸欲迷人眼，淺草才能沒馬蹄」，在泡沫文化的時代，人們之所以捨棄經典而追逐時尚，是因為審美追求和人文價值評價早就被世俗功利和感官刺激所取代；是因為人們心氣浮躁，丟失了欣賞大樹的敏銳感覺和細讀它的年輪的耐心。那根評價現實主義小說高下的經典標尺，早就在文化泡沫裏浸泡得扭曲變形了。

與此同時，那些急於將自己與泡沫分割的高雅作家，又面臨了新的危機：當今世界蜂起的創作流派和理論、批評流派，令他們眼花頭昏、無所適從──甚至在亙古不變的文學價值或意義面前猶疑起來。功名心過重是一回事；追逐或迎合時髦理論又是另一回事。只有像李歐梵這樣學貫中西而又長期「寒窗苦讀」、跟隨理論「譜系」的學者，才能給盲目崇尚「後學」的大陸學界醍醐灌頂的警示：「不論是後現代、後結構或是文化研究理論，對於文學研究者而言，都會帶來一個問題：到底文學作品中的『文學性』怎麼辦，難道就不談文學了嗎？」李先生說，美國學界不少名人又開始「轉向」，轉向保守主義了。「後現代」太過專注於政治或政治正確性；而回到「新批評」，回到「文本閱讀」和對文學性的評價，是物極必反的結果。

可見在紛紜複雜的文學現象面前保持一份清醒，並不輕鬆，並不容易。

一五二

如果我還能活二十年，回頭再看看我現在寫的，隨筆也好，散文、小說也好，會啞然失笑的，還會「汰其少作」；這是沒有辦法的事，我沒有先知先覺的智慧，沒有藝術家的靈氣，今日所寫，不過是「經驗的累積」，見證有那麼一個不願意苟活的人，讀過一點書，依據體驗觀照歷史，思考過一些問題而已。季羨林先生都說「愧我鈍根，未能早慧」，我們還有什麼可說的呢？自認腦子還是好用的，只恨家父去世太早，那時候他已經自顧無暇；後來折騰太多，大家都一樣，不幸的是，我沒遇上高人指點，這麼多年，昏昏噩噩，開竅太遲了。雖皓首而不能窮經，肚子裏的墨水不多，資源便每每覺得匱乏。

一五三

讀《普朗克之魂》。讀到1914年10月他在臭名昭著的《致文明世界》上簽下了自己的名字，我非但不驚訝，反倒覺得「這」才合乎邏輯。這是普朗克的不幸，更是德意志精神的不幸！更何況普朗克是一個有民族主義傾向的人呢！愛因斯坦不同，他是德籍猶太人，沒有祖國的人，一位國際流浪者。

此書作者趙鑫珊為普朗克所作的辯解，顯得很無奈、很軟弱。作者對烏托邦主義的認識還不到位。他過於崇拜普朗克的神性，這種崇拜幾乎達到了狂熱的程度，這使他陷入哲學的困惑和矛盾。他始終在思想的怪圈中寫這本書。他同普朗克一樣，被世界外部的統一的、絕對的、普遍的「和諧」與「真善美」迷惑了。

普朗克會見希特勒時表現出的懦弱才真叫人驚異、叫人悲哀！也許你會認為，任誰在魔鬼面前都會雙腿打顫，然而我要說的是，我看到了一個神性科學家的奴性和妥協。

一五四

應該說，顧准關於「歷史與邏輯的一致」不成立的論斷、關於「概括一切規律的完美規律──終極真理」不存在的論斷，也是無法直接證明的。然而，能夠用「反證法」做出顧先生的推斷：既然唯理主義的唯物主義者聲言自己是無神論者，怎麼能以神明自居，聲稱找到了終極真理呢？既然承認物質第一性、精神（思維）第二性，怎麼能先驗地斷言有終極真理的存在，並且邏輯地推論出與先驗相一致的所謂「關於物質世界、人類社會和思維的最一般的規律」呢？既然彼岸世界是神性的、先驗的，又怎麼能在此岸世界付諸實踐並且達到彼岸世界呢？既然真理僅僅是相對的、經驗的歸納，又怎麼能邏輯的完成（用理論建構證明），從有限到無限、從相對到絕對、從此岸到彼岸的跨越或飛躍呢？

這顯然是一個巨大的、無可逾越的悖論。唯理主義的唯物主義，乃是人類有史以來最偉大、最美麗的謊言。

一五五

黑格爾哲學是唯理主義哲學。恩格斯在寫成《反杜林論》後的第十年，即1888年寫作《費爾巴哈論》的時候，科學正處於迅急發展之中，神學式的唯理主義已經不盛行了。恩格斯對黑格爾哲學「邏輯＝神學」的性質，不得不竭力加以遮蓋。

　　馬克思一生，只在寫《神聖家族》的時期裏，幾乎完全站在費爾巴哈的立場上反對黑格爾。然而他指責黑格爾的泛神論，似乎是另外一些東西。黑格爾的精髓，三個法則加兩個主義，被他當作「合理內核」接受下來（著名的「髒水和嬰兒」的比喻）。還是狄慈根誠實、坦白，他表述的還是這些「內核」，卻明目張膽地稱之為「革命的無產階級神學」。馬克思、列寧讚許他，但又覺得他太直露，不得不批評他用詞太隨便，「不十分精確」。

　　事實上，恩格斯晚年寫作《費爾巴哈論》的時候，又有所察覺，然而這畢竟是他們理論的根基所在，他不得不捍衛他們發現的普遍歷史規律——終極真理。

　　革命家不能不是唯理主義者，不能不是狄慈根所說的革命的神學家。因為，正如狄慈根所言，他們要在此岸世界「謀求人類的徹底解放」，他們像一切宗教領袖那樣，必須充任真理化身、人間之神。

一五六

　　經典話語已經異化。在權力和世俗力量的雙重壓力下，經典話語已經變成順嘴溜出的順口溜、用口不用心的和尚經，乃至油嘴滑舌的時尚無賴；極大的隨意性和空泛性成為其特質。比如祖國、人民、民族、愛國主義、崇高、人文精神、歷史真實、英雄主義，乃至發展、優化、生態、和諧等等，誰都似乎沒有功夫和興趣去深究它的內涵或本意。最不可思議的是，近年出現了所謂的「惡搞」，拿這些經典話語作商業之用，或肆意歪曲、踐踏。文化的蛻變、敗壞，遊戲化、世俗化、流氓化，已經到了觸目驚心的地步。

一五七

　　哈威爾作為頂尖級的當代思想家，既與所有思想家一樣，關注世界存在與人存在的終極意義，又具有人間情懷和現實關懷。他把他的哲學思考、政治思考，實踐化、通俗化了：講真話；生活在真實中；從小事做起。而對與人民對立的政治，他提出了「反政治的政治」，即把權術政治轉變為基於道德和良知的政治、基於人性和社會公眾價值的政治。是的，既然無政治的社會只是烏托邦，除了哈威爾對政治的訴求，我們還能要求政治什麼呢？

一五八

　　中國國情確實有別於歐洲。除了經濟發展程度、人口多寡、自然資源條件不同，更有思想準備、精神文化的巨大差異。李慎之說，中國的公民意識落後歐洲五十至一百年。徐友漁在論述顧准的直接民主理想時，談到人的文化道德素質準備不足。錢理群、摩羅等則從文人身上看到半個世紀來的精神死亡。我卻想從國民性來看：中國人的奴性、苟活、混世、逃避，農民式、小市民式的狡猾、無賴（強詞奪理、指鹿為馬、死不認帳、睜眼說白話），流氓式的殘忍、自私和毫無價值理念，普遍存在於大國寡民之中。所謂精英層，也在強權與市場的雙重衝擊下分崩離析。傳統文化在經歷百年摧殘後，僅在民間一息尚存，而且早已走形走樣，遠不是「儒教」所能概括和規範的那一套。文化修復既不可能，重建之夢在遭遇慘敗之後，更其遙遙無期。這就是為什麼歐洲的勝利在中國流產的深層原因。市場經濟不能說沒有起到應有的催生作用，但後極權時期總是姍姍來遲。而「新儒術」仍佔有相當大的市場。

中國人的雙重人格（口是心非，言行不一）幾乎表現在一切大事、小事上，成為安生立命和處理人際關係的條律。余傑說，諸子中，除莊子有一點生命意識之外，其他都是生存智慧、做人哲學。這是對心靈的一種遮蔽、一種生命扭曲，難怪魯迅會說「三墳五典」、「全都踏倒它」。即使在民間，除了遊民社會，「主流民間」不得不按照「增廣賢文」的說教規範自我，以保存一點生存和喘息的極其有限的空間。迄今有不少人將《增廣賢言》藏在枕頭下，誦讀玩味。《增廣》的要害，是擁堵心靈、扭曲自我生命，所謂「為人只說三分話，未可全拋一片心」、「知人知面不知心」、「各人自掃門前雪」，與現代社會公民意識、與人文精神格格不入。在這種文化浸潤下，人不僅喪失濟世情懷，也喪失或遺忘對自身存在現實意義、終極意義的拷問。

一五九

九十年代的「二王之爭」，並沒有觸及人文精神的實質，在沒有什麼政治壓力和干擾的情況下，自行變質、流產。暴露了當代文人的虛弱，而爭論雙方的人格低下，令人震驚。一個露出了霸道和權勢的嘴臉，一個則懦弱到犬儒主義的地步。林賢治說，這是知識層的悲哀；摩羅說，這是知識界的恥辱。我則認為，這充分說明了我們「道統」文化的虛偽、脆弱，和不堪一擊。

一六〇

朦朧詩是可以解讀的，殘雪的小說則幾乎不能。後者是所謂的「自動寫作」，即在半夢半醒之間，隨意記錄意識的流動。缺乏這種寫作體驗的人，自然視之為天書。近日翻了翻《五人詩選》，發覺我最喜歡讀的還是北島，雖然在藝術上或有不如顧城。把舒婷的詩歸入

「朦朧詩」其實是不確切的，她的寫法其實很傳統，只是精神上既有承接又有反叛。我總認為有兩類朦朧：一種字面上清新可讀，看似平易，詩背後卻奧義微旨深藏，意象豐富，聯類無窮；一種字面上稀奇古怪，似通非通，語法邏輯混亂，玩感覺、玩文字遊戲；剝開來，就那麼一點人云亦云的意思，了無新意、深意。後一種是「偽朦朧」，不值一談。

一六一

中國歷代知識份子，熱衷於求聞達，極少守淡泊。

這證明，儒教比之於老莊，強大得多，攫住了人心。淡泊只是在求聞達的路途受阻時的休息，或精神避難。聞，名也；達，仕途也，利也。名韁利索之下，何言獨立、自由？哪還有真性情、真文章？

真，正在於真與假、美與醜、善與惡、正與邪、實與虛、正與側、智與愚、強與弱……渾然一體。懂得這個世界的「真」，才能兼收而並容，不紋飾、不迷信、不偏激、不卑怯、不妄自尊大，也不妄自菲薄，大千世界，盡收眼底，了然於胸。

一六二

你可以不講真話，但沒有人（至少是現在）強迫你講假話。同樣的，你可以不做做不到的事，你不能做違心的事。這就叫守住道德底線。

一六三

從故紙堆尋找慰借，未嘗不是一種人生選擇。選擇安全、恬淡、清玩、戀父戀母的童年夢，你有這個福份，誰也管不了你；只是別把

它拿出來向世人炫耀、鼓吹，好像你的哲學比別人高明、更有文化底蘊似的。那不過是老頭子捱過殘年的自慰。我就不信，錢鍾書、梁思成、汪曾祺、曹禺等人，真的活得那麼滋潤、那麼心安、那麼坦然。一個臨死也只能把真話帶進棺材的文化人，結局一定是悲慘的。世上再也沒有比這更痛苦、更可憐的結局了。如果他們原本就沒有思想，自當別論，但他們會是沒有思想的人嗎？

一六四

龔嘯嵐先生曾在信中引清人詩勸慰於我：「十有九人堪白眼，百無一用是書生」。此詩為曹雪芹同時代人黃仲則（景仁）所作。我看，書生亦應歸入「人」的，故而書生中堪白眼者，亦不乏其人。詩人自知無用的無奈和自責，溢於言表；雖然其中也流露了那種傳統的孤傲。

一六五

「未隨濁流偏為醒，低眉縮頭做方巾。」我謅得兩句，以為是適合錢鍾書的。先生晚年閉門謝客，哪是什麼淡泊名利？其實是對滿天飛的「高度讚譽」的不敢領受。那些靠捧名人混飯吃的人，比起心知肚明的智慧老者，好生淺薄無聊。老人對自己的沉默和苟活是心有愧疚的，那些關於他的神話，只會加重他的不安。

一六六

契珂夫的《一個小公務員之死》，精練到只寫了一個噴嚏，卻又囉嗦到不厭其煩地多次重複主人公為這個噴嚏道歉。精練是該精練，囉嗦是該囉嗦。

一六七

朋友說喜歡聽我神侃，可是話說多了，肚子就倒空了。所以不能每約必到、每到必說，那樣就謀財害命了。要給我時間充電，充了電再說；充好多、消化好多、說好多。說過的話，還需回爐，再思考、再改進、再修正，甚至推翻。收回說錯的話，一點也不丟人。

一六八

為什麼不喜歡開會？廢話、客氣話、套話、空話、老話、重複過無數次的話太多，新意太少。若有要人到場，還得作狀，微瞇笑眼，專注萬分，洗耳恭聽，用足心思誇讚一番。累也不累。其實他講的你早知道，比他深入細緻、比他切合實際，甚至更深刻、生動。

一六九

歷來有「搞家子」、「說家子」之分。不能要求會搞的一定會說，反過來也一樣。搞家子倘若拿「你搞給我看看」將一軍，說家子就不好意思開口了。

一七○

要形成意見的碰撞，碰撞才有火花。有火花才能照亮一點什麼。

一七一

現在開會，逢會必吃。有錢的部門，吃、喝、玩、拿、帶，五毒俱全。沒有人計算生命的成本。形式不能說完全不需要，中國歷來最講「禮數周全」，繁文縟節，特別講究，官本位其實無處不滲透。比爾・蓋茨不會彎腰去撿一百美元的鈔票，因為彎腰再站起來，大約需要一秒鐘，他不止掙這多錢。我們一個月才幾百元、上千元，坐半天混個臉熟，還有頓飯吃，合算。我們開會，是帶工資、報銷車馬費的，所以對與會者言，仍覺得划算。

一七二

一句話可以講完的，為什麼偏要三句、五句話？是表現你能說嗎？現在寫小說沒有人當藝術品經營。寫一個人笑，笑字就夠了，頂多再加一個字：巧笑、怪笑、冷笑、大笑、獰笑、奸笑、竊笑；頂多再加一個字：瞇眼笑、張嘴笑、吃吃笑、呵呵笑、嘿嘿笑，就夠了。還要寫他臉上怎樣笑起了摺子、笑的聲音是啞是亮、嘴角怎麼彎、手往哪兒放，有必要嗎？是把讀者當弱智？《紅樓夢》第四十回，曹雪芹寫笑，根本不用詳寫笑字，「眾人一起大笑起來」，然後白描一幅「飛花滾雪」的群笑圖，全是些各人的身段動作，歷歷在目。

以一當十，以少勝多，一石數鳥，絕對是好的藝術手腕。精練是天才的姊妹，絕對沒有錯，是「至上之法」。需要練就藝術的慧眼、巨眼。一首管弦樂，小號從頭吹到尾，誰也受不了。怎麼練就？回歸經典。從書法、戲曲、繪畫、雕塑、音樂、舞蹈鑒賞中領悟。光讀小說不成，光讀雜誌上的小說更不成。很多發表的作品是過水鰍，本身藝術完成度就不夠。

一七三

鑒寶節目中，有七張紅木家具，拼成一張方桌。據說只有在蘇州園林、頤和園見過。估價六十萬。這就是孩子們玩的七巧板。文學也有七巧板：稟賦、閱歷、學識、眼光、思想、靈感、語言。

一七四

不比不知道。中國作家的作品與外國作家的作品相比，差距在哪兒？中國作家用生命澆注作品者實在太少見了。所謂燃燒生命的激情，就是敢自由地講最想講、最需要講的話，敢於用標新立異的方式講標新立異的話。話不從眾、從俗，講的方式不從眾、從俗。

這是心態的問題、人文素質的問題、文化浸潤的問題。

中國文人文化，歷來一個「玩」字了得！文學史上，有幾多驚天地、泣鬼神的大作品？除了一部《紅樓夢》，實在是「乏善可陳」！儒家文化最講道義擔當的，為什麼吾國文學向來缺少擔當？小說既不入流，散文又如何？周作人推崇的性靈派，也就是閒適性情居多，恨不能遁入山林、皈依佛門，如此而已。苦難最為深重的中國，竟然最缺少苦難意識。小福即安，知足常樂，無事即樂、無禍即福，把自己退縮到不能再退縮的地步，還在自己安慰自己，尋一點實在是可憐的小樂子。

外國作家玩得起而不玩，中國作家、中國讀者玩不起而照玩不誤，就像吃每月兩、三百元低保照樣打麻將、養寵物。這就是差別。

玩，有無意識的玩、有意識的玩兩種。某一年、某一日、某一篇文章、某一段落不玩，偶爾一星思想火花濺起、生命激情燃起，作品就會偶爾讓人震撼那麼一下子。

說到底,悲天憫人的情懷缺失了。

中國人的血成了鐵罐子裏的液化氣,沒有正常的流動管道,很可能會出事。

一七五

邵建先生提出了一個很重要的思想:魯迅的文化偏至論,是文化決定論、是一元主義。魯迅排斥胡適,是因為魯迅排斥政治。胡適是多元主義論者。

政治就是文化,管總的文化。有什麼政治,就有什麼文化,有什麼道德。對此,我很贊同。

他的另外一個思想更有意思。人性是不可、不能改造的,改造了就不再是人。這個觀點又有墜入「政治偏至論」之嫌,好像是說政治解決是最終解決,這就似乎有政治決定論的味道了。

不過,他把人性與魯迅說的國民性混為一談了。國民性是人性在文化土壤上結出的畸變果實,一種「集體性變異」、集體性傳染病或瘡疤,是民族化了的人性之一部份,它不是人性本身,而是人性和文化雜交後的性格表現。在政治體制保障的前提下,國民性是應該、也可能被改造的。

一七六

歷史只有它的勝利者才享有歷史資源的繼承權。他把歷史事件轉化為文化符號,隨時視其需要的不同而賦予不同的含義。儘管這含義會發生某種變化,但這符號在他被否定之前是不可能被取消的。

一七七

文本釋讀有許多側面、許多切入角度,相互關聯又不關聯。文化釋讀、社會釋讀、政治釋讀、道德釋讀、藝術釋讀、哲學釋讀、創作主體釋讀、受眾釋讀、人文釋讀等等。《水滸》適合從社會、政治、人文方面解讀,《三國》適合從軍事文化解讀,《西遊記》適合從作家的介入方式解讀,《紅樓夢》適合從藝術、語言解讀。人文釋讀是作品最難通過的關口,能通過這一關的,恐怕只有《紅樓夢》而已。而主體釋讀最複雜。最具爭議的往往正是這兩種釋讀。當代所缺失者,也正是這兩種釋讀。

一七八

宋代正是城市經濟勃興、市民文化迅速發展的開端,評話這一藝術形式於此時開始盛行。水滸故事以諸多藝術形式廣泛流傳,凡三百餘年,始終為民間津津樂道,這是很值得注意的;其間,主流意識形態也發展得很充分,程朱理學達到了儒學的一個高峰、一個極端的變異。這種對峙,一方面說明宋朝的思想禁錮相對寬鬆,另一方面,說明民間社會對儒教的反叛意識,也獲得了自由氾濫的空間。明朝經歷從酷治到意識形態失控的演變,《水滸傳》得以在這個時期形成,也就水到渠成、順理成章了。

一七九

人生的悲劇性,還不僅僅是生命的有限、不可超越,在世俗意義上,晚年的貧窮、孤寂、病痛、衰竭,本身就是巨大的痛苦和折磨。

更不要說，一生的艱辛、苦難，在欲望與現實中的掙扎、搏鬥。因此宗教家認為，生，即是苦。因此，詩人、哲學家和真正的文學家，都會在感覺失去生的價值時，果決地選擇結束生命。在終極的意義上，生命是絕對孤獨的，原因再簡單不過，沒有兩副大腦完全一樣，沒有兩個生命可以真正溝通，無論朋友之間、情人之間、夫妻之間、父母子女之間。

其實，生與死同為自然過程，莊子就認為，應當「齊生死」，生死好比春夏秋冬的四季輪迴，沒有什麼不得了的，應當坦然面對。

一八○

清算儒家思想兩千年來對中國國民的精神戕害，勢在必行。中國人的奴性、保守、自私、眼皮淺、事事只講功利、雙重人格——口是心非、說一套做一套、輕賤生命輕賤自我、混淆靈魂的高貴與卑賤、欺軟怕硬，導致流氓性的普遍蔓延。所謂的流氓性，沒有價值準則、沒有信仰，凡事只論功利、不擇手段。在政治經濟獨裁統治之下，人性被壓抑和扭曲，奴性與卑怯表現得淋漓盡致，似乎都是順民；政治經濟一旦鬆動，人性的原始欲望急速反彈，人的文化性，即國民性的另一面便盡情釋放，造成流氓遍佈、道德崩毀。這種情況從明王朝崩潰前夕，看得最為分明。

一八一

人心如我，人性如我。研究人心、人性，不敢面對自己，不敢面對自己靈魂之隱秘，那些哪怕是偶爾泛起的惡念、邪念，一切無從談起。威廉·詹姆士的自省心理學的功績之一，乃是促成意識流小說的應運而生。

一八二

經濟利益是社會平衡的核心問題。經濟利益的訴求得以實現，需要一個高素質階層的出現。這個階層儘管不擁有權力，但有一定的經濟實力，有文化、有思想。英國的光榮革命，不動一刀一槍，以最小的代價，結束了威廉二世的極權統治。這場革命，是代表新興貴族的議會與君王分權的鬥爭。如果是平民革命，情況將大不一樣。聯想中國近代，孫中山代表資產階級利益向清王朝發起的革命，即辛亥革命，沒有大的流血（魯迅以其親歷，記述過在江浙發生革命的情形）。光榮革命的史實，有趣的故事還在於，英國貴族借助了荷蘭軍隊這一外部力量，使威廉的軍隊迅速瓦解。

一八三

最近央視二套播出《大國崛起》，這部專題片為該臺近年難得一見的、有品味、有思想、有啟蒙意義的重量級大製作。在評述部份，限於編撰者的識見，值得商榷處不少，但史料本身包含著巨大的思想資源。其影響不在有鼓吹新權威主義之嫌的《河殤》之下。對於一個期望轉型的社會，提供了全方位、根本性的思索。

我預計它會颳起一陣不大不小的思想旋風。

歷史經驗表明，大國崛起大致有兩種選擇，一種如英、美、法，是諸種因素形成合力的結果。政治上，議會民主高於王權，一個社會精英階層主導了國家命運；法治、法律高於一切，法制健全而嚴肅。經濟上實現徹底的自由經濟，全憑看不見的手，政府職能消減到最低限度；與國際市場共榮共存。文化上，言路開放，尊重知識和知識份子成為全民族的共識（實際上英國、法國做到了頂禮膜拜的程度）；

宗教精神、公民意識相當普及。缺少一個條件都不可能成為真正意義上的強國。另一種，則如德國、日本和蘇聯。德、日靠發展軍事力量崛起後，成了罪惡的淵藪；蘇聯靠全民節衣縮食的計劃經濟也迅速崛起，贏得了衛國戰爭的勝利，但因為權力不具有合法性，畢竟社會處於虛假的穩定（暴力和謊言下的穩定），最終導致解體。俄羅斯的歷史，不得不繞一個大圈子。

一八四

言情小說盛行，自有它盛行的道理。才子佳人，本來就人見人愛，更何況還設計些小糾纏、小波瀾，敷衍些笑和眼淚。它的存在也並無大礙，甚至是必備的、常用的小藥片阿司匹林或香連丸。它不該成為文學的主流，好像文學也就這麼點本事。魯迅說：「所感覺的範圍卻頗為狹窄，不免咀嚼著身邊的小小的悲歡，而且就看這小悲歡為全世界。」有出息的作家，在人們一窩蜂大寫言情的時候，不妨去關注一下「全世界」，儘管那需要付出十倍、百倍的艱辛。

一八五

近百年來，激進主義思潮主宰中國政界、學界，社會處於激烈的震盪，傳統文化遺產中具有思想價值、社會價值、道德價值的元素——和為貴、中庸、寬恕、仁愛、「己所不欲，勿施於人」（當然這些必須以制度保障為前提，並且重新賦予它現代意義，才有思想價值），遭到否定和嘲弄。而這些恰恰是中國傳統社會的穩定劑。一旦造成價值真空，社會動亂便在所難免；長期奉行「鬥爭哲學」；自幼向我們和我們的子孫灌輸「仇恨入心要發芽」；大搞「六親不認」、「父子革命」，「砍頭只當風吹帽」。這釀成了多少人間悲劇，扭曲

了多少人的人性！暴力、精神暴力、話語暴力和復仇的魅影，至今在
文學作品和螢幕上徘徊，陰魂不散；「掄起板斧，排頭砍去」的李
逵，至今被我們認定為「農民英雄」而無視其流氓性，從未關心被他
砍去腦袋的那一個個鮮活的生靈，該不該掉腦袋。凡此種種，我們似
乎已經麻木，視而不見、充耳不聞。這就是我在一篇文章中說的：
「我們身上都被烙上了恥辱的印記」、「我們都需要靈魂的救贖，我
們都需要懺悔」的含義之一。著名數學家王元院士曾在文革中的千人
大會上，上臺批鬥他的恩師華羅庚。為此，情同父子的兩位大師級人
物五年沒有講話。突然有一天王元接到華羅庚的電話，請他來一下，
有事相商。王元心想，沒事了，恩師原諒了他。華羅庚去世後，王元
用九年心血為恩師寫了一部傳記《華羅庚》。這部書不僅記錄了華羅
庚非凡的數學人生和數學思想，而且為當代人講述了一個感人的人文
故事，成為靈魂救贖的經典讀本。

一八六

歷史文學也同時遵從文學的本質精神。文學需要濟世情懷、宗
教情懷，需要大悲憫。我能夠理解，托爾斯泰晚年給孩子們編寫教科
書，宣揚他的「勿以暴力抗惡」的「道德自我完善」。那是宗教情
懷。老子曾告誡孔子說，勿「譏人之非，揚人之惡」，「去驕氣於言
表，除志欲於容貌」。這與托翁有相近的境界。國人多對托翁哲學持
否定態度，正因為吾國文化向無真正意義上的宗教精神。即使文學曾
受到不應有的懲罰，文學也沒有懲罰懲罰者的權利。文學認為，它可
以解剖自己，也可以解剖世人；而懲罰他人的權利只屬於上帝。米蘭
‧昆德拉說，文學的道德審判具有「延時性」，也就是說，它往往超
前於現實的道德原則。大悲憫，正是超越現實原則的文學原則和文學
批評原則。文學批評，首要的是價值判斷，即人文精神評價。當代文

學批評之生態劣化，首先是人文思想的缺席。商業化、人情化、從眾化的俗流中，作家為名利謀，心氣浮躁，以玩奇伎為能事；批評家為稻粱謀，為作者諱、為權勢者諱，迴避「直面社會，直面人生」的言說，導致當代文學「不缺乏才華，唯缺乏思想」。

一八七

真相往往是立體的，觀察立體物，需要變換視角。多一種聲音，一點壞處也沒有。

一八八

公開寫作有垃圾（不妨往廢品站一觀），民間寫作有煌煌大作（《紅樓夢》是也），反過來也一樣。這是不爭的事實。一個公開寫作的人，抽屜裏可能有更多的私人寫作，私人寫作（如朦朧詩、如普列漢諾夫的遺囑、如羅章龍的回憶錄）有朝一日會浮出地面，變成公開寫作，對此亦不必驚詫。

一八九

「時至今日，我們有誰還懷念那永無休止的『鬥爭』麼？有誰不冀盼我們的人際關係中多一點人性、人情、人道麼？」（杜漸坤語）我的無奈和痛楚正在於，歷史地看，主張寬容比主張復仇，主和比主戰，要困難百倍；對「鬥爭哲學」，人們一方面聲稱深惡痛絕，一方面卻在來勁的身體力行。我期待有為「寬容」正名的那樣一天，我相信雨果的話：「寬宏大量，是唯一能夠照亮偉大靈魂的光芒」。

一九〇

人的性格真實是極其複雜的真實。臧否人物，不能背離人物性格的複雜真實。

一九一

這是一個嚴酷的事實：回顧文革初期，我們許多人都曾是虔誠的擁護者，現在則對「領導者的文革」持否定的態度，對「人民的文革」持審慎分析的態度。這種根本性的轉變，同樣曾經發生在理論素養極高的人（包括像顧准先生這樣的學者）身上。這其中蘊含著深刻複雜的思想（參見林賢治的《兩個顧准》）；簡單地說，中國文人都是詩人，都受到幻想性的中國傳統文化、理想主義情結的浸潤，都具有兒童般的天真浪漫。

一九二

歷史文學或紀實文學的精髓，就人物論，在於「人格分析」。「譽之者或過其實，毀之者或失其真。」林昭在生命晚期為什麼能對用暴力折磨她的獄警，深懷同情之心？蓋因她站在歷史的高處俯瞰人間，她在一個廣闊的時空透闢分析了獄警的人格，終於認識到，他們也屬受害者，靈魂需要救贖。同樣的，戴厚英先生若沒有對文革中自己所幹的那些「蠢事」的深刻反省，就寫不出《人啊，人》那樣具有劃時代意義的作品。

應該承認，因為各自的身份地位、經歷、學養、資訊源各不相同，對歷史的看法也會各不相同，甚至截然相反。易中天先生說，對

歷史有三種看法：即歷史的意見、現實的意見、個人的意見。這樣，我們追求的真實，就包含著豐富複雜的因素：一、歷史的意見的真實，需要忠實還原歷史的原貌；二、現實的意見的真實，需要站在今人的立場，科學評價歷史；三、個人意見的真實，則需要今天的講述歷史者，尊重前面的兩種意見，盡可能克服個人的偏見。如果單單強調歷史的個人的意見，那也真實，那是黑格爾說的「這一個」的真實；而歷史就可能由正說變成戲說，由《三國志》變成《三國演義》。歷史還在繼續著、發展著，人的思想情感也會不斷發生變化。對歷史的認識是有難度的，思考的深度往往因各自的歷史境遇不同而受到局限。但我相信，無論是誰，思考都沒有完結，我們對歷史的看法，還會不斷發生變化。

一九三

章怡和在〈可萌綠，亦可枯黃──言慧珠往事〉中說：「所有政治運動，最生動的場面便是參與者、捲入者的相互攻訐，彼此出賣。出賣不再屬於個人品德或私人恩怨的問題，它被官方視為塑造革命情操、考核階級立場的有效手段。」而革命情操和階級立場，是所有人的「政治生命」、所有人的身家性命、所有人的一切。如果你沒有捨棄這一切的勇氣，你就只能把自己「動物化」：不講話，只覓食，學會撕咬或防範被撕咬。

一九四

荊沙民間，婦女相罵，有說對方「不清白」，也有說「二黃」（一個雞蛋兩個蛋黃）的，是同一個意思，即罵對方不明事理。還有更重的罵法，說對方「不上賢」。上，同尚；罵人家不崇尚賢德，也

就是不賢惠，在「三從四德」的道德環境，罵人之重，可以想見。這一罵言，直至上世紀五十、六十年代，在此地仍是十分流行。

罵言出自《老子》第三章：「不上賢，使民不爭。」意思是，權力者不刻意鼓勵、推崇賢德的人，百姓就不會去為這個榮譽爭奪不休。這乃是老子「上無為」思想所衍生出的一個具體內容。顯然，民間百姓不是按照《老子》的本意、而是按照儒家教義來理解「不上賢」的。上賢，在老子是貶義，在儒家則是褒義。

在中國民間社會生活中，儒家禮教業已內化、實化，而老子的思想作為儒家思想的某種對立物，則顯生疏乃至陌生，此一例也。

一九五

孟子說：「智譬則巧也，聖譬則力也，由射於百步之外也，其至爾力也，其中非爾力也。」欲一箭中的，力亦必需，巧亦必需；欲一語中的，要通曉事理，還要大智慧。「取材有抉擇，持論能中肯，這是有關作者修養的事」（朱東潤語）。有人說，文分四類：進步的，消閒的，流氓的，反動的（不是對應「革命」的反動，而是對應歷史進步的逆潮流而動之反動）。其唯一的鑒別尺度，正是人文精神；舍此並無任何第二把尺子。在我們自身的歷史負擔尚待卸除的情勢下，在這個文風浮躁的時期，在歷史處於十分尷尬、十分畸形的文化拐點上，在魯迅之所謂「流氓文化」極易沉渣泛起的時候，任何人，一不小心都可能走迷失，掉進「流行文化」的溫柔陷阱。

一九六

人類一切崇高的精神活動都源於苦難，都與苦難密不可分。因此，只有宗教和哲學才是人類精神的精華和主流，科學只是在認知、

探索人與自然的奧秘的意義上，才可以入此流；而在追求快樂、滿足享樂的層面，即技術的層面，則是雙刃劍。文學與科學一樣，在嚴肅的層面和意義上，它才與宗教和哲學結緣，在這個層面以下，文學同樣是雙刃劍。黎鳴先生說，中國古典文學自秦漢以後，基本上是垃圾，是有害的毒素，大體如此；而中國當代文學，也被德國漢學家顧彬叫做垃圾，也大體如此。

文學與苦難之關係，是個總題目，管總的題目。

作家需要經歷苦難，至少需要認識苦難。文學是形象的、情感的、思想的。深入苦難，才能深入形象。情感的濃烈，源自苦難的歷練。對歷史苦難的真實感受、真實認知、鍥而不捨地反思，才有可能爆發作家個人精神的地震或靈魂裂變，他對歷史的理性認識，才可能昇華。

文學的再現或表現，回到歷史真實，是作家首要的、根本的任務和使命。

羅列苦難的事實，是遠遠不夠的。文學之寫苦難，絕不等於胡亂堆砌人世間的黑暗或人性的陰暗，它首先需要真相，需要真相的可信度，接下來，寫出苦難的深度，即寫出苦難與政治、與社會、與文化、與人性、與上帝的複雜關係，這才有價值。現在，就世界範圍而言，苦難與人性與上帝的關係最值得關注；但在中國，這個主題尚顯得有些奢侈；中國的基本問題還沒有解決，缺乏制度和法治保障。中國人還處於無根的生存狀態：政治無根、社會無根、文化無根。政治無根，沒有人權和自由保障；社會無根，水滸式社會距離現代公民社會十萬八千里；文化無根，秦漢以後只有專制文化統領一切，即使尋根到先秦，中國文化缺失宗教、科學精神的基因。中國作家既沒有講真話的勇氣，也沒有講真話的自覺，更沒有講真話的自由。一個言說苦難的可能性都成問題的語境，迫使中國作家變通言說的方式，尋求更曲折、隱晦的表達。這或許並非壞事，想想曹雪芹寫《紅樓夢》的

客觀環境，或許大藝術正是在這種環境中才可以誕生。問題回到創作的主體——作家自身，作家的主體意識是否建立、是否強烈，對苦難究竟體驗、感悟、認識到何種程度，作家的人文修養和人格準備是否充足，能否克服自身的功利心和浮躁，是否有發乎內心的「為天地立心，為生民立命，為往聖繼絕學，為萬世開太平」的寫作動機和動力，視創作為生命激情的燃燒，靈魂的涅槃和自我價值的實現，這才是問題的要害。而恰恰這個要害，從古到今的絕大多數中國作家都沒有深刻反省過。中國作家亟需要經歷靈魂先內斂而後外化的痛苦過程。

一九七

許多朋友和朋友的親人都走了。早夭的且不去說，大致都在國家公佈的平均壽數——七十歲左右。生物學有一種看法，人的健康水平有一個節律，大約每七年或八年，下降一個臺階。古諺和民間之「七十三八十四，閻王不接自己去」，既是經驗總結，也有科學根據，大約都在七或八的公倍數上下。這兩個「節疤」，普通芸芸眾生很難過得去，目前活到九十歲以上的，多為上層人物，其醫療保健和養尊處優的條件，尋常人很難想像。

現實的殘酷無情，並沒有讓人們明白生命的不可超越，只要看看貪官們肆無忌憚攫取的醜態，人們為欲望折騰、忙碌、打拼、爭鬥的那些鬧劇、慘劇，看看日常生活中錙銖必較的執著勁頭，才會明白佛家的「了生死方入門內，具大智即成菩提」值得深味；偈語所謂「看破、鬆手、放下」，更是對貪婪者的一記棒喝。

一九八

中國古典小說，即傳統通俗小說，除了《紅樓夢》外，都是所
謂的鏈條式結構，情節一環連一環，「且聽下回分解」。這是來源於
「說話」、脫胎於民間口頭講唱藝術的明證。聽與看不同，說書人一
說而過，聽眾不可能像讀者那樣可以回過頭去翻書，把不明白的地方
再看個仔細。這便決定了這種小說的許多特點：情節線索單一、明
晰，故事性強，口語豐富，講究懸念設置，多訴諸白描手段，多有插
科打諢等等。《紅樓夢》唯一不能免俗的地方，即保留了章回體的外
殼，連「下回分解」也一同留了下來。但《紅樓夢》已經不再是傳統
意義上的小說寫法，打個比方來說，它像一株枝葉繁茂的大樹、花團
錦簇的花園，而不再是修剪過度的一缽缽盆栽。《紅樓夢》是生活流
的寫法，結構上大開大合，藝術手腕十分大氣，細節描寫看似令人眼
花繚亂，其實皆有著苦心孤詣，慘澹經營。脂硯齋甲戌評本第一回有
一段批語，專講他的藝術手法，指出：「事則實事，然亦敘得有間
架、有曲折、有順逆、有映帶、有隱有見、有正有閏，以致草蛇灰
線、空谷傳聲、一擊兩鳴、明修棧道、暗渡陳倉、雲龍霧雨、兩山對
峙、烘雲托月、背面敷粉、千皴萬染諸奇書中之秘法，亦不復少。
余亦於逐回中搜剔刮剖明白注釋以待高明，再批示誤謬。」又甲戌眉
批：「開卷一篇立意，真打破歷來小說巢臼。閱其筆則是《莊子》、
《離騷》之亞。」而戚蓼生更具慧眼，看出小說「一聲也而兩歌，一
手也而二牘」，這成了解讀《紅樓夢》密碼的總鑰匙。曹雪芹的高明
之處，就是把「二牘、二歌」寫成了兩面看的「風月寶鑒」，將所有
精心提煉、設計的細節、情節，極盡自然地、邏輯謹嚴地繪畫成「生
活場景」、「生活流」。這等腕力，又得益於他集中國傳統文化之大

成，中國文字在他的手上成了有靈魂的魔方。也許世界上只有漢字才能創造出這樣的文學奇蹟、奇景、奇觀。

一九九

胡適說，丁文江有他自己信奉的「宗教」，這話只說對了一半。除了中國舊知識份子「犧牲自己一人而讓所有人獲益」的獻身精神，還有站在人類立場為科學技術獻身的精神。正是這兩種精神，使得丁文江看到蘇聯勒緊全國老百姓的褲腰帶，強制推行「計劃經濟」的國家工業化的現實後，對之讚歎、羨慕不已。他說，他寧願選擇做英國的工人（因為英國工人比蘇聯工人自由、富裕）；同時又說，他寧願選擇做蘇聯的技術員（蘇聯的技術隊伍龐大、開發資金雄厚；很可能生活水平比蘇聯工人高出許多）。丁文江的思想，反映了現代知識份子的強國夢的熾熱。事實上，丁文江的思想情感遺傳了至少兩代的知識份子。他儘管明明看出蘇聯的專制獨裁，仍然把強國看得比民主更高、更緊迫。他甚至主張「新式的獨裁」，儘管他解釋「獨裁」時說：「獨裁的首領要完全以國家的利害為利害」。可是，世界上哪有這樣的獨裁的首領呢？不能不說丁文江的思想不成熟，矛盾而混雜。這暴露了他同所有中國知識份子一樣，烏托邦情結十分濃重。胡適稱他是「一個真實的愛國者」固然不錯，但對中國歷來權力者鼓吹的「愛國主義」的實質，都是值得拷問的。丁文江讓我感動的是，他是一個真實的行動者。

二〇〇

庚辰本二十回回前批：

有客題《紅樓夢》一律，失其姓氏，唯見其詩意駭警，故錄於斯：

自執金矛又執戈，自相戕戮自張羅。

茜紗公子情無限，脂硯先生恨幾多。

是幻是真空厯遍，閑風閑月枉吟哦。

情機轉得情天破，情不情兮奈我何？

凡是書題者，不可（似脫「不以」二字）此為絕調。詩句警拔，且深知擬書底裏，惜乎失名矣！按此回之文固妙，然未見後之卅回，猶不見此之妙。此回「嬌嗔箴寶玉」、「軟語救賈璉」，後回「薛寶釵借詞含諷諫，王熙鳳知命 英雄」。

此批分明脂硯齋假借一讀者之名，為《紅樓夢》自題詩。《紅樓夢》早期以手抄本形式在親友中間借閱，流傳的圈子是極小的——已知的不過脂硯齋、畸笏叟、松齋、孔梅溪幾位作批人，以及怡親王、墨香、明義、永忠幾位親友；而被譽為「絕調」、「深知擬書底裏」的題詩人的讀者，非親即友，怎 會「惜乎失名」呢？

同一版本四十二回回前批：

釵、玉名雖兩個，人卻一身，此幻筆也。今書至三十八回時，已過三分之一有餘，故寫是回，使二人合而為一。請看黛玉逝後寶釵之文字，便知余言不謬矣。

若承認脂硯齋此兩批所說不謬，《紅樓夢》全書當在一百至一百一十回之間。周汝昌說一百零八回，可聊備一說。

那麼，《紅樓夢》全書初稿是否草成？前一批語，脂硯齋分明說他看過「後三十回」，回目還記得清清楚楚。後一批語說：「請看黛玉逝後寶釵之文字，便知余言不謬矣」；如果根本沒有寫成後三十回，如何對讀者說「請看」，還肯定「便知余言不謬矣」？

看起來，脂硯齋的批語是在「後三十回」「迷失」之前、之後都寫過的，寫上面第二條批語時，似乎全稿還在。從甲戌「重評」到庚辰「四評」，有些批語作了改動，有些一時並沒有考慮「評語」部份的協調、統一問題——文字「一仍其舊」了。

還有些評語，是甲戌前寫的：甲戌本既然叫「重評」，前此必有「初評」。為什麼要「重評」？可以料定，就在甲戌年（1754）前不久，《紅樓夢》版本史上有一個重大事件發生：八十回後的初稿稿本「迷失」！這個意外事件，使得脂硯齋做出決定，重新評批《紅樓夢》，以作為對這一事件的某種「補救」。自此才有脂硯齋從甲戌年後，將全書劃分為前八十回、後三十回的明確說法。

迷失事件真相究竟如何，是真迷失還是假稱迷失？當另行討論。

庚辰本二十回第五百八十頁有一則眉批，又有「百回」之說：

> 通靈玉除邪，全部百回只此一見，何得再言？僧道踪迹虛實，幻筆幻想，寫幻人于幻文也。壬午孟夏，雨窗。

注意了，此壬午非彼壬午，乃是在雪芹去世的那個壬午年的十二年後。可以斷定的是，庚辰本中，凡題款 「壬午……，雨窗」的眉批，皆畸笏所作。因 「雨窗」二字之後，往往還有畸笏，畸笏叟，畸笏老人的題款。譬如同回之第五百七十三頁：「點頭思忖是量事大小，非齐齒也。壬午夏雨窗畸笏」。

這則批語，在甲戌本裏，原是二十五回回後總批之一則：

> 通靈玉除邪，全部只此一見，卻又不靈；遇癩和尚疲（跛）道人一點方靈應矣。寫利欲之害如此。

此處無「百回」二字，作批語的時間較早，當在甲戌年前。

由此可見：一、現存甲戌本所據的底本，有回後總批，早於庚辰本所據的底本。二、庚辰本在雪芹、脂硯死後，落入畸笏之手，於

十二年後的壬午年，畸笏突然寫下了數量頗為集中的批語。三、畸笏不僅加了自己的批語並署名，還可能對脂硯齋的評批作過刪除、改動，前十回，甲戌本之脂硯齋批語是密集的，庚辰本中竟悉數刪去。顯然，這是一件很可怕的事情。脂硯齋在世時，畸笏沒有或不敢這樣做；脂硯齋去世後，畸笏在本子上動手腳了。畸笏擅自主張，不尊重、不保留作者曹雪芹認可的「脂硯齋重評石頭記」的原汁原味，有什麼客觀原因、主觀動機呢？

從甲戌到庚辰，不過短短六年，《紅樓夢》早期版本史上連續發生重大事件：因前此「後三十回迷失」，甲戌年脂硯齋抄閱再評石頭記；庚辰年秋月脂硯齋四閱評過、定稿。

在雪芹去世十二年後的壬午年（1775），《紅樓夢》早期版本史上再次發生嚴重事件：畸笏對脂硯齋的批語大動手腳！現存庚辰本所據底本，不是庚辰秋月定本的真身，而是不早於壬午年的畸笏藏本。要理解這次版本事件，似乎不應該忘記，大清王朝作為一個中央集權的國家，發生了一個重大的政治文化事件，那就是在1773年，《四庫全書》的編修，在全國轟轟烈烈地展開。這不可能不在畸笏叟的心理上激起劇烈的震撼。

接下來最重大的事件發生在1791年、1792年。程偉元、高鶚「整理」、「補足」的百二十回《紅樓夢》刊行。從此《紅樓夢》的真面目被掩埋了一百多年。

《紅樓夢》是這樣地命運多舛！

二〇一

寫字與作文有相通之處。作文要多讀書，寫字要多讀碑帖；作文，辭彙量要大，寫字，運筆的手腕要豐富；文章講結構，書法講章法；文似看山不喜平，字亦宜濃淡粗細、大小疏密富於變化；文有張

弛，書有疾徐；文以氣為主，書以韻為要……最重要的，寫文章、作書法，心境決定一切，都要自胸襟而出，注入靈魂。

二〇二

每個人的文學參照系不同、眼界不同，自我感覺也就不同。

四十年代以後出身的人，註定了先天不足，更不用說六十、七十、八十年代後的作家了。

腹有詩書氣自華。氣質是在書裏浸泡出來的、在文化環境薰染出來的，在兒童時代「接種」過家庭、家族的文化基因，氣質自會不一樣。

我們不可能選擇民族、家族，即不可能選擇文化遺傳。儘管我們的文化基因有缺陷，卻不能拋棄它。因為一旦拋棄，我們將一無所有。聰明的做法、智慧的做法，是選擇另一個文化坐標系，作對比觀照。文化的多樣性是客觀存在，文化的先進與落後是在相比較中認知的。

二〇三

歷史上有許多看起來不可思議的瞬間、精彩絕倫的瞬間。齊奧塞斯庫最後的報告會上，那喝倒彩的一聲噓聲；1989年冬天，柏林牆在一天之內被推倒，即為經典的例子。但我們將時間延伸、將瞬間放大，這一天卻又是「水到渠成的日子」。

二〇四

據說死在H鋤頭下的「延安才子」，《野百合花》的作者王實味，是個才氣橫溢、狷介孤傲的人，卻又是個個性缺陷很多、難以相處的人。他的罹難，該不該由H負責呢？以H的經歷教養和壞脾氣，殺一個

「反革命份子」與殺一個地主有何區別？他和王實味並無恩怨；歷史記下H的這一筆，他也受了背罵名之苦。路線錯，全錯；個人恩怨，遠遠低於歷史的罪過。

我的認識上的突破，是在觀看了《尋找林昭的靈魂》之後。林昭生命的後期，格外顯出崇高而聖潔。她的精神，從自由主義鬥士的境界，昇華到「普渡眾生」的宗教境界。不僅具有濟世的大慈悲，且具有渡人的大胸襟。在她聖潔的目光下，殘酷迫害她的人，同她一樣可悲、可憫，甚至更可悲憫，因為他們充當打手、淪為奴才而自己卻渾然沒有覺悟。他們同樣是需要靈魂救贖之人。

林昭以她輝煌的人性之光，到達我內心最柔軟的深處，化解了我思想前行路上的又一塊頑石。

暴力的烙鐵給所有人都烙上了形形色色恥辱的印記。我們都需要救贖。尤其因為我們曾經走過漫長的人類史上那一大段「黑洞」。

二〇五

中國人智力發育應該比西方人充分，中國人比西方人聰明的說法，能不能成立？

中國人活得累，緊張，小心思特別多，就像跳探戈，時刻警惕著、算計著、應對著、防範著、擔心著，所以看起來中國人特別精明，用腦過度充分。實際上，中國人的用腦，絕大部份時間和場合，都是無效運動、單調運動，多次、同樣的重複，這種狀態，內耗很多，卻極易產生心理扭曲、變態，人格猥瑣、犬儒化、流氓化。相反的，活得大氣、帥氣的人，活得天真、坦蕩、灑脫的人，腦子能量積蓄充足，興奮點可以呈放射狀，向任意方向發散、拓展。這也是為什麼中國出藝術家多，出科學家少、思想家少的原因。現代思想、現代科學文化，中國人的貢獻幾乎為零。而長期居住、生活在海外的華

人，倒是有少數傑出人士。而且，中國的藝術、繪畫、書法、音樂、文學，都是種感覺的東西，缺乏思想和科學支撐，很虛幻、很單調，轉去轉來，就在玩感覺、玩情緒、玩意念或意境，原地繞，走不出這個怪圈，兩千多年都沒有實質性突破。思想沒有突破，感情沒有新鮮的，藝術技巧上也老一套，不僅如此，還將這一套東西虛玄化，弄得神乎其神，讓你鑽進去出不來，而且很奇怪地，詩不讀唐宋以下，文不讀秦漢以下，字不學魏晉以下……什麼都越古越好，這種美學趣味和尚古心理，非常奇特。中國文人不從這種崇古、尚古、玩古的心態中解脫出來，不能識破這種返祖文化的孽根性，就走不出文學藝術的困境，就沒有真藝術、大藝術、新藝術產生！中國的思想現代化、精神現代化、藝術現代化，就只能是一句空話！黎鳴先生看透了傳統文化的劣根性，卻又在西方現代化面前，表現出一種東方學者的恐懼和無奈，又轉而向老子、墨子尋找解脫之道，這就繞了個圈子又回去了。文懷沙是另一類代表人物，他的「正、清、和」，簡直就是偽科學的代表作。氣節與個人修養是一回事，思想又是另一回事，就其思想而論，文懷沙不過是一位文化保守主義者。他們仍然擺脫不了中國傳統知識份子的情結或心病——現代恐懼症，就像當年慈禧害怕火車一樣。中國舊文人的無可救藥，就是骨子裏的戀父、戀古、戀自足經濟、戀農業社會、戀小康。還是封閉好，還是小國寡民好，還是避世、出世好，還是散淡閒適好，還是與世無爭好，還是隨大流「從眾」好，還是憑感覺的玄想藝術和清高哲思好——還是不要科學、不要思想好，宗教最好也成為這種個人精神生活之點綴，就像公安三袁，其實是在逃避生活。

二〇六

　　一部作品，同一首樂曲一樣，章節、段落之間，某一章節與段落中間，必有一些過渡、交待、鋪墊的文字：或如餘韻的延伸，或如休

止，或如新樂段的導引；蓄勢待發，平平淡淡，並不讓人格外提神，感覺震撼。而主題的誕生，華彩樂章、華彩段落，如暴風驟雨般大作的高潮，這些叫人心驚魄動的地方，作曲家寫起來可能需要數分鐘、數十分鐘，而它們從靈魂的泉眼噴湧而出，卻只是瞬間的事情。茨威格把它叫做「靈感的勃發」。

二〇七

善惡商是我的杜撰，但我堅信人們將會從生物學、生理學、遺傳學上找到證實。它與智商、情商一樣，同屬於人與生俱來的本性。我把善商定義為：善／善＋惡。相應的，惡商＝惡／善＋惡＝1－善商，善商＋惡商＝1。這有幾個含義，首先，善、惡同時存在於一個人身上，也就是說，人同時具有善、惡兩種本性；善與惡，在不同時候、不同情況下，各自表現出不同的程度。同時表現而又程度相當，人就會陷入內心矛盾、內心衝突。

二〇八

歷史的邏輯，不是先驗地預見歷史走向，所謂一般規律認定的終點，所謂歷史必然性的目的地。歷史的邏輯只能從歷史的來路中窺見。在某一個歷史階段或時期內，歷史會遵從某種本質上不變的規律，這是由這一時期的歷史本質所決定的。但是，不能把它簡單地、直接地推論到整個或全部人類歷史活動中去。任何王朝的統治者，都聲稱自己的權力合法、正宗，都自以為世世孫孫，千秋萬代江山永固，並按照預設的邏輯為之苦心經營，其結果只能適得其反。這並不能證明歷史的必然性，恰恰相反，它證明預設的邏輯，主觀的邏輯站不住腳，維繫這一邏輯的任何努力，都只能是徒勞。

二〇九

西方政治學一直把政治定義為「權力的遊戲」。針對這一點，有過類似於我們的經歷，而又有痛徹感悟的哈威爾提出「反政治的政治」。望文生義，有點嚇人，闡述開來，倍覺親切感人。他說：「必須回到政治的原點——有個性的個人，必須喚醒個人的良知」；又說：「最好的法律和所能想像的最好的民主機構，如果不是由人性的和社會的價值所支援，也將不能在自身之內保證其合法性。」我不認為他是在做理想化的空談或毫無指望的期許。有個性的個人，如果沒有時時刻刻清醒的良知，一旦握有權力，便會如唐人魏徵所說的「縱情以傲物」，老虎屁股摸不得，無法無天，那將是無權力者的極其可怕的災難。即便是在民主社會裏，人性和社會（公認）價值，仍然應該成為其全部上層建築的堅實支撐。而暴力永遠是人性和社會價值的對立物。

二一〇

如果不是毛澤東在那個著名的編者按語裏點到他的名字，世人也許永遠不會知道有這樣一位青年。

摩羅說，二十世紀後半葉只有兩副大腦在進掘：顧准和張中曉。

張中曉只活了三十五歲。他一無所有，只有三本筆記。他知道自己要走了，請他的父親替他善加保存，說：「也許還有些用處。」

就是這個青年讓所有人汗顏。他的名字將如日月高懸，儘管中國人還很少有人知道他、懂得他。我相信，有一天，中國現代啟蒙思想的發軔地——北京大學，會矗立起這個青年的雕像。他將在未名湖

畔，以他深邃的目光，注視他的後輩子孫。一代代的莘莘學子，把鮮花和長青藤輕放在他身邊，祭奠這位思想先驅的英靈。

他留下的薄薄的《無夢樓文史雜鈔》，當成為每個中國知識份子案頭必供的經典。

二一一

蕭斯塔科維奇的《見證》，是蘇聯權力的見證；是蘇聯官僚集團、國家機器的見證；是知識份子命運、文學藝術和學術命運的見證。

《見證》是思想啟蒙的文學讀本。是血淚鑄就的寶藏，是豐厚的、深刻的、生動的思想資源庫。

他是大作曲家，但他的《見證》比他所有的交響樂都更有價值。

二一二

中國以儒家思想為核心的道統，無視個人精神和人的人格與尊嚴，混淆個人精神的高貴與卑賤。勾踐的臥薪嚐膽、韓信的甘受屈辱，始終被賦予正面的說教意義。勾踐為了復國，可以去吃夫差的屎，韓信為了終成輔佐劉邦打江山的所謂人上人，可以從流氓無賴的胯下鑽過——只講目的、不擇手段被演繹至駭人聽聞的地步！朱大可稱勾踐為中國第一賤人，絲毫不為過。而儒家在推崇人的精神人格的時候，又無一例外地與其「忠君」、「報國」之言行聯繫在一起。個人、人的精神苦難或靈魂痛楚，始終是儒家文化的盲點。儒家文化的功利主義、實用主義，用現代思想文化來考量，簡直是匪夷所思。人最終將被儒家文化工具化、符號化，無可避免。

二一三

在每一個組織裏、單位裏，人們沒有選擇上司的權利。上司從來就是上司的上司委派的。因此，他們總希望新上司會「好」一點。一個新上司到來之前，他們打探小道消息，揣測紛紛，不甚惶恐之至。他們的命運將由這新上司所掌握。

上司和他的上司，就像無數的樹枝，龐大的權力系統則如一棵大樹。文化是土壤、哲學是根系、設計是樹種。你怎麼能指望這棵樹上長出性質全然不同的樹幹和樹枝呢？天下樹枝一樣彎，天下果子一樣酸。

人們期待於上司的「好」，不是他的智慧、才能、學識、專長這些做上司的必備素質，這與他們關係不大，甚至根本無關。備受關注的是上司的「為人」如何，他比較寬容、為人正派，還是刻薄、心術邪惡。這才決定他們的安全感和恐懼程度。

上司是偶像。是否容人，成了偶像的上司最重要的口碑。

二一四

我做了三十多年的職業編輯，知道所謂「地下寫作」、「民間寫作」，猶如地火，猶如野草，從未停止過燃燒和生長。浮出地表的，如朦朧詩，如《第二次握手》，那只是冰山一角。言為心聲，不吐不快，話語權喪失的時代，不等於人人都是啞巴。

見證這個時代的作品不是沒有。近年就有章詒和的《往事並不如煙》和安徽的一雙夫婦作家的長篇報告文學《中國農民問題調查》。前者乃是上世紀八十年代末以來，唯一讓中國知識份子感到激動和震撼的作品、可以傳世的作品。如果不被封殺，它將成為開啟一代文風的標誌。以我的市場目測，它的印刷數量可能是破紀錄的。直到現

在，在北京地鐵的出入口，還有人提著籃子「非法」兜售。有意思的是，小販們揭開蒙著的破布，露出臉的，往往就只有這兩本書。中國古代書籍版本，向有官刻、坊刻、私刻之分，如今坊刻即是「盜版」，私刻亦屬禁止。禁書，給官辦出版社、盜版書商同時提供了發財的機會。

二一五

　　大學者寫「小文章」，是上世紀九十年代中期以降中國文壇之幸事，被譽為散文乃至文學界的「一枝獨秀」。其歷史功績，是當歷史「強行進入」，在萬馬齊喑的沉悶與焦灼中，學者散文率先找到了自由言說的話語方式，重啟了常識的普及或思想啟蒙。王元化先生的〈幫閒文學與幫忙文學〉，針對當下戲說歷史、曲解或誤讀歷史，以及所謂歷史小說、歷史電視劇的氾濫，還原某些歷史真相，揭露偽歷史的嘴臉，文章立意令人肅然起敬。對於統治者身邊的兩類奴才——幫忙和幫閒，剖析十分透闢。先生博聞強識，文筆隨意漾開：「外國的情形，我不大清楚，不過據我所熟悉的幾個『桂冠詩人』看來，似乎和中國幫閒文人多少有點不同。這原因由於他們多少保持了一些獨立人格，一些自我的思想感情，所以他們的作品也並不完全臭氣熏天，有些還是很可觀的。」文章境界為之一開。而對胡適所謂「漢唐以來的大批樂府是文學作品漸趨平民化，白話化的表現」的結論，先生認為：「帝王貴族忽然記起了一向看不起的民歌、民謠，只是為了要換換口味」；並順便批評說：「歸納歷史材料，自立系統，原來應該，但不可偏於主觀的成見，以致流入牽強附會」。其實胡適先生研究《紅樓夢》，既有開山的功勞，也流露出他這個做學問的毛病。他鼓吹白話文也是有片面性的。一個人企圖在所有涉足的領域自立系統，是不可能的。王元化先生寫隨筆的文字，頗見性情。這篇文章唯

一可存疑之處，則是後面從王秀楚的《揚州十日記》說開去的段落。這裏，涉及對史可法與太平軍、曾國藩與李自成的歷史評價，更涉及對「民族矛盾與階級矛盾」或者「腐敗的極權政治與『蠻族』、『夷族』入侵」這一歷史經典命題的看法。王先生最好就歷史事實、歷史細節論述歷史，在某些問題上擺脫所謂歷史一般性的成見。歷史不可預言，不可預演一遍。史可法請清兵共剿「逆賊」李自成，只是一種意向，並未實現，「夷族」的清軍終於入主中原，其歷史得失，姑且不論；曾國藩剿滅太平軍的功過，應該是清楚的。自1864年湘軍攻陷南京到1911年辛亥革命爆發，不過五十餘年，如果邪教加流氓的洪秀全得天下，又一個專制王朝將維繫多少年，恐怕是很難說的了。而每一次農民暴動造成歷史的大倒退，則是不爭的史實。

王先生在〈我的三次思想反思〉中自謂：「我讀書的習慣是精讀，不善於從涉獵中獲取知識。因此，我讀的書並不多。」涉獵也是很需要的，正像王先生說的，精讀，不可能面寬；那麼其他學者精讀、精研的成果，或可以擇善從之，由是抵達「視通萬里，思接千載」的境界。

我們這一輩人，學問底子何能望王先生之項背？年紀也已老去，想要有所思、有所悟、有所得，轉益多師是吾師，也只能是不選之選了。

二一六

宋人孟元老的《東京夢華錄》記載：至滿月則生色及繃繡錢，貴富家金銀犀玉為之，並果子，大展洗兒會。親賓盛集，煎香湯於盆中，下果子彩錢蔥蒜等，用數丈彩繞之，名曰「圍盆」。以釵子攪水，謂之「攪盆」。觀者各撒錢於水中，謂之：「添盆」。

今日民間也有「做滿月」，會知親朋友好，大家湊「份子錢」，多為人民幣一百元，某月某日某酒店聚飲，小主人抱出來讓眾人見見，隨口誇讚一番，席罷散去，簡單至極。現代生活節奏快，大家都

忙，禮儀便簡化到不能再簡化了。更有避「斂財」之嫌者，連這滿月也都不做了。這並不意味著現代人對新生命珍愛意識的淡化，看看如今做父母的對獨生子女的嬌寵，望子成龍的那份殷切，一點也不比千年前的宋人遜色。我倒是從孟元老的記述中看到，民俗文化在文化生活單調的傳統農業社會，分明帶有節日般的歡樂氣氛和喜慶色彩，現代人大概不再需要做那樣的遊戲了。

二一七

　　統治者往往做一些看似極其愚蠢的事，明明靠不光明的手段竊取或奪取的天下，還要編造一段光榮的發跡史，大肆張揚；而叫那些知道真相的知情人和歷史學者三緘其口。天下既然坐穩了，自己還不住口，高調子唱個不休，豈不是屎不臭挑起來臭麼？這是看事情的角度不同、心態不同的緣故。統治者需要充分利用他所掌握的資源，既然擁有話語權，沉默才是最大的愚蠢。況且，他也是需要心理支撐的，即使是謊言，粗聲大嗓畢竟像是底氣十足的表現。雍正即是這一類典型，將兄弟們或殺或圈禁，大興文字獄，是要叫知情者閉嘴；寫《大義覺迷錄》，是要表現自己的底氣（《大義覺迷錄》一書乃雍正七年（西元1729年）清世宗胤禛因曾靜反清案件而刊佈的。其中的「上諭」，一是批駁呂留良夷夏大防的言論；二是逐條對曾靜指責他弒父逼母奪嫡自立之事進行反駁）；養一幫幫閒、幫忙，是需要有人幫他鼓吹他權力的合法性的。雍正大約是很自信的，除了收入相關上諭十道，還錄有審訊詞和曾靜口供四十七篇、張熙等口供兩篇。不僅如此，還敢於將逆賊曾靜的《歸仁說》附錄其後。僅五、六年後，乾隆即位，這部震驚天下的案件卷宗，被宣佈為特號禁書。比起乃父的「出奇料理」，乾隆心虛得多，也聰明得多，他認為此書暴露了國祚和宮廷的絕密，有辱王朝尊嚴，乃父將醜事刊佈天下，非但不能

使臣民「覺迷」，反而令上上下下得以借此放談國是。雍正此舉渙散
人心，令輿論不能一律，這絕對不是什麼好事。於是，乾隆公然冒了
違逆祖訓（父皇成命）的風險，禁書不說，還乾脆殺了曾靜，叫舉國
上下從此發怵、噤聲。這部欽定欽刊的、正反兩面言論並立並行的奇
書，也就被湮沒了近兩百年。

康雍乾三朝，有案可查的文字獄據說有一百七十餘件，比諸「十
年動亂」文字獄的遍地開花，只能算是小巫見大巫罷。

二一八

重讀金聖歎評批《水滸》。二十年前曾是興味十足的，這次不
禁大失所望。當然這與我對《水滸》的看法改變有關。其所談無非情
節、結構、人物、細節之類技術問題，絲毫不涉及《水滸》的社會性
與思想性。與同一時期的西方批評家比較起來，金聖歎只是個糊塗的
或半邊翹的文學批評家。金聖歎受李卓吾、黃宗羲的思想影響，具有
反叛專制的精神，可惜除了經、史、子、集，他再也沒有其他資源可
用。他的話語，轉來轉去，始終轉不出「經學」的話語體系。屬於他
自己的思想，顯得膚淺直白。這也難怪，金先生沒有可以借重的歷史
資源。中國的歷史著作，一向是皇家檔案，至多為統治者提供一些經
世治國的經驗教訓或謀略，所謂「資治」之「通鑒」，哪裏有學術意
義上的歷史學？中國古代的思想文化，則是經學和道統的一統天下，
金先生才氣再高、膽量再大，一生浸泡其中，亦難越雷池一步。《水
滸》研究的突破性進展，還是近幾年的事。北京學者王學泰、吳思，
才真正看出了《水滸》的皮裏陽秋。金聖歎因「哭廟事件」，落下煽
動學潮的不赦之罪，為此掉了腦袋，歷來為人扼腕，但這與他作為文
學批評家的思想成就之不足道，畢竟是不相干的。

二一九

　　無論崇禎如何宵衣旰食、勵精圖治，他生於「民變蜂起」的末世，註定要做亡國之君。大明王朝的國家機器已經朽爛不堪，他豈有回天之力，挽狂瀾於既倒？明朝的早期歷史上，曾出現過短暫的仁政的曙光，那便是建文帝朱允炆執政的四年。《明史・本紀四》記載：「惠帝天資仁厚。踐祚之初，親賢好學，……又除軍衛單丁，減蘇、松重賦，皆惠民之大者。」明中期弘治皇帝朱祐樘在位期間，也曾推行明智的政治措施。整頓吏治；大批起用正直賢能之士；更定律制，復議鹽法，革廢一應弊政。弘治中興期間，朱允炆似乎成了追懷的偶像：「父老嘗言，建文四年中，治化幾等於三代。一時士大夫崇尚禮儀，百姓樂利而重犯法，家給人足，外戶不闔，有得遺鈔於地，置屋簷而去者。至燕師（朱棣）至時，哭聲震天，而諸臣或死或遁，幾空朝署。蓋自古不幸失國之君，未有得臣之心若此者矣。」《明史》修竣於乾隆四年，從主修官張廷玉《上明史表》來看，「紀統二百餘年，傳世十有六帝。創業守成之略，卓乎可觀；典章文物之規，燦然大備。迨乎繼世，法弗飭於廟堂；降及末流，權或移於閹寺。無治人以行治法，既外釁而內訌；因災氛以啟寇氛，亦文衰而武弊。朝綱不振，天眷既有所歸；賊焰方張，明祚遂終其運。」他敢於對大清皇帝講這番話，說明他已經不必諱言前朝歷史，是非明暗，有某種可信度。朱允炆的重「文治」、行「仁政」，當實有其事。朱元璋處心積慮，分封王子各止一地，原本想保住親傳皇權和京都的安全，卻不料造成了藩王割據。朱允炆採納方孝孺的諫言，剪除藩王，偏偏剩下最後一個叔叔朱棣，他手軟了，而他自己恰恰栽在這位擁兵自重、早有野心的親叔叔手上，落得「宮中火起，帝不知所終」的下場；「賢臣」方孝孺則成了歷史上唯一被滅十族的悲劇人物。這一史實說明，

不用胭脂媚世人

即使最高統治者想要施行仁政，仁政也是短命的。而聰明的統治者卻不會與整個權力層為敵，犧牲這個龐大利益集團的特權來行所謂「惠民」的善舉。他只會在適當時機、以適當方式、在適當程度上，從集團的嘴裏分出一杯羹來，賜給他的子民，以維持整個王朝的造血機器最低成本的運轉。這也說明，為什麼每個專制王朝最終都逃不脫覆滅的命運。無論其早期、中期或晚期出現過「明君」、出現過忠心耿耿輔佐他的「賢臣」，這架龐大機器日漸腐敗的總趨勢，是無可扭轉的。當其國家機器病入膏肓之時，農民暴亂，夷族侵入，或兩者夾攻，王朝便會頃刻崩毀，完成又一輪的改朝換代。

明君也好，賢臣也罷，都不可能在整個統治集團「統一思想、統一部署、統一步調、統一行動」，不可能改變大多數、絕大多數集團成員貪婪的本性和政治目光的短視。這也是人之本性、權力之本性，高於（大於、強於）作為政治教化的儒家文化的明證。儒家的「仁政」理想，不過只是一種烏托邦的明證。

二二〇

蒙昧時期，古人深信「萬物有靈」，風雨雷電、山川日月都有神性。活生生的人死了，自然會變成鬼魅。這種觀念，一直延續到農業社會末期。中古時期的唐太宗，殺人無數，夜夢惡鬼，「寢門外拋磚弄瓦，鬼魅呼叫，三十六宮、七十二院，夜無寧靜。」當有開國元勳秦叔寶、尉遲敬德，著戎裝守護宮門，方才無事。二人遂演化為門神。中國歷來的改朝換代，無不以殘酷的肆意殺戮為主要手段，如唐太宗之流的殺人者，畢竟因蒙昧而發怵，驚恐不安。然近代以降，鬼神被視為迷信而被破除，殺人者也就不再以殺人為惡、不再以殺人為恥，無法無天，無所顧忌了。不僅如此，還要大肆張揚其戰功卓著，世人也都習慣了以欣羨的目光注視其胸前的勳章綬帶，把「一將功成

萬骨枯」的名句忘在腦後。文明取代蒙昧固然是好事,固然是勢所必趨,但倘若連人性的最後一線光明——人的羞恥感和畏懼心也一概丟失,作惡者心理上倒是寧靜了,世界則未必能有寧靜之日。

二二一

我與T君的辯論,最後總會歸結為幾個根本性的問題。T君的看法是:有什麼樣的人民,就有什麼樣的統治者;腐敗是經濟發展的潤滑劑;對於低素質的人民,給予的民主不是少了,而是多了。第一個問題是要害。我從三個方面駁論:歷史是統治者創造和書寫的,有什麼樣的統治者,就有什麼樣的人民。國民的精神和素質之現狀,乃是兩千年不變的治統、道統的歷史結果;不同的歷史,就會有不同的結果。其次,人種、文化、制度設計,三者中孰為根本或決定性的因素?顯然不是人種。而魯迅所持有的文化偏至論、胡適所持有的制度決定論,都比人種或種族決定論科學。第三則是一個實例,即同種、同宗、同文的朝鮮和韓國,不同的歷史結果,僅僅生成於短短七十年不同的歷史。馬克思在談到人性時,既肯定「人的一般本性」,又包括「人性在不同歷史時期的變化」。如果人的一般本性不因種族、民族而有大的差異,那麼人性的主要表現,就是「歷史變化」的結果。

二二二

據說在香港,五十港幣就能註冊一家出版公司,這裏的一個書號已經賣到上萬元,就算編輯有膽識,人們也拿不出這麼多錢。出版權壟斷,讓書號變成了「有價證券」,出版業也難以倖免地淪為滋生腐敗的一個窩點。

二二三

《往事並不如煙》所記述的中國上層知識份子家庭，在五十年代初期地位上升，成為了參政、執政的權力家族。表面上看，威威赫赫，呼風喚雨，物質生活也頗為富足，然而其精神已然開始淪落，從個性張揚的自由主義者陡變為思想上、精神上的被改造者、被奴役者。事實證明，章伯鈞也好，羅隆基也好，你想脫胎換骨都不行；何況骨子裏的東西，要抽換它，又談何容易！

二二四

我看作品的「傳世」價值，並非但看是否「不合時宜」，我是以文學眼光而不是單純的政治眼光來做評價的。老人偏執，是指位高權重的那些人。我年雖老矣，身為布衣，自認還保持著平常的心態，不偏不倚，甚是中庸。

二二五

文學語言的「張力」一說，比較費解。從技術層面來說，就是指文字的熔鑄、錘煉，一段、一句文字的剪裁和組接所產生的分量感、力度感。一句話當中，或一句和一句之間有空白，還能不斷激發人的想像，靠讀者自覺、不自覺地介入，擴張了文字背後的空間，覺得很豐富，有餘味，容量大增。這容量的擴增，便形成了張力。打一個形象的比方：一句話有如一段自然狀態的彈簧，把它截斷成若干個片斷，捨去其中的一些，重新組接起來，然後再將它拉伸到原有的長度（比喻這句話原有的意思不變），這時候，原來那段自然狀態下鬆弛

無力的彈簧，就有了向內收縮的彈力，而你拉伸它的手上就會感覺到張力。當然，這只說到剪裁、組接而已，還有形成張力的其他技術因素，比如字詞的錘煉，以及修辭手段的巧妙運用。至於由生活本身，由作家的胸襟、識見、境界和情緒所造成的張力，又是另外一回事了。

二二六

正在蓬勃興起的所謂「口述文學」、「私人寫作」，用史筆記下了「革命和暴力」審判的血腥、殘酷和滅絕人性，記下了一個民族長達數十年的災難。這一部部生命和血淚寫就的民間地下寫作，如同運行的地火，終有一天衝出地面，那時它將成為審判「暴力和革命」的一份人間苦難親歷者的證詞。

這就是它的歷史價值、思想史價值之所在。

二二七

當代最傑出的作曲家之一的蕭斯塔柯維奇，曾用他的交響樂，鼓舞全世界人民的反法西斯鬥爭。這成了「二戰」中的一個經典歷史故事。但我以為，他留給人類更寶貴的精神財富，乃是他託付他的學生帶到西方出版的回憶錄《見證》。他寫道：「回頭看，除了一片廢墟，我什麼也看不到；只有屍骨成山。我不想在這些廢墟上建造新的波將金村。

我們要努力只講真話。這是困難的。我是許多事件的目擊者，而這些都是重要的事件。我認識很多名人顯要。我要把我所知道的他們的事說出來。我要既不在任何事情上添加色彩，也不偽造。這將是一個見證人的證詞。」

細節決定歷史；細節決定文學。《見證》當中最精彩的，正是令人目不暇給的、感受和表達情感、意象都很獨特的、真實的細節。

二二八

高行健獲得諾貝爾文學獎的消息傳來，大陸作家們瞠目結舌，心裏像打翻了五味瓶；官辦的作家協會居然發表聲明，表示不滿。試問，就拿高著《一個人的聖經》來說，生在大陸的人寫得出來嗎？寫出來了又能夠出版嗎？諾貝爾文學獎有一個評選原則，那就是：作品深刻描寫出「人類共同的苦難」；作家具有深厚的「人道主義精神」。而我們這裏需要和喜歡的，是「蓮荷盈盈，河水渙渙」，是「甜膩膩的傳奇」，是一旦寫到「山重水複」也必須「柳暗花明」。

無論蕭氏的《見證》，還是高氏的《一個人的聖經》，所表達的苦難，都是人類最深重的苦難。我用「一無所有，無處可逃」概括人的這種生存困境和苦難。人的尊嚴、人的自由、人的權利被剝奪一盡；動則得咎，惶惶不可終日；他指鹿為馬，你必須說鹿就是馬；所有人都被圈禁在軍事、準軍事的架構中，不准動彈；我的一位朋友說，你想出家做和尚都不行──沒有了寺廟。只許讀那幾本書、唱那幾隻歌、看那幾齣戲、念那一套經、跳那一種舞；你還不能不讀不唱、不念不跳！那還是一種資格和標記。整個民族的思想和創造力被扼殺；人被徹底工具化、符號化；處於瘋狂，處於精神崩潰的絕境。

「文革」是像「二戰」一樣，是值得人類銘記和反覆反思的大苦難、值得深刻檢討的大災難。

清算大災難開始之日，便是中國希望來臨之時。

二二九

宋人韓元吉長短句〈好事近〉:「臨碧舊池頭,一聽管弦淒切,多少梨園聲在,總不堪華髮。杏花無處避春愁,也伴野花發,唯有御溝流斷,似知人嗚咽」。頗有當今氣象,疑似今人之感喟,如讀鄭逸梅、董橋之類的民國遺民的懷舊之作。

二三〇

(A+B)的N次方展開係數,即二項式系數,早在中國南宋時期的楊輝,就用一個明晰的三角形數表表達,世稱「楊輝三角」(一說北宋時期賈憲用此表開高次方,見《詳說九章算術》)。但高等數學的標誌——微積分的發現,卻在歐洲,由牛頓、萊布尼茲完成。現代數學、現代物理學的發展,始終是與哲學思想的發展相伴隨的。沒有數學思想、物理學思想的突破,就沒有近現代科學的產生。中國的少年數學奧賽冠軍,去到美國學數學,一開始也很不適應,原因是,我們的數學教育重技巧,人家重思想。我不知道可不可以追溯到東、西方文化的差異,前者是功利的、實用的,而後者則是形而上的。

二三一

顧准在文革那樣封閉的環境下研究資本主義的產生,他的論述,達到了當代西方學者的認識水準。現代資本主義的產生,需要在一個國家同時具有諸多因素的聚集或疊加,包括宗教、法律、商業經濟、海外市場、科技發展水平、個人道德和社會道德環境等等。其中又以制度對資本經濟的寬容為要點。顧准的論述,尤以思想提煉見長,他

不用胭脂媚世人

從資本主義在一國（英國）的產生，進入歷史的一般性思考，做出了歷史發展呈可能性（或然性）的結論。僅此而論，他的思想，在上世紀七十年代的中國處於領先地位，甚至超越了許多後來的學者。

像顧准這樣卓越的思想家，做不成政治家的座上賓、進不了智囊團，反而成為政治家的階下囚，這是中國歷史的悲哀。反過來看，進得智囊團、做得座上賓的智識者，也難逃異化為趨炎附勢的史官的命運。或有鳳毛麟角的特立獨行之先知，其思想成就也必定大不如顧准先生，因為不待他做更深一層的思考，他已遭遇變故，甚至腦袋不保。田家英、李銳就是現實的例子。

二三二

制約中國社會向現代化轉型的致命性因素之一，是流氓文化或文化流氓化的遺毒。而這遺毒，從未得到像魯迅那樣清醒、深刻的認識，從未受到人文精神的審判。比如，官場中，攀老鄉、攀家門、攀同年，稱兄道弟，上輩則以伯叔相稱，甚至認乾親，借此好辦事、好說話、好鑽法律的空子。看似將官場文化消解為家族文化，實則是行幫化、流氓化。此與現代公民社會的公民意識、公共資源意識，是格格不入的。

二三三

在中國，文學歷來就是皇權的奴僕和侍女，向主子敬奉的治國安邦的策論、剖明忠心的呈辭；取悅主子的霓裳羽衣曲；遭受主子誤解、拋棄後怨婦般的嘮叨，以及欲求主子睜眼識人、以實現個人政治抱負的委婉心曲。用當代學者黎鳴的話說，古代文學是一堆有毒的垃圾。魯迅說：「我們目下的當務之急，是：一要生存，二要溫飽，

三要發展。苟有阻礙這前途者，無論是古是今，是人是鬼，是《三墳》、《五典》，百宋千元，天球河圖，金人玉佛，祖傳丸散，秘制膏丹，全都踏倒他。」對傳統文化的否定，魯迅可謂是徹底派。魯迅要表明的，是渴望社會進步的態度；應該說，他對古代史官（歷史家）、士大夫（文官、作家）的本來面目和微妙心理，洞若觀火。

二三四

每一次寫作，都是一次冒險、一次探險，就像在古玩市場淘寶，只要「對」就好，可是不能出錯。大立意要對、形象要對、細節要對、遣詞造句要對，不能錯。對，就是真，實實在在，準確、恰切、得當，而不是表面的光鮮、優美。淘古瓷，優美的往往不對：官窯只有官家才配享用，流落到民間的可能性幾乎為零。留存於民間而又光鮮優美的，百分之百是贗品，即或有什麼火石紅、鐵銹斑、棘爪紋、氣泡，以至款識，你得當心，那是「作舊」。

二三五

康拉德給《紐約時報‧書評》寫信說：「小說的成長需要作者堅持謹慎自制的精神。」大約是指文字的鋪陳、延伸，需要那麼一點，剛好那麼一點，保持一點餘韻、餘音、餘味，這就夠了。再多了，那是作者自己的興趣，未必合讀者的胃口。聰明的作家，謹慎自製，絕不囉嗦地說三道四，像個長舌婦似的嘮叨個沒完。當然，情節也一樣，不能不講節制。節制不是技巧，而是審美境界。

二三六

什麼文化苦旅、甲申宣言，什麼玄思小說、這獎那獎，什麼論語心得、品三國，什麼康乾盛世、雍正王朝，什麼我爺爺、我奶奶、我先生，什麼祭孔讀經，什麼記憶豐碑，什麼新權威、新左派，統統是泡沫。泡沫時代叫賣最兇、大走其俏、大走其紅的思想，統統是泡沫思想。而何兆武老人一部薄薄的、平平淡淡的口述記錄《上學記》，其思想價值，就能掃清所有的泡沫。

二三七

唐人李白，是中國文人例內的典型。同情他的，說他出境尷尬，進退維谷；理解他的，則如陳寅恪先生所言：「自由共道文人事，最是文人不自由」。李白沒有治人的資格和權力，又不欲被人治，於是乎製造出入世、出世的二元選擇，隨時準備進退，進則兼濟天下，退則獨善其身。進，為著獲取話語霸權，退，則回到中國式的審美意境。可惜的是，中國文人例外的典型少得可憐。

二三八

作家丹尼爾・哈勒維說，德加的作品描述一種「反詩意」的生活。將最簡單、最隱私、沒有任何美化的姿勢：芭蕾女郎們抓著扶手、拉伸身體練習各種姿勢，在後臺等待，聽取老師指教，瘙癢、繫鞋帶，揉著酸疼的肌肉，整理短裙，掠頭髮，聊天，給自己搧風，冥想⋯⋯總之，所有舞蹈以外的事情，都畫得美妙如夢幻。

其實，小說家也要像德加那樣留心「舞蹈以外的事情」，描述人物的全部資訊，而不是將人物抽象化，單純成為情節和觀念的「舞蹈者」。

二三九

吳組緗指出，茅盾的代表作《春蠶》，生活經驗不足，造成了主人公老通寶的投機行為與他一貫的保守性格，處於嚴重的分裂狀態。吳提供的一條條生活經驗與沈的小說情節有重大矛盾，此說令人信服。茅盾自己的創作談承認，他是依據報紙上的一條消息，分析了當時國際、國內的形勢，展開想像與虛構的。也就是說，他是從理性認識演繹故事，而不是從生活真實歸納出小說情節的。這種創作方式，同樣發生在《子夜》的創作中。如果說茅盾的小說創作的概念化傾向，源於生活經驗之不足，那麼現在一些作家的創作則更離譜，拼湊生活的斷片，隨心所欲地演繹情節，人物完全成了作者手上的皮影或玩偶，沒有人物內心動機作為依據，沒有起碼的內心邏輯可循。局部地看，生活場景和細節也許有真實感，但是不是這個人物應有的活動和言行？他（她）才不管三七二十一呢！情節是人物的命運史，「性格就是命運」（希臘哲學家赫拉克利特）。利昂・塞米利安說得更加清楚：「構成小說結構的第一步，也許是弄清人物的動機，這些動機是導致人物行為的原因。」小說需要為讀者所接受，讀者不可能老是中斷閱讀，去質疑和推敲情節、細節的是否合理，而「如果人物性格的發展缺乏一貫性，人物形象就會失去說服力。」

二四〇

北京旅遊點之一的殘長城，屬八達嶺長城之一段。這裏被李自成炸開了一、二十米的缺口，李家軍得以從這裏攻入北京。大約為紀念

不用胭脂媚世人

李自成的「義舉」，未作修復，一仍其舊。不遠處有捐助長城修復的
「功德碑」，刻名百分之九十九是四個字的日本人。日本人有錢，是
一回事；捐錢留名，意欲與長城同千古，又是一回事。倒是國人想得
開，有錢不如自己花，對此「善舉」不屑於為。

　　大明王朝憑借長城也擋不住流寇，氣數也該盡了。不過，李自
成如果沒有炸藥，這仗恐怕也不是那麼好打的。崇禎應該知道，到他
執政的時候，已經不是純粹的冷兵器時代了，以他的勵精圖治，為何
不優先發展熱兵器，反倒讓流寇搶佔了先機？人類社會進入熱兵器時
代，世界各國的統治者無一不把搞軍事工業作為頭等大事。縱觀國與
國的外交，不僅憑借經濟實力，更要憑借軍事實力說話。國與國的競
爭，簡直就是軍備競賽。連朝鮮、伊朗也學賊了，勒緊國民的褲腰帶
也要搞核武器，為的是外交談判桌上有翻盤的機會。

二四一

　　去北京殘長城，下了公交車，尚需步行三、四公里。有農民以
破舊的麵包車載客，每位收費十元。途中，眼睛忽然一亮，見有大片
別墅群，無邊無涯似的，也不及細數，總在百幢以上。農民司機介紹
說，每幢售價兩百六十萬元。比起五環內的別墅動輒大幾百萬、上千
萬一幢，自是便宜多了。見我等並無反應，司機又說，是北京大學五
位教授聯手開發的。我這才不禁訝然出聲。金岳霖先生在三十年代說
過：「與其做官，不如開剃頭店；與其在部裏拍馬，不如在水果攤上
唱歌。」如今的教授，姑不論有無其院士、委員之類的頭銜，僅執教
鞭，亦算是文職官員；官照做、馬屁照拍，卻開起了遠非剃頭店、水
果攤可比的偌大產業。話說回來，如果不做官、不拍馬，想靠開剃頭
店、水果攤來「獨立進款」，恐怕也是夢裏黃粱吧。

二四二

三聯書店出的《上學記》是本好書，典型的口述文學。口述者何兆武老人生於1921年，在西南聯大讀書，曾與楊振寧是同學。這是一位睿智的、有那種不動聲色的幽默感的老人。讓我聯想起接觸過的符號先生、龔嘯嵐先生、蔣敬生先生。他們對歷史的記憶、獨特的感受，常常讓人大吃一驚：那是讀那些像「註冊組的報告」（何先生語）一樣的歷史教科書，完全體會不出來的。比如何先生說，最好的讀書日子，只有從初二到高一這三年，另一次就是西南聯大的七年。須知，前三年是所謂整個華北放不下一張平靜書桌的三年，後七年則是顛沛流離的年代！等你讀過全書，再也不會覺得何先生的感受匪夷所思。何先生評說歷史，很少理論化闡述，一些重大的歷史觀念，就在他看似絮絮叨叨、家長里短的閒談之中。比如他比較北洋政府和民國政府，就很有意思。何先生說：「……在中國是『槍桿子裏面出政權』，那些北洋軍閥有軍隊，打到哪裏統治就到哪裏，孫中山後來為什麼要把大總統讓給袁世凱，因為孫中山沒有自己的軍隊。」北洋時期，經常「過軍隊」，他們排隊唱的軍歌非常可笑：「三國戰將勇，首推趙子龍，長阪坡前呈英雄。」再比如那時的國歌，「中國古代有個〈卿雲歌〉：『青雲爛兮，糾縵縵兮；日月光華，旦復旦兮』，蕭友梅為它譜了曲子，這就是北洋時期的國歌。」「到二十年代末，國民黨北伐，……國歌裏唱：『三民主義，吾黨所宗，以建民國，以進大同』。」可見，到國民黨才有了「主義」，有了思想宣傳。何先生說，孫中山的「一個黨、一個主義、一個領袖」，是蘇聯模式。而「五四的時候沒有打死人，抓了一批，但也很少。火燒趙家樓，大概抓了二、三十人，沒過幾天又放了。」趙先生全書的文字風格，從上面的徵引可窺一斑，平平淡淡，不露聲色，用細節說話，細節卻很典

型，耐人尋味。《上學記》寫到1949年。記錄、撰寫者文靖寫的〈後記〉，有一則字體極小的注釋：「另有一部《上班記》，尊重何先生的意見，暫不發表。」我雖是意猶未盡，也只好說聲遺憾了。

二四三

吳思的〈仁義的可行性〉，評李零的《喪家狗‧我讀〈論語〉》。對「仁」的理解，我仍有不同看法。李零的解釋，同朱熹一樣，還是他自己的、主觀的，不是孔子的。吳思是我最欣賞的當代學者之一，但他的說法，是他吳思的「為我所用」，不是孔子的「為我所用」。

「仁者愛人」，如何理解？還是需要回到孔子和他的時代，回到孔子自身。人，主要是自由人中的貴族——君子，君子者，君之子也，世襲貴族也。孔子講的是要愛自己階級的人，要把自己人、內部人當人來愛，即，尊重他們的地位、特權，維護這些特權；保持君子內部的和諧、一致，以便統一思想行動、應對小人的崛起和挑戰。孔子對「人」裏面的小人，骨子裏是鄙視的，卻又不同於君子中的頑固派，孔子有某種程度的折中、調和的立場——這反映他對小人（新興地主、手工業者、自耕農、經商者）的崛起和日益強烈的政治要求，以及他們與世襲貴族激烈的衝突很擔心，他感覺不能採取頑固派硬頂、硬抗的態度，很無奈地或者說很狡猾地主張適度妥協。聯想一下新興資產階級（暴富一族）對權力者的挑戰和施壓；聯想一下，房地產商（財富排行榜前十名中有七個是房地產商）結成神聖同盟，與權力者又勾結又抗爭的情形，就不難理解孔子所處時代的現實。

二四四

孫中山畢竟是中國現代民主革命的先驅。辛亥革命結束了兩千年的封建帝制，走向共和之路，其功勳赫赫。他的思想反覆，很可能出於對袁世凱握有軍權的恐懼以及對列寧的成功的欣羨。他最終迷戀於軍權。但他畢竟留下了「世界潮流，浩浩蕩蕩，順之則昌，逆之則亡」的遺訓。

二四五

權力的合法性，在封建時代，靠皇權的嫡長繼承制；在現代社會，靠依據憲法的民主選舉。如果權力不具有合法性，社會必然處於長期的權力角逐和紛爭，處於不穩定狀態。北洋時期的軍閥混戰，正是辛亥革命後，孫中山被迫放棄權力、民主共和流產，而新權力不具合法性造成的。袁世凱、張勳復辟，其實就是想尋求權力的合法性，但這種尋求，背離了歷史潮流，回到了皇權時代。一種不具合法性的權力，得以維持的手段，一是靠暴力，二是靠謊言。孫中山領導的革命，本身沒有錯，錯在革命勝利後喪失了、背離了正確的進步方向，錯誤地選擇了不是世界潮流的潮流。

二四六

讀《書屋》刊載之〈閒來讀書怕沉迷〉，作者伍國。內有一段文字，把章詒和的〈心坎裏別是一番疼痛——憶父親與翦伯贊的交往〉、韋君宜的《思痛錄》、楊絳的《我們仨》、錢鍾書的《圍城》放在一起比較，生出一番感慨。言辭犀利，卻很有見地。說韋君宜，

不用胭脂媚世人

「她的反思，實在有限得很。」「楊絳的《我們仨》，一聽名字就覺得無聊。過去讀她的《幹校六記》，一直覺得此人對人尖酸小氣，對自己清高自負。……跳不出那自戀的圈子。」「而章詒和的文筆之精美風格之細膩和素淡且不說，其核心在於一種悲天憫人的大氣。……章詒和顯然已經通透了世態人生，她為一個時代悲哀，卻不再去計較個別人的失節，教別人去恨什麼，也不再感慨自己的遭遇。」作者伍國說：「這樣的氣度，楊絳怕是做不來。章筆下的有棱有角、有個性的人物，錢鍾書也做不來。錢鍾書有一流的智慧和學養，但沒有一種傻勁。他的小說中充滿對所有人，包括兒童的譏刺，有足夠的幽默、機智或曰油滑，卻沒有大作品的莊嚴，沒有真正打動人的力量。沒有深刻的悲哀和美感，《圍城》中沒有一個真正有個性的人物，沒有刻骨銘心的感情，只有一種從頭至尾犬儒主義和投機主義的氛圍。」

是不是對楊絳、韋君宜、錢鍾書責備甚苛呢？許多人可能會針對伍國做一大篇文章，嫌他不寬容、不厚道云云；但我覺得他尊重自己的感受和思想，講的是實話。中國人的厚道，往往是自己缺乏主見，或者在大人物、名人物面前先自矮了三分，若有名人已經出面捧場，跟風唯恐不及，自己卻失去了人文立場和分辨力。伍國論人論書，價值天平只有一個，那就是人文精神。他不沉醉、不迷信，跳得出來，眼界開闊，便看得分明。《圍城》甫一重新面世，好評如潮，這有歷史背景、文學史背景。海外一些權威文學史家便借機鼓噪，中國讀者也便雲裏、霧裏了。其實，那些文學史家的人文情懷，也是可問的。我現在是寧可信歷史學家、思想文化學者，也不信文學批評家的。這些海外批評家，受中國傳統文化、傳統文學觀浸淫太深，未必有現代哲學的思想素養，以傳統審美習慣和情緒化（個人審美興趣）替代歷史審判、替代文化拷問、替代思想評價之人文精神的「高論」，屢見不鮮。別看他旅居國外多年，打在骨子裏的舊思想、舊情調的烙印，比國內飽受苦難而又敏於接納現代思想的人，或許還深。順便提及，

法國總統希拉克在致楊絳的唁電裏對錢鍾書的溢美之辭，也是皮相之言，怎麼能指望一個外國政治家真懂中國文化、真能理解一個中國文化人的複雜內心世界和人格呢？在我看來，錢鍾書至死也沒吐露真言，倒是他的《圍城》，給國人提供了他部份的靈魂腳本。

二四七

章詒和的〈心坎裏別是一番疼痛——憶父親與翦伯贊的交往〉，是她迄今最重要的作品之一。它記述了翦伯贊一生的思想歷程，提供了一個研究當代知識份子靈魂和人格的真實文本。翦伯贊有雙重身份——秘密的中共黨員和歷史學者，早年以學者身份做中共統戰工作，曾經周旋於劉少奇和蔣介石之間。1949年前，學術上基本是自由的，有所成就。1949年後，力圖在馬克思主義和他的歷史主義之間作調和或融合，但不時感覺二者的矛盾衝突，內心十分苦悶。他批判胡適、批判張東蓀、批判向達，卻又在1957年反右中盡其可能地避免擴大化，對已經「失寵」的章伯鈞私下表示同情和深刻理解。他始終徘徊於做正直善良的學者和不至於被拋棄的政治人物之間。他對章伯鈞說，你現在是一人之下、萬人之上，章立刻會意，問他，你是不是說，我和毛澤東，已經從朋友關係轉變為君臣關係？翦伯贊不敢重複章的話，卻以沉默確認。「……他有投入，有參與，有調適，但也有不滿，有抵制，有排拒。其思想衝突非常激烈，內心變化也十分複雜。畢竟政治難以取代常識，環境無法窒息心靈。可以說，到了六十年代，翦伯贊的思想發生了明顯的轉折。」作為學者，他的學術勇氣非常驚人。毛澤東說：「在中國封建社會裏，只有這種農民的階級鬥爭、農民起義和農民戰爭，才是歷史發展的真正動力。」翦伯贊說：「農民反對封建壓迫、剝削，但沒有、也不可能把封建當作一個制度來反對。農民反對地主，但沒有、也不可能把地主當作一個階級來反對。農民反

對皇帝，但沒有、也不可能把皇帝當作一個主義來反對。……農民建立的政權，只能是封建性的政權。」並進一步說：「王朝和皇帝是歷史的存在，是不應該塗掉的，用不著塗掉的，也是塗不掉的。」在歷史學被抽象、簡化為「五朵金花」，即與政治需要相關的社會發展史命題後，翦伯贊在這五個根本性的問題上，都敢於發表不同的見解。翦伯贊人格的回歸，則是在文革之中。1968年12月4日劉少奇專案組的副組長，一個叫巫中的軍人帶著幾名副手，氣勢洶洶地直奔燕翦南園。面對巫中的威逼，翦伯贊拒不提供證詞。他與夫人選擇了一起自殺。唯一未能讓章詒和破譯的這位老人的內心隱秘，是他的「絕命書」——兩張紙條。在翦伯贊所著中山裝的左右口袋裏，各裝一張字條。一張寫著：「我實在交代不去（出）來，走了這條絕路。我走這條絕路，杜師傅完全不知道。」另一張則寫著：「毛主席萬歲！毛主席萬歲！毛主席萬萬歲！」

　　章詒和最後寫道：「手書的『三呼萬歲』又是什麼呢？——是以此明其心志，為子女後代著想？是對文革發動者的靠攏，在以死對抗的同時，表示心的和解？抑或是一種『我死你活』、『我長眠、你萬歲』的暗示性詛咒？我總覺得翦伯贊不同於老舍，也不同於鄧拓。他的手書『萬歲』一定有著更為隱蔽和複雜的內容。」我卻自認為讀懂了他的「三呼」。聯想起章文講述的他與章伯鈞兩次私底下的談話，翦伯贊的「三呼」是在為後人解讀歷史，這乃是這位睿智的歷史學家最後的、最重要的歷史著作。

二四八

　　犬儒，源自於古希臘哲學一個流派的音譯，譯得生動形象，狗一樣的儒、知識份子中的狗。杜德雷說過：「犬儒主義者是佈道人，他們所佈的道是，不管世道怎麼個變法，日子總得過下去。」在犬儒主義者看來，生活就是一切，過自己的好日子頂重要，一切普世價值都

是假的、虛幻的、毫無意義的,自己就是上帝。換言之,為了某種精神價值、信仰殉道,那是傻瓜才幹的事情,個人利益的最大化,才是其骨子裏所追逐的「道」。他們不僅行無信仰之道,還「佈道」,鼓吹無信仰之道,鼓吹他們的行為和鼓吹無罪論、合理論、合法論。所以他們不僅僅是會玩、會覓食、會搖尾乞憐的狗,還是會瘋狂叫喊的「智慧」的狗。中國化的佛教和本土道教對世界的否定,成為與當代中國犬儒互動的資源。王朔的玩世叫喚,響亮在八十年代、九十年代之交,很快博得空前廣泛的市場,連曾經是有良知的某文學權威也嬉皮迎合,站出來捧場,這正是犬儒主義在中國走向大眾化的標誌。幸而人類思想史就是信仰不斷戰勝犬儒的歷史,思想和信仰不可能淹沒在犬儒的吠聲中,人們很快就發現,這是中國化了的犬儒主義。這個發現,堪稱九十年代以降,中國思想界最具歷史功績的發現、最具衝擊力和震撼力的發現。王蒙由為王朔捧場轉而為之開脫,進而不得不承認、不得不反思這種文學犬儒主義。王蒙的這一思想過程,反映了反犬儒主義的巨大的啟蒙意義。

二四九

老式木水桶,用一塊塊木板拼成。水桶最大的容水量,取決於最短的那一塊。這就是所謂的短板原理,又叫水桶原理。

作家的素質:稟賦、閱歷、學問、思想識見、想像力、語言、境界,就是建造他文學「水桶」(成就)的一塊塊木板。長板是作家能走多遠的預期,短板則是掣肘的弱項。

二五〇

我曾說作家需要多讀書,有個非文化人的文化官僚抬槓說,書讀得多的未必會寫小說。我懶得理他。邏輯上,他這叫「偷換概念」(正、逆命題)。

二五一

我想,青年作家真是幸運的一代人。轉念之際又否定地問自己,對於詩與小說,究竟他們幸運還是我輩幸運?如今,曾罹難而復出的、1957年代的作家已經老去,如我一輩早已「心有旁騖」,知青作家群體也已潰散。林花謝了春紅,太匆匆。與其說他們留下了作品,不如說留下了某種精神。文壇空出,交給了六十至八十年代後期的作家,他們是否意識到肩上無法推卸的壓力?

二五二

讀徯晗。我疏離文壇既久,孤陋寡聞,唯讀過她一部作品,《芳草》寄贈的。篇名、情節全忘了,但我記住了她古怪名字的讀音,問過幾位身邊的人,也都說不出子丑寅卯。但腦子裏至今還殘留著小說的迷人氣圍,以及總體印象:才氣逼人。好像是寫同齡知識份子,白領或邊緣人,有許多泛哲學的敘寫。把知識和思想寫進小說是很難的,她卻舉重若輕。輕快、委婉、靈動的敘事中,透露出才情、大氣,一種深沉,一種機巧、波俏和難得的幽默感。人物之淺笑輕顰、舉手投足、音容聲口、心理款曲、靈魂幽微,無一不力透紙背。小說是用文字微妙地揭示生活和人性奧秘的藝術。她的小說正是這樣的藝

術。早在1989年讀大一那年，不到二十歲的她，就以處女作長篇小說《日落》轟動文壇，被譽為「日落現象」。她給其後文壇的萬馬齊暗留下了可資回望的最後一抹夕照。須知，緊接著就是「一枝獨霸」的「王朔現象」。文學於苦難中告別苦難，變成一隻妖冶的花蝴蝶，在苦難的人間悠然自得地飛來飛去，「流連戲蝶時時舞，自在嬌鶯恰恰啼」。來路迷失，去路渺茫。讀著她發來的文字，心頭極不平靜。年輕的她用年輕的筆，試圖挑開厚重的歷史大書，為我們指看苦難的來路，饑餓與貧窮、戰爭與掠殺、死亡與恐懼，含淚歌唱背負著巨石的中國農村中普通母親生命的悲愴、頑強與美麗，她在生存的絕境中發現不死的愛，以人性的光亮和溫暖，撥動人們老化、僵化、麻木了的心弦，燭照出自己的卑微。什麼是大作家、大作品？唯有直面歷史，直面人生者才配，唯有具大悲憫、大莊嚴者才算。苦難和沉重絕不因為你漠視和拒絕而化作一縷青煙。嬉皮的態度只能給絕望、給醉生夢死再添一筆嬉皮的油彩或泡沫般的口紅。不知道傀晗如何悟得文學之「道」，家傳？師教？自省？還是「雲無人種生何極，水有誰教去不回」？她給予我信心和勇氣，讓我看到了作家的良知和人文精神，對於文學的彌足珍貴，這是真正的希望所在。她的作家素質全面均衡，暫時我還說不出她的短板。我只有滿心的欣喜和祝福。

二五三

我曾多次複述學者們的看法，當代文學不缺乏才華，缺乏的是思想。黃花梨的歷史屏風塗抹了太多彩墨，爾後又噴吐了太多泡沫。太多理念（含文學理念）被扭曲，太多歷史真相有待廓清。我以為，七十年代之後的作家主要需要補強的是「歷史」課。是當務之急，也是百年大計。人、文兼修，修人為主，操練思想、修養人文精神，其次才是提升審美境界以及各種技巧、手法的試驗。

二五四

我發現，本地的青年作家幾乎沒有一個人在自覺地吸納和運用自己的「母語」——荊州方言。可惜，很可惜。小說和詩，沒有方言運用，談不上本土化。小說的第一技巧，古人有云：「摹聲口」。摹聲口是《紅樓夢》最重要的表現手段。說荊州方言缺少特色，實在是武斷之論。荊州方言豐富、鮮活、生動，妙趣橫生，極富特色，自成體系。更重要的，它是荊州本土歷史文化的沉積和承載體之一，是本土群眾智慧和性格心態的結晶，是作家的根。本土語言一旦成為新性靈派的標識，何愁世人不能一眼識荊州？

二五五

購得一枚閒章，文曰：「長留不墜閒」；有款「頑伯刻」（頑伯，清人鄧石如字）。看來這位老先生與中國士大夫和不得志的知識份子崇尚清閒的心態頗有不同。活得長，年既老，還在觀察、還在發現，還想有所悟、還想收穫心得，不願墜於閒，實屬難得。

二五六

新聞報導，北京有老太太抱怨，手機越來越小，看不見。接著介紹一款義大利專為老年人設計的手機，只有1、2、3、4、5五個按鍵，按鍵大而顯眼、順手，連顯示彩屏也免了。五個按鍵撥打預先存儲的五個最常用號碼。與其說人家商家有精明的市場眼光，不如說體現了某種人文關懷，而人性化的商品設計，正是來自這種關懷。同一則新聞說，記者陪幾位中年婦女逛了四小時的商場，卻買不到合適的服

裝。一位售衣小姐說，我們不賣中老年服裝。因問其故，答：利潤空間不大，老年人又挑剔。

二五七

讀韓鋼之〈中共歷史研究的若干難點、熱點問題〉。問題多多、疑點多多、爭論多多。才過去幾十年，有些歷史時期，我是經歷者，竟也看得一頭霧水。由此聯想到，釐請歷史事件的真相，當事人不說或妄說，後人只有去猜謎、去做永遠的考證。所謂煌煌二十四史，究竟藏有多少貓膩，大可一問。

二五八

W兄嘗自尋佳句，請工匠刻成方章，竟不知此即閒章也。余青年時代胡謅的兩句——有情何歎青春老，不惑自覺人生長，亦被錄用。今余搜得閒章數枚，文曰：「自成一家；書中日月長；長留不墜閒；長劍人奇天外；任俠自喜；亂頭粗服；墨禪；金石可鏤。」皆與余之性情甚合也。余友雷君，心空手巧，擅鏤刻，欲鑴「不用胭脂媚世人」閒章一枚贈余，余聞之大喜。

二五九

有清一朝巨貪和珅，雖有彈劾之聲遍朝野，奈何他深得乾隆寵信，政敵遂無一不栽倒在其手上。然智者千慮必有一失，和珅忽略了對皇子們的籠絡。乾隆五十九年，以不多過康熙在位六十一年，決定讓位給嘉慶，對和珅的勸阻，不予置理，並將此決定昭告天下。和珅這才亂了陣腳。但太上皇還在世，和珅仍有恃無恐。孰料嘉慶四年正

月初三乾隆死去，「初八曰，奉旨革和珅職，拿交刑部收禁。」嘉慶
出手可謂快矣。緊接著抄家、殺頭，幾天之內「徹底解決」。嘉慶在
歷數和珅二十大罪狀後，說：「如數年以來，廷臣中有能及早參奏，
必蒙聖斷，立置重典，乃竟無一人奏及。內外諸臣自飾言皇考聖壽
日高，不敢勞煩聖心，實則畏懼和珅，緘口結舌，皆朕所深知。」
（《殛珅志略》）。嘉慶既然「深知」，竟也「緘口結舌」，蓋皇權
尚未到手也。和珅成也「皇權」，敗也「皇權」。他一人之下，萬萬
人之上，卻忘記了他的那條狗命，依然操在那「一人」手中。而那
「一人」至高無上的權力的合法性，由嫡親繼承制決定的事實，是包
括他在內的天下所有人都無法改變的。

二六〇

　　《百家論壇》中幾乎唯一涉及思想、學術內涵的，就只有于丹
女士的談談《論語》和《莊子》的「心得」了；可是偏偏這種「心
得」，卻深深揭示了當今中國「文化人」的極端「無文化」或「文化
黑」的中國文化現象。中國「文化」之所以「黑」，「黑」即黑在當
今中國「文化」語言中的「五毒」（復古、唯上、獨斷、人治、專
制）俱全，而這種「五毒」的文化傾向，則明顯表現了中國「文化」
人的「價值觀」，相對於現代人類文明價值的「陳舊」、「過時」，
甚至「反動」。

　　以上是照錄黎鳴為一本批駁于丹《論語心得》的書所作序言中
最精彩的一段。精彩處在於，黎鳴先生把于丹現象，放在兩千年「五
毒俱全」的傳統文化的大背景下考察，放在今日中國的「腐敗文化」
（沙葉新語）背景下考察，而以其學識，以其睿智，以其赤誠，以其
學術良心、社會良心，做了魯迅式的吶喊。對於麻木不仁、渾渾噩噩
的國民精神狀態，非魯迅式的吶喊不足以喝醒。

中國有些文人，深受「中庸之道」影響，事事講中庸、調和，於是便說，于丹說于丹的，你說你的，又有什麼不可呢？這些人不懂得，世界上不是萬事皆可調和的，善與惡，能各隨其便麼？人文的與反人文的、正的與誤的、黑的與白的，能不做分辨麼？所以，主張寬容，大柢不錯，但寬容絕不是無邊、無界、無原則的。

二六一

王朔的頑主文學，是當代文學犬儒化之濫觴。人們往往只看到它消解偶像崇拜和「神聖價值」的一面，對其另外一面更為嚴重的後果，卻失之疏忽和警惕。文學犬儒化的要害，是取消任何價值，以流氓或嬉皮的態度嘲笑人文精神，蔑視人的高貴與尊嚴、誤導社會的精神走向，而與此同時，又用迴避、獻媚甚至幫忙的方式，用「隱蔽的、曲線的」途徑，與某些人達成徹底妥協的默契，從而怡然自得地接受到某些人的默認、讚許和褒獎。文學作為一種普遍的、大眾化的、易於傳播和被接受的精神和思想媒介，它的犬儒化，具有瘟疫效應。以「一言興邦，一言喪邦」的心態看待文學，未免危言聳聽，因為制度保障比起文化「教化」更具決定意義；但如果對它視而不見，不加分析批判，任其謬種流毒，那就正中了某些人的下懷。這些人倒是有自己的價值觀的，即以自身利益不受侵害為最高價值，他們寧可眼看著大眾社會的犬儒情緒肆意蔓延，而絕不願意有人質疑其利益的合法性與合理性。

二六二

記得1985年吾子胡健初入武漢大學少年班時，問我選修什麼課程，我說，不管你今後選學哪個專業，兩門功課必修：古代漢語、高

等數學。前者是文科的基石，後者乃理科的根基，人一生應該接受的思想操練。早在我讀大學之前，一接觸微積分，我就意識到必須把解析幾何和微積分放到中學課程中來，讓青少年盡早瞭解高等數學的思想。雖然我並不知道當時（以至現在），中學的數學師資水平存在著瓶頸。數列和極限，尤其極限概念，已經逼近在運動中考察數與形的思想，數學的、抽象的形而上思維已是「猶抱琵琶」，微積分已是呼之欲出，可惜我們的教師，仍然死死抱住初等數學的靜態思維不放，似乎故意要守住在技術層面講授數學的底線；而高考試題也越來越刁鑽、古怪，讓學生深陷於數學智力遊戲而不能自拔，白白浪費了青少年活躍的思維力和旺盛的求知欲。

二六三

我給女兒講授微積分，從極限入手，建立與靜態數學思維不同的動態觀念和抽象思維；從笛卡兒座標建立數與形對應、同一的觀念，建立函數概念。爾後，從初等數學不可能解決的兩個實踐問題引入微分：曲線的斜率、瞬間速度。不要怕讓她接受數學思想，相反的，只有接受了運動的數學思想，她會終生不忘，而且終生受用。

二六四

直系軍閥曹尤，擔心被丘八殺死，「故對於部下軍官兵士，均實行有福共用主義」，「購置一萬件皮袍，凡屬直系軍官，每人一件，又買幾萬袋曲粉，每兵士賞給兩袋，因此部下歡聲載道。」（《民國官場現形記》）曹即興發表演說，稱贈袍之舉，即「同袍」之意，貽笑大方。一日，余聽某官員唸讀其秘書之大作，至「有所為有所不

為」一句，即卡殼，連做三次斷句皆錯，引起哄堂。若指望其效法曹
尤之「有福共用」，恐為秋夢，蓋因其恨不能每一丘八有裘袍孝敬也。

二六五

　　近有荊州川店熊家塚子一座楚墓開挖。墓主不知其誰也。有殉葬
坑、車馬坑。已見十餘名殉葬者之遺骸殘跡。專家稱，此墓為戰國墓
無疑。商周時期，活殉、殺殉為禮制，當屬奴隸社會。春秋戰國，仍
有以人殉葬者，謂之「習俗」云云。

　　漢代劉向撰《烈女傳》載，楚昭王燕游，蔡姬在左，越姬參右。
王顧謂二姬曰：「樂乎？」蔡姬對曰：「樂。」王曰：「吾願與子
生若此，死又若此。」蔡姬曰：「……固願生俱樂，死同時。」王顧
謂史書之，蔡姬許從孤死矣。乃復謂越姬，越姬對曰：「……妾聞之
諸姑，婦人以死彰君之善，益君之寵，不聞其以苟從其闇死為榮，妾
不敢聞命。」後，王救陳，二姬從。王病在軍中，有赤雲夾日，如飛
烏。王問周史，史曰：「是害王身，然可以移於將相。」將相聞之，
將請以身禱於神。王曰：「將相之於孤猶股肱也」，不聽。越姬曰：
「大哉君王之德！以是，妾願從王矣。昔日之游淫樂也，是以不敢
許。及君王復於禮，國人皆將為君王死，而況於妾乎！請願先驅狐狸
於地下。」「妾死王之義，不死王之好也。」遂自殺。於此，劉向將
臣妾「死王之義」寫成慷慨赴死，無非文以載道；但也可看出，戰國
時期，殉葬顯然已不再是必行的「制度」。至於是不是權力威逼或精
神奴役下的「習俗」，從熊家塚子主墓葬的殉葬坑多達九十有餘看
來，很有可能情況已經演變得比較複雜：奴隸、半奴隸身份者，可能
殺殉；姬妾和下屬，根據其意願，或者在主子死後殉情、自殺，或者
在主子陵墓修建期間，承諾將來死後伴葬，而同時將陪葬坑建成，待
死後再葬於主子身邊。

二六六

孔子見了南子。（怎麼見的，都幹了些什麼，典籍皆語焉不
詳。）古板的子路不高興了，擺臉色給孔子看，逼得老先生指天發
誓：「我要是做了見不得人的事，天打雷劈！天打雷劈！（予所否
者，天厭之！天厭之！）」故事既然堂而皇之的載入《論語》，可
見孔子的門徒並不迴避這一事實。南懷瑾先生屬於孔聖人的「凡是
派」，只要是他感覺孔子臉上稍有不乾淨，便竭力地為之塗脂抹粉，
比如孔聖人殺少正卯，就曾力辯其誣。這回是子見南子，把《論語》
裏這段邏輯的、流暢的、富有生活氣息的描述，非要挖空心思地弄得
彆彆扭扭才心安。其實大可不必。儘管南子是大美人，名聲又不好聽
（無非妖冶、放蕩不羈、性解放吧），見了就見了，多看她幾眼，何
罪之有？問題出在孔聖人有「夫子自道」在先，道是：「非禮勿視，
非禮勿聽，非禮勿動。」三句「非禮……」排比而下，何等樣的正人
君子。動沒動，不得而知；視了、聽了，卻賴不得帳的。於是兩千年
來，筆墨官司未曾斷過，誰叫孔夫子是聖人呢？最有名的那場官司，
見於七十多年前魯迅寫的〈關於子見南子〉，驚動了海內外的孔子後
裔、各級官府以及文藝界；平頭老百姓似乎不見有看熱鬧的熱情。後
來自是不同了，更有頂級大人物發話說：「小節無害」，於是像羅點
點披露的那些糗事，也便絲毫無損於當事人的聲名顯赫。孔子活在今
天，即使犯有「作風問題」，一樣照例享受他的「聖人」待遇。

另一個大聖人，靠研究孔子、吹捧孔子、吃孔子飯發跡，由凡
夫而「子」的所謂儒學之集大成者朱熹，所犯的錯，就罪不容赦了。
那叫「政治問題」，其道德人格，遭遇無情的質疑和斥責，一點也不
冤。事情還是涉及了一位女子。她不但美色，且有才情。她叫嚴蕊，

字幼芳,南宋初年之天臺營妓。營妓又稱官妓、官奴,是專門侍候領導幹部的小姐。

嚴蕊色藝雙絕,有據可徵。洪邁《夷堅志》庚卷第十:「臺州官奴嚴蕊,尤有才思,而通書究達今古。」周密之《齊東野語》稱她:「善琴弈歌舞,絲竹書畫,色藝冠一時。間作詩詞,有新語,頗痛古今。善逢迎。四方聞其名,有不遠千里而登門者。」最直接的見證,自是嚴蕊的留詞三首,首首絕妙,正氣不讓鬚眉,才氣境界不讓宋詞名家。

唐與正為臺州太守時,相識夙有豔名的嚴蕊,不足奇,將她介紹給一方豪士謝元卿,亦不足奇。「元卿為之心醉,留其家半載」,包養嚴蕊作了半年情婦,亦合情理,並不逾越當時的法制。偏偏「朱晦庵(朱熹)以使節行部至臺」,偏偏這朱熹與唐與正有隙,「欲擿與正之罪,遂指其嘗與蕊為濫。」朱熹要打擊政敵唐與正,拿其「嫖娼」問罪,可憐的弱女子嚴蕊遂充當了他二人政治角逐的犧牲,被緝拿下獄,令其招來。「繫獄月餘,蕊雖備受棰楚,而一語不及唐,然猶不免受杖。」後移籍紹興置獄,仍不招供。獄吏好言誘之,孰料「蕊答云:『身為賤妓,縱是與太守有濫,科亦不至死罪。然是非真偽,豈可妄言以污士大夫,雖死不可誣也。』其辭既堅,於是再痛杖之,仍繫於獄。兩月之間,一再受杖,委頓幾死」。好一個「是非真偽」!好一個「雖死不可誣也」!這樣的一個嚴官奴,比諸今日之「小姐」如何?消息傳出,嚴蕊小姐果然「聲價愈騰」。

「未幾,朱公改除(幸好朱熹改除得早!),而岳霖(名將岳飛之孫)接替朱熹,他「憐其病瘁,命之作詞自陳。蕊略不構思,即口占〈卜運算元〉云:『不是愛風塵,似被前緣誤。花落花開自有時,總賴東君主。去也終須去,住也如何住。若得山花插滿頭,莫問奴歸處。』即日判令從良。」

　　嚴蕊表達了做官妓的無奈，希望獲得解脫。她憑才情智慧和真誠，感動了岳霖，這才得以跳出火坑。她把自己的苦難，化作了這首千古絕唱。這結局畢竟讓人輕舒了一口氣。僅以三首詞名世的這位天才女詞人，後來大約是隱居山野，山花為伴，終老一生了。

　　鼓吹「存天理，滅人欲」的朱聖人，是否像《巴黎聖母院》裏的神甫羅德，見美色而動了凡心？我們雖有「多重動機論」撐腰，仍不好妄斷他於狼一般兇狠的政治陷害中，是否夾雜有狐狸的醋意；而僅出於政治目的便拿無辜小女子開刀，朱聖人的靈魂也夠污濁、手段也夠卑鄙的了。

　　文中所引，出自同時代的周密所著之《齊東野語‧卷二十》，當是十分可靠的。

　　南子不過慕孔子之大名，欲與一見，身為衛靈公夫人的南子，也難免背上勾引聖人的千古罵名。相比之下，出身低賤的嚴蕊，雖曾蒙冤受杖，卻以氣節文章流芳千古，畢竟算是幸運。然而，「人為刀俎，我為魚肉」，這難道不是兩千年來中國女性的悲劇寫照麼？——當然，滿嘴仁義道德的聖人們聽到這話，只怕九泉之下也會爬將起來，惱羞成怒地痛責我輩：「天厭之，天厭之」吧。

二六七

　　魯迅談小說白描時說：「『白描』卻並沒有秘訣，如果要說有，也不過是和障眼法反一調：有真意，去粉飾，少做作，勿賣弄而已。」這十二個字，我把它叫「白描箴言」，進一步說，叫「小說箴言」，更進一步說，叫「為文箴言」、「做人箴言」。

二六八

漢字不曾消亡，這是中國之大幸、人類之大幸。應該感謝王選，他把人類第三次技術革命中最重要的標誌——電腦和古老的漢字聯繫在一起，帶來了印刷術在中國的一場最深刻的革命。五四運動的先驅們曾經呼籲漢字的徹底廢除，實行拼音化；權力無邊的毛澤東也曾有此一議，幸好他沒有來得及像秦始皇頒佈統一六國文字的法令。不然，中國人連嘗試一次與國際接軌的機會都沒有了。越南的文字拉丁化、日文的本土化，究竟功過是非如何，現在可能說不明白，但終究是有一說的。

二六九

漢語的妙處說不盡。比如「和諧」，解釋成人人有飯吃，個個能講話，用拆字法，很準確、很直觀，還很深刻。社會的和諧，需要民主、自由，需要公平，就是競爭也應是法治保障下的公平競爭。這樣的社會，公民既有良好的心態，又有良好的精神態，憑本事自由發展，不怨天尤人，不會去搞動亂。再比如「捨得」，簡直神了，禪味十足。捨，才能得；捨即是得；捨於人，人得亦己得。行善事，善有善報；生意場上，互惠雙贏。就是政治家，也要懂得讓利於民、還利於民。一毛不拔的鐵公雞，沒人理你，你從哪兒得利？秦始皇「雄才大略」，但實行專權，為人貪婪、暴虐，視天下臣民如草芥，心裏想的是皇權的世代承襲，其結果是王朝的極其短命。

二七〇

「革命」的美麗包裝有二，一是合理性，所謂「造反有理」；二是質變說，所謂事物本質的變化。造反究竟是否有理？即便是有理，是否就一定要訴諸暴力？事物本質會不會變化、怎樣起變化、是不是起了變化，大陸史學界在毛澤東時期卻從來沒有人深入拷問和研究。當然，在暴力底下，哪還有你研究（講清道理）的餘地！

二七一

韓信的蒙受胯下之辱，中國讀書人常拿來作為自己受辱、受屈的安慰：人家韓信都能那樣地「忍」，我受這點委屈算什麼呢？明明人格與尊嚴喪失一盡，還要說成是「大丈夫」的壯舉，價值觀的扭曲、顛倒，無以復加。自欺欺人的「精神勝利法」也終於成為一種普遍的國民性。

《史記・淮陰侯列傳》載：淮陰屠中少年有侮信者，曰：「若雖長大，好帶刀劍，中情怯耳。」眾辱之曰：「信能死，刺我；不能死，出我　下。」於是信孰視之，俛出　下，蒲伏。一市人皆笑信，以為怯。韓信究竟是如太史公說的「志與眾異」還是市井之徒公認的「中情怯」？他一生中在重大時刻表現出的猶疑不決、謹慎過度、膽小心虛，都作了說明。韓信是典型的集自卑與自大於一身的人。他並非沒有政治野心，是「中情怯」的性格害了他。他最終死於劉邦之手，應該是詮釋「性格即命運」的一個範例。劉邦，是暴亂頭子，狡詐無賴。最流氓者得天下，這是規律。

二七二

杜潤生在《炎黃春秋》2007年7期上撰文說：「思想上的試錯，可以代替行動上的試錯。」而「摸著石頭過河」，讓中國付出了極高昂的「學費」。沒有思想自由，沒有言說自由，沒有討論或爭論，也就沒法「試錯」。大家都糊里糊塗地「摸石頭」，絕對是一場混戰，結果是一筆混帳。而且，還並不是誰都有「摸石頭」的權力，真正在摸的，也就那麼極少數的一些人。這乃是歷史上極其少見的荒謬。

二七三

生活原是豐美的。小說多少要傳達出生活的豐美。小說不好看、不好讀的原因很多，最主要的是「經驗不足」。生活平庸、懶散、閒適，小說中卻讀不出它的平庸、懶散、閒適；生活緊張、激越、熱烈，奔放，小說中卻讀不出緊張、激越、熱烈，奔放；生活機趣、幽默，小說中卻缺乏機趣、幽默；生活高貴、優雅，小說中卻寫不出高貴、優雅；生活俗氣、流氓氣，小說卻感受不到這種俗氣、流氓氣——一句話，作家對生活的體驗和積累，還不足以支撐他的小說。與那種生活「漫漫神」的小說相比，經驗不足的作家，明顯在那裏吭哧吭哧地拼湊，一鱗半爪地「擠牙膏」，作品顯得底氣匱乏，沒有那種對生活的鳥瞰或總覽，沒有全局在胸的藝術魄力，瑣碎、嘮叨、做秀、花拳繡腿、小家子氣。藝術上所謂大處著眼、小處落墨，首先需要作者對生活的豐美和張力，有深切的感受和厚實的積累。如果講才氣，這乃是小說家第一位的才氣。

二七四

　　現代主義、後現代主義，以及一切非寫實的文學，通常稱之為表現生活，而不是再現生活。說表現，突出的是作家的主觀精神和思想。表現主義，不是技巧、不是方法、不是藝術問題，而是一種思想，歷史的、哲學的思想。作家不再滿足於以展示生活、再現生活來干預生活、干預現實，表達對現實的憂患和對未來的期許；他在思考更深入、更本質的東西：生命和存在的意義。如果說再現生活，主要關心歷史的走向和人在歷史中的命運，那麼，表現生活則透過歷史中人的活動和命運，提出更抽象、更一般、更終極的命題。也許小說或詩歌的文本看上去並沒有什麼不一樣，也就是說，他仍然可以用很傳統的敘事方法，諸如情節和細節、人物命運、自然和社會環境描寫等等，但它已經不再是客觀的再現，作家自己才是真正的主人公，所有「寫實」的東西，不過是他表現自我的手段或承載物。而這個自我，也不再是現實中的那個「人」的一般命運和情感，而是那個「人」的思想——他的哲學層面的憂思。我們拿義大利導演安東尼奧尼的《雲上的日子》、拿畢卡索晚期的畫作類比，就容易理解了。而美國後現代主義小說的代表作《白雜訊》，在文本層面上看，與寫實主義小說似乎並沒有多大的異同。我認為，好的現代主義小說，在文本層面，應該大體上具有傳統現實主義小說的要素：人物、情節、細節、環境等等。人們就像看傳統小說一樣，有閱讀愉悅、有情感激蕩、有回味和反思，然而也有完全不同的東西，那就是對作品創造的人物和情節，感到一種意外和陌生引起的震撼、感到某種荒誕和不可思議，因而促使他去思索，作者究竟想表達些什麼？作者關心、期待讀者關心些什麼？因此我們可以說，寫實主義與非現實主義完全是兩碼事。即使兩者看起來一樣，也已經完全不在一個層次上了。兩類作者關心的根本

不是同一回事，想要表達的也不是同一回事。現實主義關心的就是表達的文本本身，現代主義不過是借題發揮而已，它所表達的，在文本之外、文本之上：醉翁之意不在酒，在乎山水之間也。

二七五

　　文學是允許遊戲之作的，古今中外，遊戲文字都有存留。但遊戲不是文學的本質，更不是文學的全部。文學畢竟是嚴肅的精神表現。它的價值，要看它在當代社會生活中，有沒有引導國民精神前進的意義，也就是有沒有人文精神；其次，當後人回望這個歷史時期，將給與它何種精神評價、道德評價、藝術評價。是「商女不知亡國恨，隔牆猶唱後庭花」呢，還是「生當作人傑，死亦為鬼雄，至今思項羽，不肯過江東。」

二七六

　　2007年夏，大陸央視新聞臺播報了一條新聞：一位俄羅斯婦女收留了三百多隻流浪貓。西伯利亞的冬季十分嚴寒，如果沒有這位愛心婦女收留，流浪貓必將凍死無疑。她的鄰居起初為她的此舉擾民，頗多怨言云云。作為對人類愛心的讚美，這則新聞疑點甚多。遺棄寵物貓者，有數百人之眾，收留者僅一人，若以此作為愛心標準，則300：1的比率，未免叫人寒心。而更多的既未遺棄也未收留貓的人們，似乎對這位熱心女士的義舉並無熱情。我從消息中讀出的倒是一種深刻的悲哀：人性的善、惡、冷漠，至少在俄羅斯的西伯利亞目前就是這種狀況。而俄羅斯的文化傳統，它的人文精神，一向是為中國當代思想界人士所推崇的；常常拿來作為中國文化精神大不如人的參照系。這

樣看來，我們有什麼理由對現代社會的人性狀況抱持一種盲目樂觀的
態度呢？

二七七

　　人類在生存中積累了豐富的關於命運個案的經驗，生存的艱難和
偶然性，很自然地讓人類關注自身命運與某種神性的關係，命定論也
就隨之產生。中國古代的命定論（或命運預測），一開始就與古希臘
的命定論發生了分歧，中國文化科學基因的缺失同樣反映在這其中。
中國命定論是靠想像支撐的，更多的是一種文學的、藝術的想像，而
它所謂的理性或知識，是初階的、粗糙的、簡單的、虛幻的、神秘主
義的，人們並不在意它的科學依據或科學含量。然而正因為如此，它
又是自大的、狂妄的、無限誇張其詞的。問題在於，數千年來，中國
式的命定論，始終停留在這個初階的水平。比如生辰八字與八卦相結
合的算命法，甚至更缺乏科學精神的相面、看手相、抽籤、測字等世
俗文化，至今流行於大陸、香港、臺灣，幾乎隨處可見。這種初階
的、形象的命定論與專制文化下種種扭曲的景象（包括人的精神景
象），足以給當代西方人一種「東方神秘主義」的虛幻感。

二七八

　　中國農村和城市底層，至今可以看到民間交往當中的「禮行長
長」。與其說這是傳統文化的遺存，不如說這是民間底層生存艱難的
一種折射，出自人生經驗和生存的需要。諺云：「禮多人不怪」。專
制制度之下、兵荒馬亂之中，生存艱難的人們，除了祈求上天保佑，
唯一能指望的，是相互的依存和扶持。禮行中含有乞求、感激、拜

託、期盼的多種含義，也就是說，有真誠的成份。而官場中的禮行長長，那才是儒家文化的世代相襲。

二七九

不從世界歷史的走向和世界坐標系解讀中國座標，我們的民族情緒就總是處於悲情、處於憤激、處於焦灼、處於沮喪之中。這一點，西方經濟學家馬克思，自然顯得超脫而明智，他對鴉片戰爭的評價，既有一個自由主義知識份子的義憤，也有歷史學者的冷峻：一方面，他把鴉片戰爭直斥為西方強國加於中國的「海盜式」戰爭，另一方面，他在〈鴉片貿易史〉一文中，對道義一方的「天朝帝國」，也同時用他慣有的文學語言給予了深刻的批判：「一個人口幾乎佔人類三分之一的大帝國，不顧時勢，安於現狀，人為地隔絕於世，並因此竭力以天朝盡善盡美的幻想自欺。這樣一個帝國註定最後要在一場殊死的決鬥中被打垮：在這場決鬥中，陳腐世界的代表是基於道義，而最現代的社會的代表卻是為了獲得賤買貴賣的特權——這真是任何詩人想也不敢想的一種奇異的對聯式悲歌。」所謂奇異的對聯，我的理解，就是道義或道德與經濟規律和歷史走向的一種悖論，情感與理性的悖論。當然我們希望它是歷史的階段性的悖論。事實上，當中國一旦選擇了國門大開和自由經濟（儘管是被迫的、無奈的、摸著石頭過河的）這樣一條「不歸路」，中國也就選擇了一個傳統時代的終結。只不過中國傳統社會的終結期太長，已經有一百多年，其間還有漫長的反覆。

二八〇

一個人，大事小事、公事私事，家庭、老婆、孩子，洗衣、燒飯、抹桌子、搽地板，一樣認真仔細，一樣兢兢業業、勤勤懇懇，在

別人眼裏看來，是活得很累的。這種人，其實處於一種「忘我」的境界，他其實並不明白活著的意義，就像卓別林電影裏的機器人，庸庸碌碌，喪失了自我。

一個人無時無刻不在關心自己的儀容舉止、心情感受，深怕滿腹經綸卻無人賞識，揣摩別人的眼神、言語裏是否暗藏機鋒，走路怕摔跤、吃飯怕碗筷不清潔，一聲咳嗽就懷疑是否染上肺結核，這種人處在時刻「不忘我」的境界，不僅別人看著累，自己也會覺得累。

喪失自我的人、十分自我的人，都需要心理醫生提醒他們，調整心態，從各自的癡迷境界中跳出，想一些與個人全然「不相干」的事，做一些「毫無實際意義」的事。

二八一

作家的秉賦和勤奮，我更相信秉賦。作家的素質，精練地表述，是生活經驗或生活體驗、情感思想、藝術品味和技巧，簡而言之，經驗、思想、技巧。這三位一體的、相輔相成的東西，就是素質。它一點都不抽象，在作家的每一篇作品中都能看出來。一定要在三者中排列主次，那麼，對現實主義作家來說，第一是經驗，第二是經驗，第三還是經驗；對現代主義作家來說，第一是思想，第二是思想，第三還是思想。情感與思想，不能簡單地看成非理性與理性的對立，它們有時相反，有時相成。思想的火花常常為情感所激發，思想的刀鋒需要情感來磨礪、淬火；濃烈的情感產生飽滿結實的思想，極端的情感產生極端的思想。情感、思想，都以真實為本質屬性；但真實的東西，並非都值得肯定。人類歷史上值得肯定的思想，是那種站在歷史高處、俯瞰社會的思想，是那種摒棄一己之私利、關懷眾生的思想，是充滿憂患和悲憫的思想，是大愛的思想。

二八二

徐友漁說：「有分歧就會有爭論，『不爭論』只是一個假像，是統治權力對於思想自由的征服。『不爭論』只能限制住社會上的弱勢群體，對於控制事態進程者、操縱輿論工具者和既得利益者，則絲毫沒有影響。」

不爭論是一種不存在、不可能的假設，那麼，提出不爭論，就只能限於一部份人、在部份場合沉默、不講話。而對於另一部份人、在各個場合，則並無限制。這是「只許左派造反，不許右派翻天」的一種溫柔版本。它的客觀後果，就是喪失了部份話語權，包括為改革開放辯護的話語權；就是失去了話語試錯的可能性而為「摸著石頭過河」的高昂「學費」找到了支付理由。不爭論便沒有交流、碰撞，沒有學術，沒有思想自由表達的空間，不爭論就像大江裏沒有方向的小船，聽憑風浪擺佈，飄到哪兒算哪兒。而一個民主的環境，必然是自由言說的環境、自由爭論的環境，說好說壞、說東道西，都行。事實上總會有一個聲音在那兒絮叨不休，只不過是一種單調的聲音而已。

到2007年，爭論還是公開化了，《炎黃春秋》雜誌和毛澤東旗幟網站的辯論，是「不爭論」的外表下多年爭論的總積累、總爆發。你說這是好事或壞事？現在再說「不爭論」：即使能夠按下去，爭論就不存在了麼？所以，不爭論，看似公允，一副實幹家只說不做的姿態，其實是典型的實用主義和話語霸權，是不科學、反科學的。

二八三

不是什麼人都適合寫書，尤其寫自傳、回憶錄之類的東西的，因為美化自己、抬高自己、不敢披露自己的陰暗面和過失、不具備懺悔

的勇氣，是一般人的人性弱點。而這一事實的對應面，往往就是傷害或詆毀他人，即使他並非出於本心。而公正地看待自己和他人，是需要強大的人文精神和人文思想作支撐的。只有一種情形例外，那就是，同一歷史事件的親歷者都站出來說話，把其中的分歧留給讀者去甄別。

二八四

兜售假貨者的勇氣，每每達到令人觸目驚心的地步。當然，這有兩種可能的原因：他根本不懂貨的真假；明知是假貨，卻要追逐高額利潤。而假貨得以順利出手，其間必有精心的謀劃、得體的炒作，必有一套由共同利益集結成的團夥，還少不得臨時雇傭的所謂「托兒」。假戲必須演得像真戲一樣認真，一樣程式合法，一樣氣氛隆重熱烈，一樣有鬧臺鑼鼓和收場餘韻，讓人不易看出破綻。不過，假的就是假的，麒麟皮下總會露出馬腳。

二八五

出版界有時給人有所鬆動的資訊，比如某本書竟可以順利出版了。不禁暗自竊喜。可不久就得打一寒噤——風乍起，吹皺一池春水，才知道是出版人在那裏打麻雀戰，而管理方百密一疏，有人打小報告後才倉猝應對的。最近看見民國當紅記者陶菊隱先生的兩部傳記：《吳佩孚將軍傳》、《蔣百里將軍傳》結集為《猦介與風流》出版，一時竟不知作何感想。順手翻看了幾分鐘，不覺大驚，原來吳佩孚將軍是以清廉著稱於世的一個人。想起我對其人其事的無知，不覺臉紅。我的關於他全部「知識」，不過來自那部名為《風暴》的電影，那不叫管中窺豹，叫瞎子摸象，何其慚愧也夫！因此，我決定買下這本書，並在第一時間向我的朋友和讀者鄭重推薦。趕快下手，免得又吃一回後悔藥。

二八六

八股文雖然廢止百年了，八股之遺風遺韻，觸目皆是。官場文章，開頭結尾幾乎數十年一貫制地「穿靴戴帽」，其間一如何，二如何，三如何，多用新式駢體，四言八句，極賦中國特色。商場文章，則稱王稱霸，連街頭巷尾炒板栗的小販，也必定豎起「板栗王」的紙牌子，三步之內竟有好幾個「王者」——普通老百姓的帝王情結，可見一斑。再說文場，電視、廣播、報紙、網路，甚至寫小說、散文，堆砌最美麗、最豪華、最煽情、最時尚的語彙，蔚然成風。最後，就連歡場也有成套的「故事」和語言「招數」。問題是，所有人都似乎習慣了、麻木了，以為官場、商場、文場、歡場的語言，原本就是這個樣子，以為中國的語言文化到達這個水平就挺不錯了，沒什麼不好！列舉的這些現象，一言以蔽之，就是語言貧困化。這麼說還並不足以使人警醒，必須指出語言貧困化現象的背後，是思想和精神的貧困化：中國人「獨立之精神，自由之思想」早已經所剩無幾了！而所謂獨立、自由，依憑的是民主制度，是科學，是對自己和他人的尊重，是人的覺醒和人格獨立。

二八七

歷史在它的一般、平和的過程中，歷史由英雄們和奴隸們所共同創造；歷史在它的特殊、激烈的過程中，歷史由英雄們創造。奴隸們是指佔人口絕大多數的芸芸眾生；英雄們是指高層權力者或從民間暴動中脫穎而出的首領們。一個有趣的現象是：在中國舊小說、舊戲曲中，佔山為王的草寇或民間的武林高人，常常被稱為英雄或好漢。而清人杜文瀾之《平定粵寇紀略》開卷即稱「廣西遊民洪秀全」云云。

與正史中的稱賊、稱寇、稱匪不同，杜文瀾之稱「遊民」，顯得中
性，也更具文化意味和學術意義。從遊民研究出發，當代學者王學泰
先生發現了「另一個中國」。

二八八

寬容，近些年來，逐漸成了自由主義學者的共同話語，思想旗
幟或語言符號。寬容的對立面是暴力，當然首先是極權主義，但它還
有更寬泛的思想。比如，寬容針對來自不同階層的暴力；針對權力暴
力、精神暴力、思想暴力；針對對於傳統道德體系近百年來的崩毀。
新歷史學者們在摒棄傳統文化道德體系的同時，事實上創建了一個極
其簡單的道德體系——革命邏輯。一切是非曲直均已不再存在，只需要
以革命、不革命劃分對錯：只要高喊革命，哪怕他是一個流氓、一個
無賴、一個野心家、一個陰謀家、一個靈魂卑污的小人，他就對，就
有人生安全和幾乎所有的實惠；而不革命就等於反革命，所有中間狀
態都事實上被抹殺、被否認。社會處於極度的緊張之中，人處於極度
的恐懼之中，也就沒有了寬容的立錐之地。因此，為寬容正名，也就
是為活生生的社會現實、為活生生的人的存在正名；為清除長期播種
在幾代人心中的仇恨種子這一千秋大業正名；為構建和諧的民主社會
的合理性正名；為造就一代新風、一代新人的必要性正名；為遏制社
會的黑惡化的緊迫性正名。寬容，又是對「造反有理」的反駁——這
一點，是最難在被壓迫、被剝削的階層取得認同感的，所謂「以牙還
牙，以眼還眼」，早已經深入國民精神之骨髓。（當然，不僅中國，
西方世界也一樣，精神暴力、思想暴力和權力暴力即軍事暴力，一樣
猖獗流行。）為要正本清源，就必須剝開中國傳統文化溫文爾雅的外
皮，看到它骨子裏的暴力性、奴役性。其次，將目光投向民間社會，
研究遊民文化對中國社會轉型的負面意義。

有人說，中國文化研究近年突破性的三大成果、三大發現，是潛規則（主要是官場文化）、遊民文化、士文化，這一概括應該說是很有眼光和說服力的，它們將中國文化研究推進到了一個新的、更深入的層次。當這些研究成果一頁一頁攤開在世人面前，我們就會驚奇地看到，中國文化與寬容文化何等樣地不相容！從而感慨，寬容文化建設何等緊迫又何等艱難！其艱難程度，幾乎就是試圖締造又一個烏托邦——寬容既要同強大無比的不寬容作戰，要同幾近瘋狂的人性作戰，寬容豈不就是唐吉珂德先生的兵器麼？自然，假如我們硬是認定，寬容就是一個烏托邦，那我們就只有陷入又一種絕望、又一種精神困境。所以我說，寬容在現實語境下，與其說它是文化建設的創見，不如說是一種思想的語言符號。

二八九

中國把孔子和儒家學說當作文化瑰寶或民族思想價值輸出，是很荒唐的，也是根本行不通的。事實上，在有識見的西方哲學家那裏，從來沒有孔子和儒家的一席之地。那麼，中國有沒有值得重視的傳統思想資源呢？有的，那就是老子思想中積極的一些東西、與儒家唱反調的東西。可惜的是，它一直被儒學所遮被，或者被當作、被改造成儒學的附庸而失去了自身的思想光輝。中國歷史、中國文化中的一切悲劇性因素，其罪惡的淵藪，正是孔子和儒家思想。不經歷一場對它的徹底清算，中國就不可能完成現代化，中國國民性改造也就是一句偉大的空話。黎鳴先生有一系列的文章闡述這一觀點，我以為是非常精到的。他說，《聖經》絕對拒絕和痛恨偶像崇拜，而《儒經》則截然相反，它絕對是在中國人中興起「偶像」崇拜陋習的總根源，《易經》簡直就是《偶像經》，其中的卦名、卦辭、卦象全都是具象「物」的「偶像」，它們幾乎將永遠決定中國人愚昧的可悲命

運；而《論語》則是首先提出了中國人永遠要崇拜的「人」的「偶像」——堯、舜、禹、湯、文、武、周公，最終自然是孔子本人，乃至後來更擴大到歷代極權專制統治者的「獨夫民賊」及其形形色色的「大儒」。歷代的儒經，也全都是一心一意為「偶像崇拜」服務的歪「經」。可以說，整部《儒經》就是完完全全為了蠱惑中國人永遠從事「偶像崇拜」的歪「經」；從而中國人的歷史，也便自然而然變成了一部完完全全「偶像崇拜」的歷史。

作為極權者的幫兇，儒家實現了對中國人的精神奴役和思想控制，並且逐漸把精神強制溫柔地轉化為中國人的自我精神戕害和自我閹割，在這種不斷矮化、不斷萎頓的精神狀態下，真理性追求和科學探索本身就成為了缺席者；國人的性情、智慧只能在極其有限的、封閉的空間畸形發展。更嚴重的是，儒學受到統治者的青睞，在獲得至尊地位的同時，它由「學」而「教」，具有了準宗教的性質，外來佛教迅速被世俗化，墮落為釀造愚昧的精神麻醉劑；本土老子學說被妖魔化，被改造為求仙的煉丹術和鬼神崇拜的所謂「道教」，宗教成了中國文化中的第二個缺席者。

二九〇

黎鳴先生說，二十一世紀的哲學是向人學的回歸，大體上是不錯的。但我以為還應該有第二主題，即人與自然的關係或人在自然中的地位。就第二主題而言，人絕不能成為中心，絕不能成為自然之主宰。與此相關的另一個命題是，上帝死了，是不是哲學就需要向東方哲學回歸呢？至少可以肯定的是，向孔子和儒家回歸絕對行不通，因為它恰恰是取消人的所謂「道德倫理哲學」，在孔子那裏，人作為個體生命的存在，人的個人欲望、個人精神、個人情感、個人智慧和價

值，統統被臣服於偶像的政治需要所摒棄、所取消。在現代哲學的意義上，孔子與儒家哲學正好只能充當反面教材。

二九一

中國傳統文化之痼疾是偶像林立，中國國民心理之痼疾是偶像崇拜。曾國藩在他的一封家書裏說，「……羅婿性情可慮，然此亦無可如何之事。爾當諄囑三妹，柔順恭謹，不可有片語違忤三綱之道。君為臣綱，父為子綱，夫為妻綱，是地維之所賴以立，天柱之所賴以尊。故傳曰：『君，天也；父，天也；夫，天也。』儀禮記曰：『君，至尊也；父，至尊也；夫至尊也。君雖不仁，臣不可以不忠；父雖不慈，子不可以不孝；夫雖不賢，妻不可以不順』……爾當諄勸諸妹以能耐勞忍氣為要。吾服官多年，亦常在耐勞忍氣四字上做功夫。」足見中國偶像之繁之多。在重重偶像的壓迫之下，哪裏還有個人喘息的機會？只有「耐勞忍氣」而已。

二九二

李慎之先生說，專制主義其實什麼民族、什麼國家都有過，「中國專制主義的特點，只是它的範圍特別廣，權力特別大，歷史特別長，根子特別深，生命力特別強而已。」追究其原因，便是中國文化使然。中國傳統文化對於專制主義的作用，可以叫做助紂為虐。而在專制主義和偶像文化的雙重夾擊下，中國人的國民性逐漸形成並且代代遺傳。要活命就得「耐勞忍氣」，明白「好漢不吃眼前虧」，學會「夾起尾巴」做「順民」（直至億萬人都以當一塊磚、一顆螺絲釘為榮耀），統治者和他的臣民就此形成「良性互動」，專制主義也便固若金湯，得以沿襲兩千年。

中國傳統文化的主流和代表是儒家文化；而近百年來，它看似很不走運，其實不過是穿上了「革命」的迷彩服而已。而這迷彩服恰恰是中國文化中隱形的一面的彰顯，那就是王學泰的《發現另一個中國》所揭示的遊民文化。李慎之先生曾為之作序，指出遊民文化向來不是「主流」，卻佔據半個中國，因正史少有記載，可資研究的資料必然奇少，不得不借助於民間文學或通俗文學，比如《三國》、《水滸》、《西遊》，以及《說唐》、《三俠五義》之類。有一點我可以肯定，遊民文化乃是專制制度及其文化支撐——儒家文化縫隙中的必然產物，是前者對後者的反駁或補充，二者氣息互通，在一定條件下相互轉化，所謂「成王敗寇」是也。

二九三

一種宗教或道德文化，總是引導個體的自我人格，去和某個他者的人格建立某種規範性的關係，倡導和確立一種終極性的精神價值。這種終極性精神價值，就是那宗教或道德文化的核心、實質。基督教文化、佛教文化的實質，就是透過確立我與神的關係，即在自我人格對一個超驗的神聖人格的確信、仰慕和順服，來規定自我生命的終極價值。儒教文化的實質，就是導引個體生命以「三綱」這種規範性的價值觀，來處理「君臣、父子、夫妻」關係，並且視之為個體生存的終極價值。比較之下，神畢竟離我們很遙遠，畢竟虛幻，因此個人人格對基督教、佛教皈依，多少帶有自願、帶有個人心理需求乃至精神愉悅的成份。儒教則不同，它是訴諸人為說教的價值觀（它連宗教故事的智慧和生動性、趣味性都不具備），必須與制度相互勾結，形成強制性力量，迫使每個個人去面對「神聖人格」；而這個「神聖人格」與非具體、非現實的神不同，是非常具體、非常現實的東西。

二九四

隨生命誕生，發生了又一個哲學的本體問題，這個問題與宇宙起源的第一推動力等價：即生命進化的第一推動力是什麼？按照Ｅ・Ｏ・威爾遜《論人的天性》的說法，「性屬於人類生物學的中心問題」，這個中心問題，仍只是不能與生命第一推動力等價的、較低階的問題。威爾遜其實已經找到了性與物種進化之間的邏輯——生命和物種為了存活，必須優生，儘管無性繁殖成本最低，生物物種還是選擇了向能夠保證優生的有性繁殖方式進化，直至哺乳動物一對一的雌雄交配而胎生。但我們的問題是，為什麼生命一旦（偶然地）誕生，就向著越來越複雜高級、物種越來越多的方向發展，就像水往低處流、熱往冷處傳一般呢？為什麼任何物種都想保全自身而不被淘汰？是誰給予它這種強烈的「願望」和選擇進化的欲望和能力呢？還有，是誰決定讓他用性的方式來延續該物種呢？

二九五

馮小剛執導的電影《集結號》，把個人與神聖目的的關係寫到了極致。為「目的」浴血奮戰，不惜犧牲，這是傳統戰爭題材的主題。馮小剛則更進一層：他設定所有人死光，只留下一個倖存者，又讓那些「光榮」了的人們被遺棄；於是，唯一的見證人開始承受心靈和肉體的雙重煎熬，歷盡千辛萬苦去找尋他那孤獨的、無所依傍的靈魂最後的棲息地——「重回母親的懷抱」。在馮小剛那裏，孤兒和母親的關係，就是個人和上帝的關係、個人和儒家道德哲學的關係。換言之，人活著的最高境界，就是為一種抽象物殉情。在此，人的權利與尊嚴、精神與思想、情感與欲望，都被抽象物抽象得一乾二淨了。

　　與這部「嚴肅」得令人窒息的馮氏電影相映成「趣」的是，趙本山執導的電視劇《鄉村愛情》。劇中盡情展示著「醜陋的中國人」（東北農民）：暴發戶一門心思想得到投資地的一位女人；他的助理也為這女人著了魔，不去女人處廝混，「報告」一個字寫不出來；為著和一女子上床，年輕混混竟裝神弄鬼，企圖嚇走她的男同事；村鎮幹部為了混「政績」，竟讓自己的情人去假裝傍大款；另一個村幹部則成天騙吃騙喝，連閨女女婿都騙，把人家降血糖的藥當補品偷吃……整場鬧劇，自私、猥瑣、貪婪、卑賤，無恥，觸目皆是；唯獨沒有人的尊嚴與高貴；一句話，只講目的，不擇手段——沒有道德底線。不知道這是趙氏眼中的生活真實，還是他的審美趣味低下使然；不知道觀眾看這齣醜劇，是笑破了肚皮還是哭出了淚水！

　　另外一部被炒得發燙的電視劇《闖關東》，出品人之一竟是一位知名作家。這部作品倒有可圈可點之處，那就是對主人公朱開山從貧苦農民變成地主、資本家的歷程，有某些歷史真實感。但它有嚴重的敗筆：一是為朱開山設計了一段參加義和團的「英雄」史，並不時著力加以渲染；二是全劇晃動著暴力至上主義的魅影，以及對「鬍子」（土匪）所謂「義氣」的毫不隱諱的讚頌。

　　當代文藝家的歷史觀如此糊里糊塗、現代人文思想如此匱乏，本不足為怪；問題在於，我們能不能聽到另一種聲音？「不缺乏才華，但缺乏思想」原是針對文學界說的，那麼對於影視界，這話是不是更切中要害？一味炒作、行情瘋漲的「泛娛樂文化」何時才會出現拐點？

二九六

　　儒家文化的道德說教，字面上不能說不漂亮，但乾巴乏味，十分武斷，如果不借助於權力威懾和強制灌輸，它對人的束縛力和規範效果是極其有限的。這裏，缺少的正是人自覺的需求——對於神的敬畏和

皈依，缺少的正是哲學邏輯——科學的、理性的說服力。依靠灌輸和威懾建立的「道德理想國」，不過是一隻美麗的蛋殼，十分脆弱，外部條件稍有變化，就可能頃刻崩毀。而處在極端貧困的生存境況中的人，其道德的蛋殼更是不經磕碰，求生的本能和最低級的欲望，便具有巨大的破壞力，隨時隨地都可能破殼而出，這時候，道德的崩毀往往只在一瞬之間，而且根本沒有底線。

相較於科學的（人文的）價值的精神力量，甚至宗教的道德理想國也還只是一隻隨時可能破碎的蛋殼——因為對於絕大多數的芸芸信眾，其宗教哲學修養幾乎為零，而其世俗訴求在本質上與宗教哲學是相悖的，離愚昧（迷信）僅有一步之遙。總之，一切非理性、非科學的東西，都與愚昧相關；而靠愚昧支撐的道德理想國，終究是一隻美麗的蛋殼。

二九七

「凡是」哲學，即是流氓哲學。所謂流氓性，就是不問是非曲直，不講科學原則，黨同伐異。凡屬非我族類之所作、所為、所言，必在反對之列，口誅筆伐，絕不留情。中國文化中的「義」，說穿了就是流氓性。一部《三國演義》，除了爾虞我詐、勾心鬥角，為最高權力爭奪、為所謂正宗「宗室」正名，不擇手段、不惜亂殺無辜，還有什麼？所以從人文價值評價，《三國演義》一文不值。中國的「義」文化，實際上是江湖上結幫營私、大耍流氓、踐踏人文價值的一塊遮羞布。令人痛憾的是，這支裹著糖衣的毒劑，至今能識破者不多。

二九八

魯迅筆下的九斤老太太，是一個文化符號。九斤老太「一代不如一代」的心理，乃是晚清之前中國國民，尤其中國讀書人普遍、頑固而神聖的心理——崇古、尚古的心理。宋代儒家是只承認老三代（夏、商、西周）的，那才是華麗完美的屋子，不可再生再造的東西；所有後代人的努力，都不過是在給這屋子補牆檢漏，而修補過的屋子當然不如老三代時的新美了。這樣荒謬的邏輯，竟然矇騙了中國文人幾千年！直到康有為的「偽古」說、胡適之顧頡剛的「疑古」說（古史辨派）、魯迅的「否古」說（《狂人日記》）出現，千年不變的崇古、尚古、唯古的心理，這才受到巨大的震撼、動搖和顛覆。

老三代這間虛妄的、黑暗的屋子，首先被孔子想像成了光明的理想國；其實他是借了老屋子裝他自己的私貨，借老牌子提升他的私貨的售價。

這樣看來，中國近代幸有一批思想健將應世界潮流而生，否則，現代思想之進入中國仍會是障礙重重。

二九九

周汝昌先生概括《紅樓夢》，只用一個「情」字，又說魯迅將《紅樓夢》歸入人情小說，極有識見。文學之有魅力，蓋因不管世道如棋局局新，古人、今人、國人、洋人，皆情同此情、心同此心、理同此理；文學魅力之久長，憑的是亙古不易的人性。人性才是真生命、真文學。反之，不講人性的東西，如《水滸傳》，應在摒棄之列。周先生將《水滸傳》概括為一個「義」字，話雖說得吞吞吐吐，骨子裏我看是瞧不起它的。我則連《三國》、《西遊》也不喜歡，一

個專講陰謀詭計，一個不食人間煙火，且沒一個人物有什麼可愛之處。

三〇〇

《紅樓夢》前八十回是基本定稿，這一觀點很重要，也用不著懷疑。不然的話，這部小說真沒什麼好研究的，而且難度大到不可想像。現在一些紅學「研究者」喜歡標新立異，否定前人一切研究成果，實在無聊。

三〇一

中國以京劇為代表的舊戲曲，唱腔表演確有自己獨特的藝術創造，但思想內容幾乎一無可取。錢玄同說：「中國舊戲保存了封建糟粕，應不予妥協地摒棄。」周作人說：「就表面觀察，看出兩件理由，敢說：中國舊戲沒有存在價值。」舊戲曲的衰萎，證明了二位的預言。中國有六百年歷史的崑曲已近消亡，現存京劇和地方戲曲的消亡也是遲早的事，將來，就像日本具有四百年歷史的歌舞伎一樣，最多在國家級藝術博物館給予它一席之地，傳統節慶時有所展示而已。中國當局的某些人頑固地要振興國劇，弘揚「國粹」，不惜投入重金，甚至要在中小學開設戲曲課程，除了他們個人的喜好，肯定還有更深層的動機。這與近年突然興起的「國學熱」互為呼應。知識界的一些人士，開不出濟世良方，病急亂投醫；政客手上一時也因沒有了能奏效的精神武器而無所適從，於是盲目納這些士人之「諫」。雖知，一個社會到了靠開歷史倒車來挽救頹勢的時候，社會的精神危機就已經病入膏肓了。

三○二

中國歷史，一部二十四史，充斥了陰謀、暴力和血腥，叫人難以卒讀。沒有必要像毛澤東那樣沉迷其中，耗費生命。其實，讀讀近百年史也就足夠了。而且近現代史由於有了西學東漸，充滿了活氣與紛爭、奮鬥與希望。其苦難之深重，史無前例；其奮爭之勇猛精進，也史無前例。同樣是血寫的歷史，只因有了新思想，於慘澹的血色中，依稀看得見新歷史的曙光。

三○三

真正意義上的科學，在中國，始於近代。此前的中國只有相當發達的技術或工藝。李學勤先生說：「由於中國從古以來即有收藏和研究古物的風氣，不少人覺得考古學是我們固有的，這種看法其實是不對的。現代科學意義的考古學，有田野發掘技術和層位學、類型學等一套理論，是十九世紀初才開始形成的，開始傳入中國，已到清末。現代考古學在中國的建立，以中國人自己主持的1926年山西夏縣西陰村發掘，和1928年肇端的河南安陽殷墟發掘作為標誌，據今不過七十餘年。」換句話說，在清末國門被堅船利炮轟開之前，中國是沒有現代科學的。這是一個科學和科學精神缺失的國度。並非中國人的智力有問題，相反的，在極端殘暴的專制制度之下，中國人的智力和興趣被誤導入了一種歧途，要麼追逐仕途功名，把八股文寫得錦上添花；要麼追求吃喝玩樂的極度精緻，花鳥魚蟲、琴棋書畫、山水園林、文房清供……沉迷於世俗享樂。「食不厭精」和「兵不厭詐」因此成了中國文化的一對「鷹峙戟翼」，唯獨科學備受冷落。仍以考古學為例，「挖祖墳」被視為大逆不道，如何能行科學發掘？

現代知識份子，如王國維，既有深厚的國學功底，又得西學風氣之先，很短時間內即意識到中國考古學，應循以紙上材料同地下材料互相印證之「二重證據法」，開創了頗具特色的中國現代考古學。同理，幾乎所有的現代科學門類，在上世紀二、三十年代，都產生了名留科學史的一代宗師。可見並非國人科學頭腦不如西人，而是科學成長的政治環境、文化環境不如西方。

三〇四

「至今還沒有找到一個政黨值得我舉手投贊成票。」說這話的法國存在主義哲學家沙特，似乎依然沒有擺脫理想主義的情結。世界上任何一個政黨，都是代表一個或某些個社會集團利益的，英美國家亦不例外。指望某政黨代表所有國民的利益，未免太理想化了。英美國家的好處，僅僅在於有一個科學的制度設計，奠定在對人性與權力本質認識之上的制度設計。人性不加以法律、道德、輿論的制約，就會在自私、貪婪、狠惡之路上越滑越遠；權力不加以法律、道德、輿論的制約，就會被權力者濫用，欺世盜名，日趨腐敗、昏憒、殘暴。然而，無論哪個國家的人民，都同樣別無選擇：不得不選擇一個政黨來掌控國家權力。

對於某個執政黨，人們只能經由有限的渠道或合法手段，肯定它的點點滴滴的進步與正確，或反對它的點點滴滴的倒退與錯誤。除此之外，我們拿它毫無辦法！

歷史經驗，尤其中國歷史經驗證明，任何企圖訴諸暴力的對權力的抗爭，都是徒勞的和有害的。從這個意義上來看，胡適的進步論具有絕對的正確性，只不過並不具有絕對的可行性而已。暴力變革或暴力革命，是只講終極目的而不講手段、不計代價的。其結果必定是文明被摧毀，生產力遭破壞，無數無辜的生命被殺戮（包括暴力派內部

的相互殺戮）；必定是最暴力、最不擇手段者竊取暴力的果實。以暴力謀求社會變革，無異於選擇了最高的社會成本和最壞的結局。

另一方面，無論權力用何種方式取得，或禪位或暴力或選舉，權力一旦成為了既成事實，也就成為了既定的、或長或短的存在，成為一段歷史。你可以質疑這權力的合法性，你卻不得不為在權力下生存而選擇與之「合作」、「共生」。胡適先生當年對實行一黨專制的民國政府，就是採取合作的態度，他自命「好人」，希望政府裏盡可能多些好人。理性地看，胡適先生的選擇是正確的。這個選擇的出發點或善良的願望，正是源自他點點滴滴的進步論，即社會進步以漸進方式成本最低、效果最好。事實上，對於任何執政黨，也都不能採取雙重標準：對你所擁戴的執政黨，他的一切言行都是好的，都要擁護；對你反對的執政黨，它的一切言行都是不好的，都要反對。要麼毫無保留地擁護，要麼毫無保留地反對，這是急功近利的、實用主義的立場，是一種簡單化、絕對化、極端化的立場。即便你想盡早取消它的執政地位，比如政教合一的或者專制主義政權的執政地位，採取武力輸出、意識形態輸出，都可能事與願違，欲速則不達。對於世界的進步潮流，既要有信心，又要有耐心。要假以時日。

我明明知道，上述立場很難被認可，說出來會遭致激進人士責難，卻因為是我長期痛苦思索的結果，不吐不快。中國人的思維習慣是「非黑即白」；中國人自稱信奉儒家的理性，什麼中庸之道，什麼以和為貴，說得動聽極了，一旦實行起來，又總是感情憤激、行為暴力的那一套。這也是為什麼在中國歷史上，永遠是激進派受追捧、漸變派遭唾棄，永遠是主戰容易主和難——主戰派總是民族英雄，主和派總是等同於投降派的緣由。

三〇五

　　和田青玉巨型玉雕作品「大禹治水」，高2.44米，寬0.96米，現藏北京故宮博物院。清乾隆皇帝得此玉料，欽定，以內府藏宋人「大禹治水圖」畫軸為稿本，著清宮造辦處畫出大禹治水紙樣，由畫匠賈全在大玉上臨畫，再做成木樣，於乾隆四十六年（1781年）發往揚州雕刻，至乾隆五十二年（1787年）玉山雕成，共費時六年。次年，乾隆又命造辦處如意館刻玉匠朱泰將乾隆御制詩和兩方寶璽印文刻制在玉山上。最後由他決定，案放在寧壽宮樂壽堂內。這件玉器的製作工藝，至今仍是難解之謎；因為中國傳統的治玉工藝，是砣機固定在一個地方往復旋轉，工件由玉工手持，一邊加解玉砂，一邊送工件至砣子，一刀刀鏤刻完成。很顯然，重達一萬零七百斤的材料，如此複雜的造型，按照這種傳統工藝，是無法完成創作的。我猜測，一定為完成「大禹治水」專門發明了多種多樣的、可由工匠手持的治玉工具。只可惜，完全找不到相關的文字記載；才過去二百幾十年的時間，其間的機巧就失傳了！之所以會失傳，有兩種可能：乾隆擁有了這件寶物，不欲「後有來者」，對所用之獨門絕技予以封殺；否則只能說明，即使是工藝技術，直到有清一朝也是不受重視的，更不必指望專制統治者關注科學了。

三〇六

　　歷史是很具體、很鮮活的東西，歷史的結論只能從這些具體鮮活的素材中抽象出來。讀黨治國先生的《我參加保長選舉》，我首先感受到歷史的具體與鮮活，然後抽象出這麼幾層意思：民國時期農村土地實行的是私有制；民國時期鄉和村基本上實行農民自治（吃皇糧的

只有三個人：保書記，保隊副和一名保丁，月工資均為八十斤麥子。這顯然不足以養家活口，算是吃了點國家補貼）；保長、甲長並不擁有任何行政權力，也就無從向農民盤剝，所以沒人願意幹這種純屬盡義務的差事，選舉保長時總是你推我、我推你的。

國家圖書館出版品預行編目

不用胭脂媚世人 / 黃大榮著. -- 一版. -- 臺
北市：秀威資訊科技, 2008. 12
面；　公分. --（哲學宗教類；PA0025）

BOD版
ISBN 978-986-221-123-6（平裝）

1.人生哲學

191.9　　　　　　　　　　　97022616

哲學宗教類　　PA0025

不用胭脂媚世人

作　　　者 / 黃大榮
主　　　編 / 蔡登山
發　行　人 / 宋政坤
執 行 編 輯 / 詹靚秋
圖 文 排 版 / 鄭維心
封 面 設 計 / 陳佩蓉
數 位 轉 譯 / 徐真玉　沈裕閔
圖 書 銷 售 / 林怡君
法 律 顧 問 / 毛國樑　律師
出 版 印 製 / 秀威資訊科技股份有限公司
　　　　　　台北市內湖區瑞光路583巷25號1樓
　　　　　　電話：02-2657-9211　　傳真：02-2657-9106
　　　　　　E-mail：service@showwe.com.tw
經　銷　商 / 紅螞蟻圖書有限公司
　　　　　　台北市內湖區舊宗路二段121巷28、32號4樓
　　　　　　電話：02-2795-3656　　傳真：02-2795-4100
　　　　　　http://www.e-redant.com

2008 年 12 月　BOD 一版
定價：450 元

讀　者　回　函　卡

感謝您購買本書，為提升服務品質，煩請填寫以下問卷，收到您的寶貴意見後，我們會仔細收藏記錄並回贈紀念品，謝謝！

1. 您購買的書名：＿＿＿＿＿＿＿＿＿＿＿＿＿＿＿＿＿＿

2. 您從何得知本書的消息？

　□網路書店　□部落格　□資料庫搜尋　□書訊　□電子報　□書店

　□平面媒體　□ 朋友推薦　□網站推薦　□其他＿＿＿＿＿＿

3. 您對本書的評價：(請填代號　1.非常滿意 2.滿意 3.尚可 4.再改進)

　封面設計＿＿＿　版面編排＿＿＿　內容＿＿＿　文/譯筆＿＿＿　價格＿＿＿

4. 讀完書後您覺得：

　□很有收獲　□有收獲　□收獲不多　□沒收獲

5. 您會推薦本書給朋友嗎？

　□會　□不會，為什麼？＿＿＿＿＿＿＿＿＿＿＿＿＿＿＿＿

6. 其他寶貴的意見：＿＿＿＿＿＿＿＿＿＿＿＿＿＿＿＿＿＿

＿＿＿＿＿＿＿＿＿＿＿＿＿＿＿＿＿＿＿＿＿＿＿＿＿＿＿＿

＿＿＿＿＿＿＿＿＿＿＿＿＿＿＿＿＿＿＿＿＿＿＿＿＿＿＿＿

＿＿＿＿＿＿＿＿＿＿＿＿＿＿＿＿＿＿＿＿＿＿＿＿＿＿＿＿

讀者基本資料

姓名：＿＿＿＿＿＿＿＿＿＿　年齡：＿＿＿＿　性別：□女 □男

聯絡電話：＿＿＿＿＿＿＿＿　E-mail：＿＿＿＿＿＿＿＿＿＿

地址：＿＿＿＿＿＿＿＿＿＿＿＿＿＿＿＿＿＿＿＿＿＿＿＿＿

學歷：□高中(含)以下　□高中　□專科學校　□大學

　　　□研究所(含)以上 □其他＿＿＿＿＿＿＿＿＿

職業：□製造業 □金融業 □資訊業 □軍警 □傳播業 □自由業

　　　□服務業 □公務員 □教職　□學生 □其他＿＿＿＿＿

秀威與 BOD

BOD（Books On Demand）是數位出版的大趨勢，秀威資訊率先運用 POD 數位印刷設備來生產書籍，並提供作者全程數位出版服務，致使書籍產銷零庫存，知識傳承不絕版，目前已開闢以下書系：

一、BOD 學術著作—專業論述的閱讀延伸
二、BOD 個人著作—分享生命的心路歷程
三、BOD 旅遊著作—個人深度旅遊文學創作
四、BOD 大陸學者—大陸專業學者學術出版
五、POD 獨家經銷—數位產製的代發行書籍

BOD 秀威網路書店：www.showwe.com.tw
政府出版品網路書店：www.govbooks.com.tw

　　永不絕版的故事·自己寫·永不休止的音符·自己唱